YANNIS DESSYPRIS

777 superbes ÎLES Grecques

**Un guide de voyage complet,
avec 81 cartes des îles
et 360 photographies en couleur**

EDITIONS TOUBI'S ΕΚΔΟΣΕΙΣ

MICHAEL TOUBIS PUBLICATIONS S.A.
Nisiza Karela, Koropi, Attiki.
Telephone: +30 210 6029974, Fax: +30 210 6646856
Web Site: http://www.toubis.gr

ISBN: 960-540-122-3

Iles grecques ensoleillées,
qui jouissent de la fraîcheur du large.
Iles nues ornées de villages immaculés accrochés
à la pointe des rochers dominant la mer.
Iles couvertes d'oliviers, de pins et de chênes verts.
Avec ses côtes blanches et ses ports de pêche.
Avec ses forts, ses monastères et ses myriades d'églises.

Le vent nous apporte le message. Oui. Nous viendrons près de vous.
Nous, qui vous connaissons, car nous nous sommes tant attachés à vous
que vous nous êtes devenus indispensables.
Et nous, qui nous ne vous connaissons pas, car votre découverte
est pour nous un rêve, que nous voulons réaliser.

Indice

La Méditerranée est célèbre pour son histoire de plusieurs siècles, sa culture, sa luminosité et sa beauté. L'archipel grec est l'un de ses joyaux.

Au nord est, parsemées sur la mer qui brille sous les rayons du soleil, les îles grecques sont plus nombreuses que dans tout autre endroit de la Méditerranée. Leur nombre est estimé à 3000, et si l'on tient compte des petits îlots et des îles-rochers, elles dépassent les 9500. Toutefois, seules 140 sont habitées.

La majeure partie de ces îles se trouve en mer Egée, mer qui sépare la Grèce et l'Asie mineure. Là-bas, quelque part au large, se trouve la petite île de Délos qui d'après la mythologie est l'île d'Apollon, Dieu du soleil. Où pourrait-on trouver des îles plus lumineuses que celles de la mer Egée?

Mais ce n'est pas uniquement leur luminosité et le soleil qui y brille qui en font des îles à part. C'est également la beauté de leur nature, leurs côtes découpées, leurs plages de sable blanc et la mer bleue, limpide, agitée par le meltem rafraîchissant, en été. Ce sont ses villages pittoresques qui dominent la mer; ses forts, ses églises et ses monastères. Son histoire et ses civilisations antiques datant de 4000 à 5000 ans. Ce sont également ses habitants chaleureux. Ces gens simples et gais qui vous accueillent avec leur voix chantante typique.

Toutes les îles sont belles, chacune possède son propre charme et son histoire. Nous essaierons ici de fournir le maximum d'informations possibles en décrivant ou simplement en indiquant la position de 777 îles, îlots, îles-rochers.

Vous découvrirez ensuite par vous-mêmes toutes les beautés que nous n'avons pas mentionnées.

*Nous avons divisé les îles en sept zones géographiques (sept chapitres) qui en dehors du caractère géographique ont également de nombreuses caractéristiques communes. Nous avons commencé par les îles du golfe d'***Argolide*** et du golfe ***Saronique***, qui se trouvent à proximité d'Athènes; pour poursuivre avec les ***Cyclades***, appelées îles blanches en raison de leurs villages immaculés, jonchés sur des rochers arides, créant ainsi un fantastique contraste sur le bleu de la mer. Parmi elles on distingue Mykonos la cosmopolite et la superbe Santorin. A l'ouest des Cyclades, le ***Dodécanèse*** avec la célèbre île de Rhodes qui est devenue un lieu de tourisme international et l'île de Ko qui abrite la fondation internationale d'Hippocrate. Un autre groupe unique et le deuxième en superficie, est formé par ***Eubée*** et les îles des ***Sporades***. Îles verdoyantes dotées de leur propre charme. En face, les îles du ***nord*** et de l'***est*** de la mer ***Egée***. Parmi elles, on distingue les plus importantes: Mytilène, Chios, Samos. Tout cela concerne les îles de la mer Egée. Il reste les ***îles ioniennes*** situées sur la côte occidentale qui constituent elles aussi un chapitre de cet ouvrage. Parmi elles on distingue la superbe île de Corfou et Ithaque, l'île d'Ulysse. Ces îles verdoyantes ont un aspect et une culture différente du reste des îles de la mer Egée. Et pour finir, la ***Crète***, qui est en superficie la première île grecque et constitue un chapitre à elle seule, tant pour ses 4000 ans de culture minoenne que pour ses beautés naturelles, ses célèbres gorges et ses immenses plages de sable.*

Chypre, qui fait partie du monde hellénique, n'est pas traitée car il s'agit d'un état distinct. Le présent ouvrage fait référence à 777 îles grecques, dont nous décrirons ici 165, nous contentant simplement de situer les autres (dans des listes, à la fin de chaque chapitre).

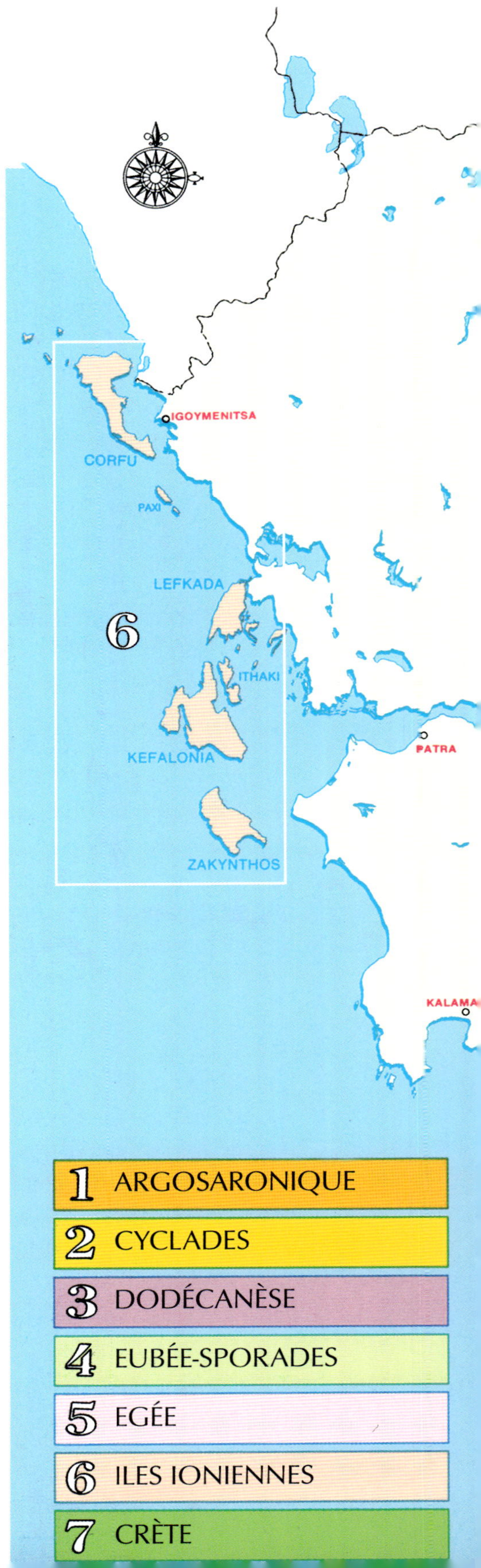

KAVALA
THESSALONIKI
ALEXANDROUPOLI
THASSOS
SAMOTHRAKI
LIMNOS
AGIOS EFSTRATIOS
VOLOS
5
EGÉE
ALONISSOS
SKIATHOS
SKOPELOS
EUBÉE - SPORADES
4
SKYROS
LESVOS
PSARA
CHIOS
ATHINA
CORINTH
SALAMINA
EGINA
POROS
1
YDRA
SPETSES
ARGOSARONIQUE
ANDROS
TINOS
MYKONOS
KEA
KYTHNOS
SYROS
SAMOS
IKARIA
FOURNI
PATMOS
LIPSI
LEROS
KALYMNOS
KOS
2
SERIFOS
PAROS
NAXOS
SIFNOS
ANTIPAROS
KIMOLOS
MILOS
SIKINOS
IOS
AMORGOS
FOLEGANDROS
ILES IONIENNES
6
KYTHIRA
CYCLADES
THIRA
ANAFI
ASTYPALEA
NISIROS
SYMI
TILOS
RODOS
CHALKI
3
ANTIKYTHIRA
7
CHANIA
RETHYMNO
HERAKLIO
AGIOS NIKOLAOS
CRÈTE
KARPATHOS
KASSOS
DODÉCANÈSE
KASTELLORIZO

Plongé dans le bleu infini,
on ne peut pas ne pas
admirer ce monde fantastique
des fonds marins fragiles et
délicats de la Grèce.
Un monde éloigné du bruit,
qui mène un combat permanent
pour conserver ses couleurs,
sa vie, sa création, prêt à
dévoiler tous ses secrets
à toute personne qui saura
l'aimer. Rien de plus qu'un
peu d'amour.

1 ARGOSARONIQUE

EGINE SALAMINE

Tels des joyaux inestimables, les îles du golfe Argosaronique ornent les deux golfes (Golfe d'Argolide et Golfe Saronique), leur offrant une beauté exceptionnelle. Chanceux sont les athéniens qui peuvent se rendre en peu de temps dans ces îles, loin de la ville bruyante. La plus proche d´entre elles est l'île historique de ***Salamine*** *qui possède également la population la plus importante. Du Pérama en Attique, vous vous trouvez en un quart d´heure sur l'autre rive, à Paloukia, et de là vous pouvez vous rendre en voiture où vous le désirez sur l'île. Plus au sud, la belle* ***Égine****, avec ses pins, ses plages de sable et le fameux temple d'Aphaia, ne se trouve qu'à une heure de bateau du Pirée. Elle est également très peuplée mais pas autant que Salamine. Encore plus au sud se trouve l'île pittoresque de* ***Poros****, en face du Péloponnèse et plus bas, la fameuse île d'****Hydra*** *avec son architecture traditionnelle. A l'entrée du golfe d'Argolide se trouve l'île de* ***Spetsae****, pittoresque et verdoyante. Par son importante tradition maritime, elle a joué tout comme Hydra, un rôle important avec sa flotte et ses valeureux marins dans la révolte de la nation contre les turcs. Spetsae, qui est l'île la plus éloignée, se trouve à quatre heures maximum de bateau du Pirée. Si vous effectuez la traversée avec les hydroglisseurs (Flying Dolphins) qui desservent toutes ces îles, sauf celle de Salamine, la durée du voyage sera alors réduite de moitié. L'été, le voyage peut également se prolonger de l'île de Spetsae à Monemvassia,*

Cythère et Nauplie, la capitale de l'Argolide. Ces cinq îles principales mises à part, il en existe d'autres plus petites qui avec les îlots, dépassent le nombre de 100. Nous en décrivons ici (ou bien nous nous contentons de les situer) 88 au total. Seuls 11 de ces îlots sont habités. Une visite avec votre propre bateau sur ceux qui sont inhabités peut vous réserver une réelle surprise.

Les îles du golfe Saronique et du golfe d'Argolide, qui par souci de concision sont généralement appelées "îles du golfe Argosaronique", offrent donc la possibilité d'effectuer des excursions inoubliables d'une ou plusieurs journées à l'extérieur d'Athènes.

Le temple d'Aphaia à Égine.

Égine

Sur l'une des collines de cette île plantée de pins, domine le superbe temple antique d'Aphaia. En reliant par des lignes droites ce temple avec celui du Parthénon et le temple de Poséidon du cap Sounion on forme un triangle aux cotés presque égaux et dont les sommets se font face. C'est le plus beau spectacle qu'a pu offrir la région de l'Attique de la Grèce antique à nos jours.

Au pied du temple d'Aphaia s'étalent des plages de sables et de superbes criques. Ici aussi une grande surface est couverte d'habitations, mais dans tous les cas de façon moins dense qu'à Salamine.

Égine, qui est en superficie la deuxième île (après Salamine) du golfe Argosaronique se trouve au centre du golfe Saronique. Elle a une surface de 85 km² et une côte qui s'étend sur 57 km. Les habitants de l'île, qui dépassent les 11000, ont pour activité principale la culture de la pistache. La pistache d'Égine qui est le principal produit de l'île, est très renommée. Aux habitants permanents de l'île, s'ajoutent également les athéniens possédant une deuxième petite maison ou une villa de luxe sur l'île qui y viennent en fin de semaine pendant presque toute l'année. Égine se situe à seulement 16 milles marins du Pirée et la traversée en bateau ou transbordeur, qui effectuent quotidiennement la liaison, ne dure qu'une heure.

Il est également possible d'effectuer la traversée en hydroglisseurs (Flying Dolphins), ce qui réduit de moitié la durée du trajet. Et pour ceux qui ne peuvent se contenter d'Égine uniquement, et cherchent à découvrir d'autres rivages, la possibilité leur est offerte de visiter les autres îles du golfe Argosaronique: Poros, Hydra et Spetsae ou même d'aller à Methana, Ermioni, Porto-Heli et plus loin encore à Tolo et Nauplie. Nous devons ici signaler que l'hiver, les liaisons pour ces destinations sont réduites, voire même supprimées.

Ceci concerne bien entendu les liaisons maritimes avec le port d'Égine, car il existe des liaisons directes en bateau, au départ du Pirée pour Souvala et l'été directement pour la belle plage de sable d'Haghia Marina.

Depuis le port d'Égine les bus locaux, dont les itinéraires sont fréquents, permettent au visiteur de se rendre confortablement jusqu'aux principales curiosités de l'île.

HISTOIRE

Si l'on en croit la mythologie, le premier roi de l'île fut le héros Eaque, fils de Zeus et de la nymphe Égine, qui en l'honneur de sa mère changea le nom de l'île d'Oinoné en Égine.

Égine fut habitée à l'âge néolithique, comme le montrent les fouilles de Colona, proches de la ville d' Égine, qui sont estimées aux environs de l'an 3000 av.J.-C. Par la suite, les minoens, puis les achéens et les doriens arrivèrent sur l'île.

Au milieu du 2ème millénaire av.J.-C., Égine commença à développer son commerce et à se révéler en même temps en tant que puissance navale importante. Ses bateaux transportaient ses propres marchandises et principalement les céramiques dans les Cyclades, en Crète et sur la Grèce continentale. L'apogée de cet essor se situe au 6ème siècle av. J.-C., quand Égine, jouissant alors de son indépendance, fut la première ville de Grèce à émettre de la monnaie.

En dépit de son rôle de rival de la ville d'Athènes et du Pirée, Égine aida les athéniens dans la bataille navale de Salamine. Mais les athéniens qui ne lui firent jamais confiance, l'envahirent finalement au milieu du 5ème siècle av.J.-C.

Par la suite, l'histoire de l'île ne diffère que très peu de l'histoire du reste de la Grèce. Sa participation à la lutte de 1821 contre les turcs fut significative et fit d'Égine le siège du premier gouvernement grec, (sous Kapodhistrias), avant qu'il ne soit transféré à Nauplie.

Découverte de l'île

Le port d'Égine, la capitale de l'île, est très pittoresque. Dès son arrivée, le visiteur a réellement la sensation de se trouver sur une île. La jetée avec sa petite église, les maisons anciennes dont la plupart sont paradoxalement restées intactes, les barques, les caïques, les gens sur la plage, tout cet ensemble forme une image charmante qui prédispose agréablement le visiteur. Il existe de nombreuses curiosités dans la ville d'Égine, dont entre autres le **musée archéologique,** Kolona, les vestiges du temple antique d'Apollon (à proximité du port), la cathédrale dans laquelle prêta serment le premier gouvernement grec après la révolution et enfin le premier palais du gouverneur grec. A une distance d'environ 1,5 km de la ville se trouve l'église de Saint Théodore, une jolie église datant du 13ème siècle ornée de belles fresques.

Quant aux excursions à effectuer, elles sont nombreuses. Tout d' abord la visite du **temple d'Aphaia** (à 11km à l'ouest de la ville d'Égine), ancienne divinité protectrice de l'île. Le temple est d'ordre dorique et fut construit après la bataille navale de Salamine (en 480 av.J.-C.) sur un site idyllique surplombant la mer et avec une vue imprenable sur les côtes de l'Attique se trouvant sur l' autre rive. Cette excursion s'achèvera par la superbe plage de sable

Le port d'Egina.

d'**Haghia Marina**, qui se trouve à 3,5 km et s'est ouverte au tourisme.

Il existe également des plages de sable destinées à la baignade sur la côte nord de l'île, comme à **Souvala** et à **Vaia** (à 13 km), mais aussi sur la côte ouest comme à **Faro** et à **Marathona** (à 4km). La route qui passe par les deux dernières plages aboutit au pittoresque village de pêcheurs **Perdika** (à 9km) en face duquel se trouve une petite île plantée de pins, **Moni,** qui possède une plage et un camping.

À l'intérieur de l'île, presque à mi-distance de l'itinéraire conduisant au temple d'Aphaia, sur la gauche, se trouve **Palaiochora,** le village médiéval tombant en ruine, qui avait été construit afin de permettre aux habitants d'Égine de faire face aux pirates, et le **monastère de Saint Nectario,** dans lequel le Saint passa les dernières années de sa vie et qui abrite encore ses reliques. La fête en l'honneur de ce monastère est célébrée le 9 novembre, date à laquelle un grand nombre de pèlerins s'y réunissent. Une autre église, celle de la **vierge de Chrissoskalitissas**, se trouve à proximité du village Tzikides (à 6 km). En continuant notre route vers le nord ouest, nous arrivons au village de Pachia Rachi, au pied du mont Orous (531 m), la plus haute colline de l'île, de forme conique et à proximité du sommet de laquelle on trouve des traces de vestiges du sanctuaire d'Ellaniou Zeus.

La iglesia de Agios Nectarios.

Haghia Marina à Égine.

Angistri

A une distance de 3 milles marins à l'ouest d'Égine, se trouve la charmante petite île verdoyante d'Angistri avec ses eaux limpides et ses 400 habitants. Il existe une liaison quotidienne aussi bien directement avec le Pirée, qu'avec Égine. L'île dispose de plusieurs hôtels et l'été elle accueille de nombreux touristes.

Elle est plantée de pins et possède des petites baies pittoresques. Son port se situe sur la côte ouest. C'est là que se trouve la majeure partie des habitations, alors que la côte ouest est encore peu touchée par le tourisme.

Salamine

C'est l'île la plus proche d'Athènes. Son nom est étroitement lié à l'histoire. Nichée au fond du golfe Saronique, elle couvre une surface de 95 km2 et son littoral s'étend sur 104 km. Autrefois recouverte de pins, une grande partie de sa surface est aujourd'hui remplie d'habitations et sa population dépasse le nombre de 28000 habitants. Pourtant, il existe encore, principalement sur la côte ouest, des rivages isolés avec des plages de sable et des tavernes.

Vous pouvez vous rendre à Salamine avec des petits bateaux qui partent du Pirée et desservent Paloukia, Kamatero, Selinia et Peristéria (ces deux derniers villages étant desservis l'été uniquement) ou en transbordeur au départ de Pérama pour Paloukia et de Pérama Megaron pour Faneromeni.

HISTOIRE

Salamine est connue comme l'île d'Eas, le héros d'Homère qui fut à la tête des habitants de Salamine lors de la guerre de Troie. Mais elle est surtout célèbre pour la fameuse bataille navale qui se déroula en 480 av. J.-C., dans son détroit, entre la flotte des athéniens et celle des perses. Xerxès, le roi des Perses, avait alors institué son trône sur la colline d'Aigaleo, située en face de l'île, afin de pouvoir assister à l'issue de la bataille, certain que les athéniens se soumettraient face à ses nombreux navires. Pourtant, les athéniens vainquirent et Athènes fut définitivement sauvée de cette terrible menace. Quelque temps après, commencèrent les meilleures années du "siècle d'or", qui devaient jouer un rôle significatif dans le déroulement de l'histoire de l'Europe. Bien avant, l'île était revendiquée par la province de Megara et par Athènes, mais c'est finalement cette dernière qui l'emporta.

Découverte de l'île

Les ferry boat jettent l'ancre principalement à **Paloukia,** le port qui se trouve sur la côte est. C'est à cet endroit que l'île est la plus étroite. En effet, à moins de trois kilomètres à l'ouest on trouve de nouveau la mer et plus précisément la baie de Salamine, au cœur de laquelle se trouve **Salamine** (Koulouri), la capitale de l'île. Elle possède un petit musée archéologique, dans lequel on peut admirer des fouilles de l'époque mycénienne et principalement des céramiques.

A l'ouest de Salamine et à une distance de 7 km, vous trouverez l'église **Moni Faneromeni** dont la nef date du 11ème siècle. A 1,5 km plus à l'ouest, des transbordeurs relient l'île avec le Perama Megaron.

A six kilomètres au sud de la ville de Salamine se trouve le site d'Eas (Moulki), où l'on pense que se trouvait la ville ancienne du héros **Eas.** Il s'agit d'une vaste zone d'habitations du bord de mer, comportant des petites villas dont la plupart appartiennent à des athéniens. Depuis Moulki, deux sentiers distincts conduisent aux belles plages de sable de **Kanakia** et **Peristeria,** qui ont relativement moins de monde. Une troisième route mène au petit port de **Kaki Vigla** et au village du même nom.

Au sud de Paloukia (à 4 km), se trouve un autre petit port très fréquenté, **Kamatero,** et à proximité de celuici le village **d'Ambelakia,** où était située Salamine dans l'antiquité. On y trouve des traces de décombres provenant de l'Acropole. En poursuivant notre route 3 km plus au sud, nous arrivons à **Selinia,** un port de pêche assez fréquenté qui possède des liaisons directes en petit bateau, avec le Pirée.

Poros

Poros signifie "passage". C'est donc l'origine du nom de cette île qui se trouve au sud ouest du golfe Saronique, en face de l'Argolide, dans le Péloponnèse.

Au bout de ce passage, construit en amphithéâtre sur une colline, resplendit un hameau insulaire. Il s'agit du port de Poros et de la principale cité de l'île. En face, à seulement dix minutes en barque, se trouvent les côtes verdoyantes du Péloponnèse, avec la fameuse forêt de citronniers, dont la senteur des fleurs arrive au mois de mai jusqu' à Poros. C'est probablement la seule forêt de citronniers aussi dense de toute la Grèce.

Poros est une île verdoyante d'une surface de 33 km2 et un littoral de 42 km, qui compte 3500 habitants. Elle possède des liaisons quotidiennes avec le Pirée (dont 31 milles marins la séparent), tant en ferry boat (2h30 de trajet) qu'avec les hydroglisseurs (flying dolphins) qui réduisent le temps de traversée à une heure.

L'île est reliée par les mêmes moyens à Egine, Methana, Hydra, Spetsae et Ermioni; les hydroglisseurs poursuivant même leur route jusqu'à Porto Héli, Leonidion, Kiparissi, Monemvassia et Cythère et l'été jusqu'à Tolo et Nauplie. La liaison entre Poros et Galata qui se trouve juste en face sur la côte du Péloponnèse, s'effectue en Ferry boat et en caïque.

HISTOIRE

Poros, anciennement Calaurie, était l'île de Poséidon, Dieu de la mer. Preuves en sont différentes études effectuées ainsi que les traces du temple de Poséidon, au centre de l'île. Cela peut être la raison pour laquelle Poros fut le centre d'une amphictyionie (alliance) qui eut lieu au 7ème siècle av.J.-C. et concernait sept villes voisines ainsi qu'une zone plus vaste à laquelle appartenaient Athènes et Egine.

Par la suite l'histoire de Poros ne diffère que très peu de celle des autres îles du golfe Argosaronique. Durant la révolution de 1821 contre les turcs, Poros soutint ces îles et en 1830 elle possédait le premier arsenal de Grèce.

Découverte de l'île

Le **port de Poros** et la capitale de l'île ont déjà été évoqués en introduction. Nous voulons ici seulement ajouter que la visite du **musée archéologique** vaut le détour ainsi que la promenade jusqu'à l'horloge qui se trouve sur le point le plus haut de l'île et constitue depuis le large un signe de reconnaissance de l'île. Nous devons donc partir du port afin de découvrir les curiosités de l'île.

Une route partant vers le nord ouest conduit à la plus belle plage de l'île, **Neorio** (à 3km). Elle est bordée de pins et assez fréquentée durant l'été. La route conduisant à l'ouest de l'île aboutit à **Askéli** (à 3km), qui est un petit hameau de bord de mer aux eaux cristallines et planté de pins. Perchée sur la colline se trouve l'**église de Zoodochou Pigis**. Les plages citées précédemment sont accessibles en caïque au départ du port de Poros.

Les traces du temple de Poséidon se trouvent au centre de l'île, en haut d'une colline qui domine le détroit de Poros et la côte verdoyante du Péloponnèse.

Aller à Poros sans se rendre à la fameuse forêt de **citronniers** qui se trouve juste en face constituerait une sérieuse omission. D'ailleurs le caïque ne met pas plus de 10 minutes pour se rendre sur l'autre rive. De là, vous devrez vous enfoncer dans la dense forêt de citronniers pour apprécier ce parcours unique. L'eau coule abondamment de part et d' autre, les branches des citronniers protègent le visiteur du soleil. Si vous êtes chanceux et que vous vous y trouvez en mai, vous serez certainement enivrés par l'odeur dégagée par les petites fleurs blanches de ces arbres.

La ville de Poros construite en amphithéâtre sur une colline.

Vue aérienne de Poros.

Hydra

Tout ce que vous avez pu entendre sur cette île vous semblera bien terne quand vous l'apercevrez pour la première fois. Vous n'avez certainement jamais vu une ville insulaire comme celle-ci. Le port circulaire rempli de voiliers est entouré de collines jonchées de rochers, sur lesquelles sont perchées, presque collées les unes aux autres, les maisons à deux ou trois étages qui partent de la jetée et s'étendent jusqu'au sommet des collines. Ces maisons au toit de tuiles et à l'architecture traditionnelle uniforme impressionnent le visiteur dès le premier instant.

De forme cubique, austère, elles possèdent une terrasse ou tout au plus une cour. De cette cour émergent de façon clairsemée quelques fleurs qu'il est toutefois difficile d'apercevoir de l'extérieur, car le mur d' enceinte de la maison est élevé. Les murs sont en général de couleur grise. Le style austère est prédominant. Pourtant un cadre immaculé autour des fenêtres suffit à briser cette monotonie et à donner une allure gaie aux maisons.

C'est ce caractère pittoresque qui a fait d'Hydra une île cosmopolite pendant l'été et un havre de tranquillité idéal pour l'hiver. Ses premiers admirateurs sont les artistes et plus particulièrement les peintres. C'est pour cette raison que l'école des Beaux Arts dépendant de l'école Polytechnique d' Athènes y a fondé une annexe. L'île n'est d'ailleurs pas très éloignée de la capitale. Elle se trouve à 37 milles marins du Pirée et le trajet en bateau ne dure que 3 heures. Avec les hydroglisseurs (flying dolphins) ce temps est réduit de moitié environ. Il existe des liaisons quotidiennes tout au long de l'année. L'île est également reliée à Egine, Methana, Poros, Spetsae et Ermioni par les mêmes moyens, alors que les hydroglisseurs prolongent leur itinéraire jusqu'à Porto Heli, Leonidio, Kiparissi, Monemvassia et durant l'été jusqu'à Tolo et Nauplie.Située entre le golfe Saronique et le golfe d'Argolide, Hydra a une surface de 50 km2 et un littoral de 55 km. C'est une île montagneuse, dont la plus haute colline est le mont Erota (593m), et qui compte moins de 3000 habitants. Contrairement aux autres îles du golfe Argosaronique, la plus grande partie de l'île est aride et dénudée et seule la partie sud ouest possède des pins.

HISTOIRE

Les habitations les plus anciennes que l'on a trouvées sur l'île datent de l'époque mycénienne. Plus tard Hydra fut occupée par Ermioni qui par la suite la céda aux habitants de Samos. Les années qui suivi-rent se déroulèrent sans aucun fait particulier, jusqu'au 17ème siècle ap.J.-C. où l'île commença à acquérir progressivement une solide flotte marchande qui lui permit de détenir plus tard (pendant les batailles napoléoniennes) le monopole des transports de marchandises dans toute la Méditerranée. Lorsque la révolution de 1821 contre les turcs éclata, la population d'Hydra s'élevait à environ 30 000 habitants (la plupart étant arrivé sur l'île en y cherchant refuge) et elle possédait environ 150 bateaux. C'était l'époque où les riches capitaines de l'île, dont les frères Koudourioti, Miaoulis, Sachtouris, Tombazis et d'autres équipaient leurs bateaux en armement et dépensaient leur fortune entière pour aider au combat. La flotte des habitants d'Hydra, alliée à celle de Spetsae et de Psaria réussit à porter des coups sérieux à la flotte turque. Les prouesses et les actes d'héroïsme de leurs équipages devinrent célèbres dans l'Europe entière. Les marins issus des îles utilisaient alors en plus de leurs bateaux les fameux brûlots (petites barques remplies d'explosifs) qu'ils amenaient la nuit aux cotés des navires turcs et faisaient exploser. La grandeur des habitants d'Hydra, et de leurs alliés, en mer fut le principal facteur du succès de la révolution grecque.

Découverte de l'île

Tout autour du **port** se distinguent par la taille, les vieilles maisons bourgeoises des capitaines de 1821 (construites par les architectes génois ou vénitiens), dont celles de Koudouriotis, Tombazis (-qui abrite l'annexe de l'école des Beaux Arts), Voulgaris, Miaoulis, Kriezi et Tsamadou dans laquelle fonctionne l'école de marine marchande. Certaines de ces maisons peuvent être visitées et le visiteur peut ainsi observer la décoration intérieure avec les sols en marbre, les plafonds en bois et les meubles anciens.

A la sortie du port, il existe encore les vieux canons qui protégeaient la ville. Au centre de la jetée et tout près de la mer, se trouve le monastère de Kimissis Theotokou, l'actuelle église d'Hydra, dans la cour de laquelle se trouve érigée la statue du combattant d'Hydra, Miaoulis.

L'ascension par les ruelles pittoresques jusqu'au sommet de la colline est à ne pas manquer. De là, on peut admirer la vue sur le port et en même temps apprécier un superbe coucher de soleil. Une vue magnifique est offerte par la montée jusqu' au **monastère de Prophiti Ilia,** situé au centre de l'île et à une altitude de 500m. Depuis le monastère, les amateurs d'escalade peuvent se rendre jusqu'au sommet le plus élevé de l'île.

Quant aux amis de la mer, ils pourront nager dans les eaux profondes de **Spilias** à coté du port, à la plage municipale de **Mandraki,** à **Kaminia** (avec ses gros galets) ou à **Vlicho.** Les trois dernières plages sont accessibles en barque ou à pied. D'autres plages plus éloignées sont celles de **Molos** et de **Bisti.** Au sud de Molos, sur la partie de l'île qui est plantée de pins se trouve le site **d'Episcopi,** comportant des fouilles datant de l'époque byzantine.

A Hydra la circulation est interdite à tout véhicule. Par conséquent, le transfert aux plages de l'île s'effectue uniquement par caïque.

A l'ouest d'Hydra, se trouve l'îlot rocheux de **Dokos.**

Vue aérienne du port.

Hydra.

Spetsae

Lorsque que l'on parle de Spetsae on pense à la jetée surélevée avec cafés ses et les anciennes maisons pittoresques en arrière plan, la fameuse Dapia. Dapia descend ensuite sur la jetée où amarrent les bateaux. La route à cet endroit fait un virage et continue vers l'ouest. Sur la gauche on peut voir la mer et à droite les anciennes hautes maisons bourgeoises avec leurs petites fenêtres et les murs imprégnés du sel de la mer. La route aboutit à l'ancien port pittoresque qui est aujourd'hui encore rempli d'embarcations. C'est également là que se trouvent les tavernes typiques.

Spetsae est une île de grande tradition marine, tout comme Hydra. Son symbole est un personnage héroïque féminin qui contribua de façon considérable à la lutte contre les turcs en 1821. Il s'agit de la légendaire Bouboulina, qui partait de l'île avec ses navires et assiégeait Nauplie, Monemvassia puis Kavala sur un cheval blanc et était parmi les premiers à entrer dans Tripoli qui se libérait alors du joug turc.

Plantée de pins, l'île se trouve à l'entrée du golfe d'Argolide dans le Péloponnèse, à juste 1,7 mille marin de la côte du Péloponnèse. Elle a une surface de 22 km^2 (et une population qui frôle les 4000 habitants. Elle possède une bonne infrastructure touristique et peut ainsi, en été, accueillir de nombreux visiteurs, et principalement les athéniens qui viennent apprécier ses plages tranquilles et sa vie nocturne intense.

Spetsae est accessible au départ du Pirée (52 milles marins) en ferry boat ou en hydroglisseurs (flying dolphins). On peut également aller par la route jusqu'à la côte du Péloponnèse située en face, où il faut laisser sa voiture car la circulation à tout véhicule privé est interdite sur l'île.

Depuis Spetsae vous pouvez vous rendre en ferry boat ou en hydroglisseurs (flying dolphins) à Hydra, Poros, Egine et à l'une des escales qu'ils effectuent dans le Péloponnèse.

HISTOIRE

Spetsae, dont le nom d'origine est Pityoussa, fut habité aux environs de 2500 av. J.-C., comme l'ont montré des fouilles effectuées dans la région d'Haghia Marina. Les années s'écoulèrent sans que l'île ne semble présenter un intérêt particulier. Pourtant au 17ème siécle, Spetsae, tout comme Hydra, commença à connaître un essor de sa puissance maritime et plus tard dans le combat de 1821 elle fut, en combattant la flotte turque avec ses navires, l'un des facteurs essentiels de la victoire finale.

Le port de Spetsae avec Dapia.

Découverte de l'île

La ville de **Spetsae,** capitale de l'île, se trouve sur la cote nord est, en face de la côte du Péloponnèse. La place de Dapia qui se trouve sur le port est impressionnante. Il existe encore, à coté des petites tables des cafés, les canons qui furent utilisés lors de la révolution de 1821.

Derrière la place se trouve également la maison de Bouboulina. Le musée est à visiter ainsi que certaines vieilles maisons bourgeoises qui ont été restaurées et rappellent la splendeur passée et la richesse de l'île. L'église d'Aghios Nicolaos et celles d'Aghion Panton et de la vierge valent également d'être visitées. Quant aux belles plages de l'île, où vous vous rendrez en caïque, il s'agit de celles de **Vrellas** et de **Zogerias,** situées sur la côte nord de l'île, et où les pins sont littéralement suspendus au dessus de la mer ainsi que les criques idylliques d'**Agia Paraskevi** et **Agii Anargyri** avec leur sable fin, sur la côte sud ouest. Les plages de Kounoupitsas et d'Agia Marina sont quant à elles peu éloignées du port.

Au sud de Spetsae se trouve l'adorable îlot privé, planté de pins, de **Spetsopoula.**

Le port de Spetsae, et les côtes du Péloponnèse en face.

LES ÎLES ET ÎLOTS DU GOLFE ARGOSARONIQUE

ÉGINE

- **Moni** .... *O. de Perdika*
- **Angistri** .... *O. d'Égine*
- **Métopi** .... *N.O. d'Angistri Îlot*
- **Nisi** .... *250m au N.E. d'Égine*

SALAMINE

- **Megali Kyra** .... *N.E. de Salamine*
- **Micri Kyra** .... *N.E. de Salamine*
- **Léros** .... *N.E. de Salamine*
- **Arpédon** .... *N.E. de Salamine*
- **Atalanti** .... *E. de Selina*
- **Péra** .... *S. de Kaki Vigla*
- **Péristéria** .... *S. de Péristéria*
- **Kanaki** .... *O. de Kanaki*

POROS

- **Platia** .... *N. de Poros*
- **Bisti** .... *N. de Poros*
- **Daskalio** .... *O. de Poros*
- **Bourtzi** .... *S. de Poros*
- **Modi** .... *E. de Poros*

HYDRA

- **Dokos** .... *N.O. d'Hydra*
- **Petassi** .... *O. d'Hydra*
- **Trikeri** .... *S.O. d'Hydra*
- **Drapi** .... *S.O. d'Hydra*
- **Astéri** .... *S.O. d'Hydra*
- **Strongilo** .... *S.O. d'Hydra*
- **Karteli** .... *S.O. d'Hydra*
- **Dissakia** .... *S.O. d'Hydra*
- **Ventza** .... *S.O. d'Hydra*
- **Alexandros** .... *S.O. d'Hydra*
- **Tsikri** .... *S.O. d'Hydra*
- **Stavronissi** .... *S. d'Hydra*
- **Vlichos** .... *O. du port*
- **Palamida** .... *N.O. d'Hydra*
- **Kivotos** .... *N.O. d'Hydra*
- **Erimonissi** .... *N.O. d'Hydra*
- **Pontikonissi** .... *O. d'Hydra*

SPETSAE

- **Spetsopoula** .... *S.E. de Spestae*
- **Micro** .... *E. de Spetsopoula*
- **Aghios Ioannis** .... *E. de Spetsopoula*
- **Petrokaravo** .... *N.O. de Spetsae*

AUTRES PETITES ÎLES

- **Aghios Georgios** .... *N. de Kamatero*
- **Psitalia** .... *O. du Pirée*
- **Katramonisso** .... *O. de Voula*
- **Flévèsse** .... *S. de Vouliameni*
- **Arsida** .... *S.O. d'Anavisso*
- **Patroklou** .... *O. de Sounion*
- **Platia** .... *S. d'Aghi Théodori*
- **Ovrios** .... *S. d'Aghi Théodori*
- **Pachi** .... *S. de Pachi Megaron*
- **Pachaki** .... *S. de Pachi Megara*
- **Revithoussa** .... *S.E. de Pachi Megara*
- **Makronissos Meg.** .... *E. Pachi Meg.*
- **Îles Diapori** .... *N.O. d'Égine*
  - **Aghios Thomas** .... *N.O. d'Égine*
  - **Aghios Ioannis** .... *N.O. d'Égine*
  - **Tragonissi** .... *N.O. d'Égine*
  - **Ledon** .... *N.O. d'Égine*
  - **Prassou** .... *N.O. d'Égine*
  - **Molathi** .... *N.O. d'Égine*
- **Ipsili** .... *N.O. d'Égine*
- **Stachtonissi** .... *N.O. d'Égine*
- **Platia** .... *N.O. d'Égine*
- **Îles Laoussès** .... *N. d'Égine*
  - **Kordeliari** .... *N. d'Égine*
  - **Makronissos** .... *N. d'Égine*
  - **Panagitsa** .... *N. d'Égine*
  - **Eléoussa** .... *N. d'Égine*
- **Aghios Petros** .... *E. de Corfo (Corinthe)*
- **Kira** .... *O. d'Angistri*
- **Spalathronissi** .... *O. d'Angistri*
- **Doroussa** .... *O. d'Angistri*
- **Petrokaravo** .... *S. d'Égine*
- **Îles Tsélévinia** .... *S. de Poros*
  - **Skili** .... *S. de Poros*
  - **Spathi** .... *S. de Poros*
  - **Soupia** .... *S. de Poros*
- **Chtapodi** .... *S.E. d'Ermioni*
- **Kounoupi** .... *N.E. de Spetsae*
- **Chinitsa** .... *S. de Porto Héli*
- **Korakia** .... *N.O. de Porto Héli*
- **Koronida** .... *N. de la Vallée d'Argolide*
- **Ephira** .... *S. d'Irion (Argolide)*
- **Platia** .... *S.O. de Tolo (Argolide)*
- **Romvi** .... *S. de Tolo (Argolide)*
- **Daskalio** .... *S. de Tolo (Argolide)*
- **Koronida** .... *S. de Tolo (Argolide)*
- **Bourtzi** .... *O. de Nauplie*
- **Aghios Georgios** .... *11 m. m. S.O. de Sounio*

2 LES CYCLADES

C'est le groupe d'îles grecques le plus pittoresque. Il se trouve en plein cœur de la mer Egée. Il ressemble à un prolongement de l'île d'Eubée et de l'Attique en direction du sud-est. Les Cyclades comprennent environ 2200 îles, îlots, îles-rochers dont nous ne décrirons ici (ou nous nous contenterons simplement de les situer) que 148, qui sont à notre avis les plus importants. Seules 33 de ces îles sont habitées. Elles forment toutes ensemble un cercle intelligible autour de Délos, l'île qui selon la mythologie surgit des vagues pour devenir la patrie d'Apollon. En effet, où le dieu du soleil aurait-il pu trouver un lieu plus lumineux que les Cyclades? Ces îles furent habitées dès l'âge néolithique. Cependant leur apogée commença au 3ème millénaire avant J.-C., période à laquelle elles développèrent la civilisation cycladique, qui est plus ancienne que la civilisation minoenne et qui par la suite évolua parallèlement à cette dernière pour créer des œuvres d'art remarquables, telles que les superbes idoles cycladiques (petites statuettes représentant des humains). Les Crétois du roi Minos occupèrent les îles des Cyclades durant le deuxième millénaire av. J.-C. et fondèrent des colonies à Milos et à Santorin. Les Mycéniens leur succédèrent aux environs de 1450 avant J.-C., puis les Doriens en 1100 av.J.-C.. Les Ioniens arrivèrent aux environs du 10ème siècle et créèrent au 7ème siècle av. J.-C. leur centre religieux à Délos. L'ouragan perse s'abattit sur les Cyclades en 490 av. J.-C. et elles furent par la suite envahies par les Macédoniens, les Rhodiens et les Romains. L'ère byzantine débuta en 395 ap. J.-C. et dura environ 800 ans. C'est pendant cette période que furent construites les églises de style byzantin. L'hégémonie byzantine était tellement souple, que durant cette période, ces îles furent occupées par les Goths, les Slaves et les Normands et elles constituèrent des repères pour les pirates. .

Une période importante pour les Cyclades commença en 1204, avec la domination des Vénitiens, qui dura plus de 300 ans et laissa des traces importantes sur les îles de l'archipel. Les châteaux et les tours qui résistèrent jusqu'à aujourd'hui, sont l'œuvre des Vénitiens. Les Turcs dominèrent les îles en 1537, avec Barberousse. Plus tard, la plupart des îles prirent part au combat de libération, et elles furent rattachées à la Grèce en 1832.

L'église de Paraportiani à Mykonos.
L'apothéose de l'architecture cycladique traditionnel.

MILOS KIMOLOS ANDROS TINOS MYKONOS DÉLOS SYROS
PETITES CYCLADES AMORGOS SIKINOS FOLÉGANDROS SANTORIN ANAFI

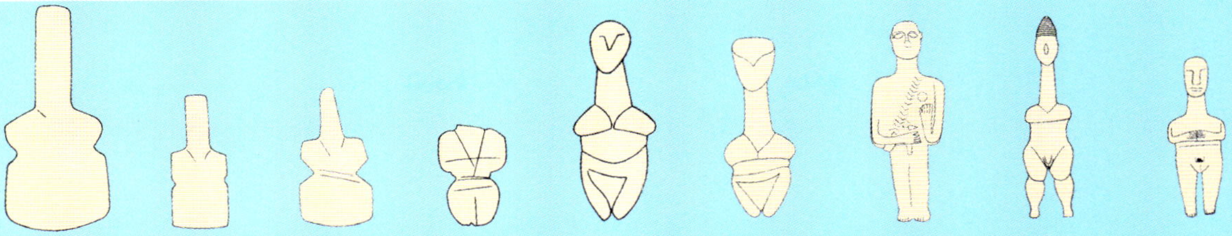

Les Cyclades sont aujourd'hui appelées les "îles blanches", car leurs villages construits dans le style cycladique traditionnel, resplendissent de blancheur dans les paysages généralement arides, créant ainsi un contraste splendide sur le bleu indigo de la mer. Avec leur climat sec et frais en été, leur ensoleillement important et leurs superbes plages de sable, elles vous garantissent des vacances inoubliables.
La visite des Cyclade[illegible] facilitée par les itinéraires fréquents des ferry-boat au départ du Pirée, de Rafina et [illegible] Lavrio ainsi que les liaisons aériennes avec Athènes, Mykonos, Paros, Milos, Santorin, Naxos et Syros.

ANDROS
MAKRONISI
KEA
JAROS
KYTHNOS
SYROS
SERIFOS
SIFNOS
ANT PARC
KIMOLOS
POLYAGOS
MILOS
FOLEGANDROS
SIKINC
Château
Monastère
Sites Archéologiques
Aéroport
Grotte
Ancrage

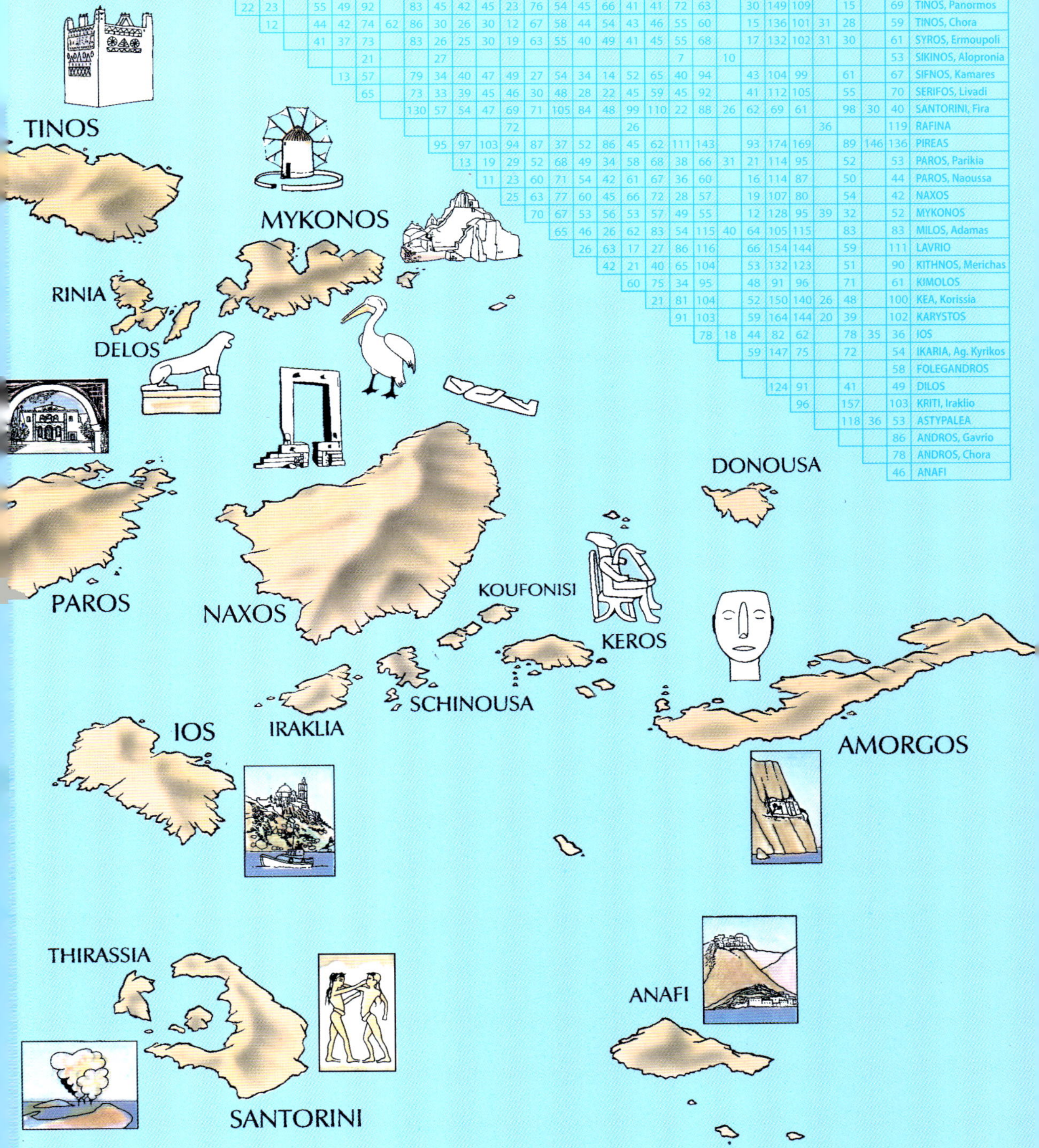

	TINOS, Chora	SYROS, Ermoupoli	SIKINOS, Alopronia	SIFNOS, Kamares	SERIFOS, Livadi	SANTORINI, Fira	RAFINA	PIREAS	PAROS, Parikia	PAROS, Naoussa	NAXOS	MYKONOS	MILOS, Adamas	LAVRIO	KITHNOS, Merichas	KIMOLOS	KEA, Korissia	KARYSTOS	IOS	IKARIA, Ag. Kyrikos	FOLEGANDROS	DILOS	KRITI, Iraklio	ASTYPALEA	ANDROS, Gavrio	ANDROS, Chora	ANAFI	AMORGOS, Vathi
TINOS, Panormos	22	23		55	49	92		83	45	42	45	23	76	54	45	66	41	41	72	63		30	149	109		15		69
TINOS, Chora		12		44	42	74	62	86	30	26	30	12	67	58	44	54	43	46	55	60		15	136	101	31	28		59
SYROS, Ermoupoli				41	37	73		83	26	25	30	19	63	55	40	49	41	45	55	68		17	132	102	31	30		61
SIKINOS, Alopronia						21			27										7		10							53
SIFNOS, Kamares					13	57		79	34	40	47	49	27	54	34	14	52	65	40	94		43	104	99		61		67
SERIFOS, Livadi						65		73	33	39	45	46	30	48	28	22	45	59	45	92		41	112	105		55		70
SANTORINI, Fira								130	57	54	47	69	71	105	84	48	99	110	22	88	26	62	69	61		98	30	40
RAFINA												72					26								36			119
PIREAS									95	97	103	94	87	37	52	86	45	62	111	143		93	174	169		89	146	136
PAROS, Parikia										13	19	29	52	68	49	34	58	68	38	66	31	21	114	95		52		53
PAROS, Naoussa											11	23	60	71	54	42	61	67	36	60		16	114	87		50		44
NAXOS												25	63	77	60	45	66	72	28	57		19	107	80		54		42
MYKONOS													70	67	53	56	53	57	49	55		12	128	95	39	32		52
MILOS, Adamas														65	46	26	62	83	54	115	40	64	105	115		83		83
LAVRIO															26	63	17	27	86	116		66	154	144		59		111
KITHNOS, Merichas																42	21	40	65	104		53	132	123		51		90
KIMOLOS																	60	75	34	95		48	91	96		71		61
KEA, Korissia																		21	81	104		52	150	140	26	48		100
KARYSTOS																			91	103		59	164	144	20	39		102
IOS																				78	18	44	82	62		78	35	36
IKARIA, Ag. Kyrikos																						59	147	75		72		54
FOLEGANDROS																												58
DILOS																							124	91		41		49
KRITI, Iraklio																								96		157		103
ASTYPALEA																										118	36	53
ANDROS, Gavrio																												86
ANDROS, Chora																												78
ANAFI																												46

CYCLADES

Kea

C'est l'île des Cyclades qui est la plus proche de l'Attique. A 16 milles marins de Lavrio, on a la possibilité de se rendre d'Athènes à Tzia (c'est ainsi que l'appellent les habitants) en trois heures et de goûter ainsi au charme des Cyclades.

Du port de Korissia, on monte au bourg de Kéa et on peut se promener dans les ruelles pittoresques avec les arcades et les maisons cycladiques anciennes. Le chef lieu, Kéa, est comme dans la plupart des Cyclades construit sur un sommet. La seule différence est qu'ici les toits des maisons sont tous recouverts de tuiles. En continuant jusqu'au fort on a une vue imprenable. On admire la falaise magnifique qui descend jusqu' à la mer. Une mer qui brille sous les rayons du soleil. Ensuite, on peut descendre jusqu'à la plage avec ses jolies petites criques et se baigner dans les eaux limpides. Le visiteur se rendra à Otzia, à Panaghia Kastriani, Pisses, Koundouros et plus loin, Polès, la plage de sable qui se trouve à proximité de l'ancienne Karthaia. En été, le soir on peut s'asseoir à la table d'une taverne à Korissia ou à Vourkari. Et là, le meltem rafraîchissant, vous fera oublier, à vous qui êtes venus d'Athènes pour une excursion, tous vos soucis. Vous oublierez la ville bruyante dont vous êtes partis le matin même.

Kéa est une île montagneuse dont la plus haute colline Prophiti Ilia culmine à 568 m d'altitude. Elle a une superficie de 121 km2, un littoral de 81 km et une population de 1800 habitants. Seule exception à son paysage aride, sa partie intérieure, avec ses quelques oliviers et ses ravins qui aboutissent à des criques pittoresques et sont remplis d'arbrisseaux et de lauriers roses.

On peut se rendre à Kéa en ferry boat, au départ de Lavrion (à 16 milles marins) ou en transbordeur depuis le Pirée. Les déplacements sur l'île s'effectuent avec les bus qui relient Kéa à Korissia, Gialiskari, Vourkari et Otzia. En ce qui concerne votre résidence sur l'île, bien que l'infrastructure soit encore peu développée, vous trouverez des hôtels et des chambres à louer.

HISTOIRE

Kéa était déjà habitée à la fin de l'ère néolithique (avant l'an 3000 av. J.-C.) comme le révèlent les fouilles de Kéfala. Les Ioniens arrivèrent sur l'île aux environs de l'an 1000 av.J.-C. et y construisirent quatre villes: Ioulis, Korissia, Piessa et Karthaia.

L'île lutta contre les Perses en offrant des navires dans la bataille de Salamine et plus tard elle devint membre de l'Alliance Athénienne (478 av.J.-C.).

Les Vénitiens envahirent Kéa au début du 13ème siècle et des invasions successives de pirates suivirent. Les turcs apparurent sur l'île en 1537. Leur hégémonie ne fut cependant jamais fermement établie. De 1789 à 1790 le combattant héroïque Lambros Katsonis utilisa l'île comme point de départ de ses attaques contre la flotte turque.

L'église d'Aghia Marina.

Le Lion de Kéa.

Découverte de l'île

Korissia. Port principal de l'île, situé au fond d'une baie possédant une superbe plage de sable.
Kéa (Chora). Egalement appelée Ioulis car elle est construite à l'emplacement de la ville antique de Ioulis. A 6 km de Korissia, sur une colline (320 m d'altitude), au sommet de laquelle se trouve une cité fortifiée renfermant quelques ruines de murs antiques et un temple d'Apollon. Ses ruelles étroites sont bordées de maisons anciennes ou plus récentes, de style cycladique. La vue sur le ravin verdoyant est superbe. Une promenade de 15 minutes mène au lion de Kéa qui est taillé dans le roc et date du 6ème siècle av. J.-C. Il s'agirait du lion qui chassa de l'île les nymphes qui tuaient les femmes. Il existe à Kéa un musée archéologique.
Eglise d'Aghia Marina. A 5 km au sud ouest du bourg de Kéa, elle est construite autour d'un fort franc antique de trois niveaux.
Pissès. Baie de sable située à la place de la ville antique de Piessa. A 10 km du bourg de Kéa, sur la côte ouest.
Koundouros. Centre touristique situé dans une baie aux eaux cristallines, à 15 km de Chora.
Polès. Petite crique de sable, située sur l'ancienne Karthaia, dont il reste quelques vestiges. Au sud est de l'île.
Vourkari. La baie suivante, au nord de Korissia. Escale des voiliers, elle possède de nombreuses boutiques et une activité touristique intense.

Sur la presqu'île **d'Aghia Irini** située en face, on a trouvé les traces d'une civilisation préhistorique datant de l'âge de bronze.

Plus au nord, à **Kefala,** d'autres fouilles ont permis de découvrir une civilisation encore plus ancienne.
Otzia. Pittoresque petite crique profonde, possédant quelques habitations et située à 6 km au nord de Korissia. **Église de Kastriani.** A 7 km d'Otzia, sur la côte nord de l'île au milieu d'un site sauvage et rocailleux possédant une vue superbe. Des chambres d'hôtes sont disponibles.

Chora ou Ioulis, la capital e de l'île.

Le site archéologique d'Aghia Irini et au fond le pittoresque Vourkari.

Macronissos

Dans l'antiquité, elle s'appelait Hélène, car la Belle Hélène y serait passée en allant ou en revenant de Troie. Elle se trouve entre Lavrion (Attique) et Kéa, dont elle dépend administrativement. Elle a une superficie de 15km² et un littoral de 28 km. Il semble que l'île ait été habitée dans l'antiquité, comme le révèlent les résultats de certaines fouilles. Après la deuxième guerre mondiale elle fut utilisée comme lieu de déportation de nombreux grecs.

Kythnos

Kythnos est située entre Kéa et Sérifos et se trouve à seulement 52 milles marins du Pirée. Elle a une superficie de 99km2, un littoral de 97km et compte une population de 1500 habitants. Ile montagneuse et aride, possédant de nombreuses jolies criques profondes, elle se trouve encore à l'abri de la vague touristique. Elle est donc recommandée à ceux qui veulent profiter des joies de la mer et du calme.

Kythnos est reliée au Pirée tant par des ferry-boat qui poursuivent ensuite leur route sur Sérifos, Siphnos, Milos et Kimolos, que par des transbordeurs qui effectuent le trajet Pirée (Zéa)-Kéa-Kythnos.

HISTOIRE

Les premiers habitants de l'île auraient été les Dryopes et l'île tiendrait son nom de leur premier roi qui s'appelait Kythnos. L'île a également d'autres noms, tels que Thermia (les autochtones l'appellent aujourd'hui encore Thermia) en raison des sources thermales qui se trouvent à Loutra. Pendant les années historiques, l'île fut membre de la Confédération de Délos. En 1207 elle fut occupée par les Vénitiens et en 1537 par les Turques. Elle fit partie des premières îles qui prirent part à la révolution de 1821 et fut rattachée à la Grèce en 1832, en même temps que les autres îles des Cyclades.

Première escale des bateaux se rendant dans les Cyclades de l'ouest. Quatre heures de bateau (depuis le Pirée) suffisent à plonger le voyageur dans le monde des Cyclades. Le port de Mérichas possède une plage de sable et des barques de pêcheurs. L'eau limpide brille sous les rayons du soleil. Le meltem rafraîchit l'atmosphère. Sur la colline aride se trouvent les deux villages cycladiques, Chora et Dryopida, avec leurs maisons blanches, leurs petites ruelles pavées ainsi que les anciens moulins à vent.

D'un café s'échappe un air de musique. C'est la musique gaie des îles, qui est jouée par un violon et un luth. Le pas de danse rapide que l'on effectue dans le café est la danse traditionnelle des Cyclades (Balos).

Sur la côte est de l'île se trouve un deuxième port, Loutra, qui attire de nombreux vacanciers en été. Au sud est, la chapelle de Panaghia Kanala, construite sur un piton rocheux domine la mer. Elle accueille chaque année, à l'occasion du 15 Août et du 8 septembre, les pèlerins qui après l'office religieux mènent la danse sur le parvis pavé de l'église.

Tel est le monde des Cyclades. Un monde calme, gai, plein de vie et de lumière, et cela à proximité d'Athènes. Un week-end suffit à le découvrir.

Vue de Chora. En bas: la plage d'Aghia Irini, à proximité de Loutra.

Découverte de l'île

Mérichas. Les bateaux y jettent l'ancre. C'est le port du bourg de Kythnos et de Dryopida. Sa plage de sable est assez fréquentée l'été et surtout pendant le week-end. Au nord de Mérichas se trouvent les plages **d'Episkopi** et **d'Apokroussi** et au sud celle de **Flabouria.**

Deux lignes de bus partent de Mérichas: l'une pour Episkopi-Chora-Loutra et l'autre pour Dryopida-Panaghia Kanala.

Bourg de Kythnos (Chora). A 8 km de Mérichas. Le village conserve le style traditionnel de l'architecture cycladique, en dépit de l'apparition de constructions récentes.

De belles églises: celle de Sotira avec son iconostase en bois sculpté et celle d'Aghios Savas datant du 17ème siècle. A proximité de Chora se trouve l'église de Panaghia Nikou, où fonctionna une école secrète.

Durant ces dernières années des centrales électriques éoliennes et solaires se sont installées à Chora.

Loutra. A 5 km de Chora. On y trouve deux sources thermales, l'une très chaude et l'autre plus tiède, qui sont recommandées pour la thérapie des rhumatismes, de l'arthrite et des infections gynécologiques. L'hôtel Xenia fonctionne comme centre d'hydrothérapie. Loutra, attire, grâce à ses belles plages de sable un tourisme croissant.

Dryopida. Gros hameau situé à 5 km de Mérichas. A proximité du village se trouve l'importante grotte de stalactites de **Katafyki.** Depuis Dryopida on peut se rendre à pied aux plages de sable de **Kalo Livadi** et Lefkes et à la petite crique **d'Aghios Stefanos.**

Panaghia Kanala. Chapelle située sur la côte sud est de l'île, à 7 km de Dryopida. Des fêtes y sont célébrées le 15 août et le 8 septembre.

Au pied de la chapelle il y a une plage, des tavernes et quelques chambres à louer.

Au large de Panaghia Kanala se trouve l'île déserte de **Pipéri.**

L'îlot Aghio Louka, au nord de Mérichas est relié par une bande de sable à Kolona.

Serifos

De loin, Sérifos ressemble à un rocher gigantesque qui serait selon la mythologie le fossile du tyran, roi de l'île, Polydectès. Et pourtant en s'approchant de l'île, on comprend qu'elle cache une réelle beauté. Son chef lieu (Chora) est littéralement accroché au sommet d'un piton rocheux qui domine le port.

Chora est, à juste titre, caractérisé de hameau traditionnel. Il possède des prairies, des criques et surtout des plages de sable. Depuis le port un grand nombre de plages ne se trouvent qu'à une demi-heure de marche. Livadi, Lia, la crique profonde d'Aghio Sosti, la fameuse Psili Ammos avec sa taverne typique et Aghios Ioannis sont autant de lieux de promenade ou de baignade. Si vous souhaitez effectuer une excursion en caïque ou en voiture, vous pouvez alors aller jusqu'au monastère fortifié des Taxiarques, la jolie crique de Koutala, Megalo Livadi ou Sykamia.

Bien que ses bars et ses discothèques soient très fréquentés pendant l'été, vous pouvez tout de même apprécier la vie calme et simple des îles.

Située entre Kythnos et Siphnos, Sérifos se trouve à 70 milles marins du Pirée. Elle couvre une superficie de 73 km^2 et son littoral s'étend sur 70 km. Sa population s'élève à 1200 habitants. Des transbordeurs au départ du Pirée effectuent la liaison avec Sérifos, puis poursuivent leur route sur Siphnos, Milos et Kimolos. Il existe également des liaisons avec d'autres îles des Cyclades en dehors de celles de l'ouest.

HISTOIRE

L'île fut habitée par les Ioniens. Elle fut l'alliée de la cité d'Athènes et combattit à ses cotés contre les Perses.

Les Romains en firent un lieu d'exil. Les Francs s'emparèrent de Sérifos en 1204 puis les Turcs l'occupèrent de 1537 à 1821, date à laquelle elle recouvra son indépendance, à la suite de la révolution.

Le port de Sérifos avec sa plage de sable blanc et Chora, au sommet de la colline.

Découverte de l'île

Livadi. C'est le port de Chora, où les bateaux jettent l'ancre. L'été il est assez fréquenté et vers le 15 août il peut y avoir des problèmes de logement. Sur le coté du port débute '' immense plage en forme de fer à cheval.

Chora. A 5 km de Livadi, avec laquelle elle est reliée par une ligne de bus. Construite au sommet d'une falaise dominant le port, avec ses maisons immaculées, ses ruelles pavées et ses moulins à vent, c'est l'un des plus beaux villages des Cyclades, qui est encore loin des grands courants touristiques. En forme d'amphithéâtre, elle se divise en deux hameaux: **Kato Chora** et **Pano Chora**. Dans ce dernier, on peut visiter la très pittoresque place de la mairie, qui est la seule bâtisse de style néoclassique du village, l'église Aghios Ioannis et l'église Aghios Thanassis.

Chora possède également un petit **musée archéologique** et les ruines de l'ancien fort vénitien. La vue depuis le sommet de la colline sur la baie qui se trouve à ses pieds et les proches îles des Cyclades est unique.

Panaghia. A 5 km au nord ouest de Chora. Le village tient son nom de la chapelle Panaghia, datant du 10ème siècle.

Le **monastère des Taxiarques**. La construction la plus remarquable de l'île. Situé à 4 km de Panaghia. Avec ses murs épais et hauts, il ressemble à un fort. Il fut construit au 17ème siècle.

Koutalas. Petit hameau situé sur une jolie baie de sable, à 17 km au sud est de Chora.

Megalo Livadi (à 13 km à l'ouest de Chora) et **Sykamia** (à 9 km au nord ouest de Chora) sont deux petits ports de pêche possédant de belles plages.

A l'ouest de Sérifos se trouve l' impressionnante île-rocher de **Vous,** au nord est de laquelle se trouve l'îlot inhabité de **Serfopoula.**

En haut: la descente de Chora à Livadi.

En bas: Vue sur Livadi, depuis Chora.

Siphnos

En entrant dans le port de Siphnos (Kamarès) on est entouré de collines. Collines élevées et arides au sommet desquelles se trouve une petite église blanche ou une chapelle. L'un des versants de cette baie est couvert de maisons, d'hôtels et de magasins et dans le fond se trouve une plage de sable. Cette baie est très pittoresque et sa plage est une vraie tentation, mais la réelle beauté se trouve sur un plateau, à six kilomètres du port, où l'on peut admirer un spectacle unique: une vaste plaine d'oliviers, remplie de villages immaculés qui se touchent presque. L'un finit, l'autre commence. Ce spectacle est unique dans les Cyclades. Après avoir admiré la plaine blanche, le visiteur peut se rendre à Kastro, le village médiéval, puis descendre sur les plages de Faros et de Platis Gialos (l'une des plus belles plages de sable de la mer Egée). Où que vous résidiez sur l'île, vous êtes sûrs d'y passer des vacances inoubliables.

Siphnos se trouve entre Sérifos, Kimolos et Antiparos. Elle se situe à seulement 78 milles marins du Pirée, a une superficie de 74 km2, un littoral de 70 km et une population de 2000 habitants.

L'île est desservie par les transbordeurs qui effectuent le trajet Pirée-Kythnos-Sérifos, Siphnos, Milos, Kimolos. Il existe également des liaisons avec les autres îles de l'archipel.

HISTOIRE

Siphnos fut d'abord habitée par les Cariens et les Phéniciens. Plus tard, les Ioniens s'y installèrent. Dans l'antiquité, l'île était très riche, grâce aux mines d'or et d'argent qu'elle possédait. Preuve en est le trésor que construisirent les Sifinotes à Delphes au 6ème siècle avant J.-C. pour protéger leurs stèles. Pourtant un événement se produisit dans ces mines. Elles s'épuisèrent ou furent inondées (personne ne le sait) et leur exploitation fut interrompue. Les habitants de l'île s'appauvrirent donc soudainement.

En 1207 le vénitien Markos Savoudos envahit Siphnos et l'annexa au duché de Naxos. En 1537 l'île fut envahie par les turcs. Elle prit part au mouvement de libération de 1821 et fut rattachée à la Grèce en 1832.

Découverte de l'île

Kamarès. Port de l'île où amarrent les transbordeurs. Il possède une belle plage de sable qui est cependant exposée au vent du nord. De Kamarès, un bus mènent aux principaux villages et plages de l'île. La route est goudronnée sur sa plus grande partie.
Apollonia. Capitale de l'île dotée de jolies petites maisons blanches et située à 6km de Kamarès. Elle tient son nom d'Apollon qui vouait une réelle adoration à l'île. Elle dispose d'un musée folklorique, de tavernes, pizzeria et de cafés où l'on sert des pâtisseries sifinotes.
Artemonas. Splendide village situé à 2 km au nord d'Apollonia. Là encore on peut admirer les maisons blanches à la superbe architecture cycladique.
Kastro. Ancienne capitale de l'île.

Jeunes filles en costumes traditionnels.

Village médiéval situé à 3km à l'est d'Apollonia et construit sur une colline. Il comprend de nombreuses maisons anciennes, des ruelles étroites recouvertes de voûtes et un petit musée archéologique.
Chryssopigi. Le monastère préféré des autochtones et des touristes. Il possède une église pittoresque du 17ème siècle, construite sur un rocher qui a la forme d'une petite péninsule. A proximité se trouve une plage splendide aux eaux limpides. Ce monastère se trouve entre Faros et Platis Gialos.
Platis Gialos. La plus jolie plage de Siphnos et l'une des plus belles de l'archipel des Cyclades. Elle attire donc de nombreux visiteurs. A 10 km d'Apollonia, elle se trouve au cœur d'une baie protégée du meltem.

Au sud de cette baie est situé l'îlot **Kitriani.**
Faros. Village côtier possédant une plage exposée au vent. A 7 km au sud est d'Apollonia.
Vathi. Hameau situé dans une baie encastrée aux eaux peu profondes. Accessible en caïque depuis Kamares et en voiture d'Apollonia.
Les églises de Siphnos. Siphnos possède de nombreuses églises comme celles de Profiti Ilias et d'Aghios Simeos (toutes deux construites au sommet d'une colline, avec une vue superbe), des Taxiarques à Vathi, de Panaghia Vrissi, de Chryssopigi et bien d'autres encore. Elle possède également de nombreuses chapelles pittoresques et des forts tombant à moitié en ruine et parsemés sur toute l'île.

La poterie ainsi que la fabrication de certaines pâtisseries constituent des traditions.

En haut: La poterie est une tradition millénaire à Siphnos.

En bas: le hameau pittoresque de Vathi.

Milos - Kimolos

Milos est célèbre dans le monde entier car c'est là que l'on trouva la fameuse statue de Vénus (Aphrodite) qui orne depuis des années maintenant le musée du Louvre.

C'est une île volcanique. Cela explique les formes et les couleurs magnifiques du sol sur toutes ses plages.

La nature a ici crée un réel chefd'œuvre. Les rochers sont des sculptures, la roche colorée une peinture, les grottes légendaires, les plages de sable fin sont tranquilles.

L'île possède une grande richesse minérale et l'une des mines les plus anciennes de la Méditerranée.

Milos se trouve à la pointe sud ouest des Cyclades, au nord ouest de Santorin et en dessous de Siphnos et de Sérifos. Seuls 87 milles marins la séparent du Pirée. Elle a une superficie de 151 km², un littoral de 125 km et une population de 5000 habitants. Elle est desservie par des bateaux qui partent du Pirée et effectuent l'itinéraire Kythnos-Sérifos-Siphnos-Milos-Kimolos. Milos possède des liaisons avec d'autres îles, l'été particulièrement.

Milos possède également un petit terrain d'aviation, ce qui lui permet de bénéficier d'une liaison quotidienne avec Athènes, en saison.

Vue panoramique de Plaka, a l'entrée de la baie de Milos.

Découverte de l'île

Adamantas. Le port pittoresque de Milos, au cœur de la grande baie, avec l'église ancienne d' Aghia Triada, la plage de sable et les arbres. Depuis Amantas, il existe un bus pour les villages de Trypiti, Plaka, Triovassali, Fylakopi (site archéologique), Pollonia (Apollonia), Voudia, Zefyria (Chora), Paliochori, Chiva-dolimni et Probatas. En faisant le tour de l'île en barque on peut admirer les rochers blancs contrastant sur le bleu indigo de l'eau, à l'extrémité sud ouest de l'île, à Kleftiko.

Milos (Plaka). L'actuelle capitale de l'île et l'un des villages les plus pittoresques de l'archipel des Cyclades. Elle est construite à l'entrée de la baie, à une altitude de 200m. La vue depuis le site de **Marmara,** sur le parvis pavé de l'église **Panaghia Korfiatissa** est unique et le coucher de soleil que l'on peut observer de cet endroit, le plus magnifique de la mer Egée. Le fort franc, situé audessus de l'église **Panaghia Thalassitra** (à l'architecture remarquable), est à visiter. A Plaka, se trouvent le **musée archéologique**, où l'on peut contempler la réplique en plâtre de la célèbre **Vénus,** ainsi que le **musée d'art folklorique**.

C'est au sud de Plaka, entre le hameau **Trypiti** et le village de bord de mer **Klima,** qu'est située la ville **ancienne de Milos**. On y trouve des vestiges de murs et de fondations d' un temple ainsi que les ruines d'un théâtre romain. C'est à proximité de ce théâtre qu'en 1820 un agriculteur découvrit la statue de Vénus. A cette époque, le navire français "Estafette" affrétait à Milos. Les Français, après de nombreuses démarches effectuées par leur ambassadeur auprès de Constantinople, emportèrent la statue en France.

Au sud est de la ville antique de Milos, à 15 minutes environ par la route de Trypitis, se trouve les célèbres catacombes, cimetière chrétien du 3ème siècle, uniques en Grèce. Ces catacombes sont formées d'un passage sous-terrain central avec lequel communiquent quatre autres passages plus étroits d'une longueur totale

HISTOIRE

Milos est l'une des premières îles des Cyclades qui fut habitée. C'est ce dont témoignent les ruines néolithiques de Fylakopi et les morceaux d'obsidienne, le minéral de couleur noire que l'on trouve uniquement à Milos. Ce minéral, qui ressemble à du verre et fut utilisé pour la fabrication d'outils, joua un rôle important dans le développement de l'île. Milos fut un centre notable de la civilisation cycladique, qui est plus ancienne que la civilisation minoenne de Crète et qui par la suite se développa parallèlement à cette dernière. L'hégémonie des Minoens à Milos et dans l'ensemble des Cyclades débuta aux environs de l'an 2000 av. J.-C. et se poursuivit jusqu'en 1450 av. J.-C.. Par la suite, les Mycéniens envahirent l'île, puis en 1100 av.J.-C. les Doriens leur succédèrent. Plus tard, après la guerre du Péloponnèse, voulant se venger des sentiments amicaux que l'île avait eus envers les spartiates, les Athéniens la détruisirent, tuèrent tous les hommes et vendirent les femmes et les enfants comme esclaves.

Malgré tout, Milos renaîtra pendant l'époque hellénistique où elle exhibera la fameuse Vénus.

Milos accueillit très tôt le christianisme. Ses célèbres catacombes constituent un cimetière unique en Grèce. Plus de 2000 chrétiens y furent enterrés. L'île fut envahie en 1207 par les Vénitiens, puis par les Turcs en 1580. Avant la domination turque, l'île avait été envahie par les pirates. La libération de l'île et son rattachement à la Grèce eurent lieu en 1832.

de 185m, qui possèdent de part et d'autres des tombes dotées d' une pierre tombale arrondie. On estime à 2000 le nombre des chrétiens qui furent ensevelis dans ces catacombes qui n'étaient pas uniquement utilisées comme cimetière, mais également comme lieu de culte.

Fylakopi. Les habitants l'appellent Flakopi. Sur la route entre Plakas et Apollonia, c'est l'un des sites archéologiques les plus importants des Cyclades. En effet, toutes les ères de la civilisation cycladique (qui coïncide à l'ensemble de l'âge de bronze), y sont représentées. Il s'agit de trois villes préhistoriques, chacune construite sur les ruines de la précédente. La première ville fut bâtie à l'époque précycladique (3ème millenaire av. J.-C.), la deuxième à l'âge cycladique (2ème millénaire av. J.-C.) et était considérée comme une colonie minoenne et enfin la troisième, qui subit l'influence mycéenne, à l'âge postcycladique (après 1450 av. J.-C.).

Grotte de Papafranga. C'est une

grotte marine formée par de gigantesques rochers blancs, avec une plage de sable, à proximité de Fylakopi.
Apollonia (ou Pollonia). Hameau situé au nord est de l'île, doté d'une belle plage. Il se trouve en face de Kimolos. En été des excursions fréquentes s'effectuent en caïque de-puis Apollonia à destination de **Glaronissia** (30´), îles volcaniques formées de rochers qui ne sont rien d' autre que de gigantesques minéraux cristallins en forme de barres et dont la taille peut atteindre 30 mètres. Des excursions en barque sont également possibles à Kimolos (30´).
Grotte de Sykia. C'est la plus jolie grotte marine de Milos. A la pointe sud ouest de l'île, sur la côte ouest. Elle possède des couleurs superbes et est accessible depuis l'église d'Aghios Ioannis (à 22 km d'Adamanta et de là 1h10 de marche) ou en caïque, au départ d'Adamanta.
Kleftiko. Le site le plus impressionnant de l'île, avec ses hauts rochers blancs, ses îlots immaculés et sa grotte marine. Il est situé à proximité de la grotte de Sykia, mais sur la côte sud de l'île. Son nom provient du fait que les caïques des pirates se ca-chaient derrière les rochers et n'é-taient pas visibles depuis la mer (kle-ftis = voleur). L'approche de Kleftiko s'effectue comme pour la grotte de Sykia, par la mer, depuis Adamanta.
Emborios. Petit hameau doté d'une plage, situé sur le versant ouest de la baie de Milos. Au sud est d'Emborios se trouve **Chivadolimni,** l'un des plus beaux sites de l'île.
Probatas et **Paliochori.** Deux belles plages, sur la côte ouest de l'île. Accessibles en bus.

Au nord ouest de Milos se trouve l'île déserte **d'Antimilos,** utilisée comme lieu d'élevage d'une race rare de chamois. A l'entrée de la baie de Milos, on observe les îlots d'Arkoudia à la forme impressionnante.

Kleftiko, Milos

Kimolos

Petite île couverte de rochers blancs qui ne sont rien d'autre que la fameuse craie. Située à seulement 0,5 mille marin de Milos, il faut moins de 30 minutes au caïque pour arriver d'Apollonia. Malgré cela, Kimolos reste éloignée de la grande vague touristique et est donc l'occasion rêvée pour le voyageur qui peut se contenter d'une vie paisible et insouciante, proche des chaleureux habitants de l'île.

Kimolos, le petit port de Psathi.

Au sud ouest de Siphnos et à proximité de Milos, Kimolos ne se situe qu'à 88 milles marins du Pirée. Elle a une superficie de 36 km2, un littoral de 38 km et une population de 780 habitants. Elle est desservie par les ferry-boats qui partent du Pirée et effectuent la ligne des Cyclades de l'ouest.

HISTOIRE

D'après la mythologie, l'île tiendrait son nom de son premier habitant, Kimolou, qui était le mari de Sidis, fille de Tavros. L'histoire de l'île est dans son ensemble identique à celle de sa voisine, Milos. La ville antique de l'île se trouve ensevelie sous la mer, à proximité de la plage de Koftou; alors qu'en face de l'îlot Aghios Andreas, se trouvent des vestiges datant de l'époque mycénienne.

Découverte de l'île

Depuis le port tranquille de **Psathis,** on peut monter en 20´ à **Chora,** important village cycladique, avec ses maisons blanches, ses pots de fleurs remplis de basilic et de géraniums. Le village possède un petit musée et un centre médical.Les églises d'Aghios Chrissostomos (17ème siècle), de Christos (16ème siècle) et d' Evangelistria (17ème siècle) sont à visiter.

A **Ellinika,** qui se trouve au sud ouest de Chora (une heure de marche ou 20´ en caïque, depuis Psathi), le visiteur peut à la fois se baigner et visiter le principal site archéologique de l'île. Là, à proximité de la plage de **Koftou,** lorsque la mer est calme, on peut apercevoir au fond de l'eau les vestiges de l'ancienne Kimolos et au large de l'îlot **Aghios Andreas (ou Daskalio)** on trouve les ruines de tombes datant de l'époque mycénienne.

Il existe d'autres lieux intéressants à visiter, comme **Vromolimni,** sur la côte sud de l'île (1H en caïque) où il existe une grotte et à l'intérieur de l'île le site moyenâgeux de **Palaiokastro.**
A **Aliki** (sans doute la plus belle plage), il y a quelques chambres à louer.

En face du port de Psathi se trouve l'île de **Polyaigos** qui est utilisée comme lieu de pâturage.

Andros

C'est l'île la plus au nord des Cyclades et la deuxième île en superficie, après Naxos. Elle se trouve à seulement 7 milles marins d'Eubée (dont elle est séparée par le détroit de Kavo Doro) et à moins d'1 mille de Tinos. Elle ressemble aux autres îles des Cyclades puisqu'elle est, elle aussi, entourée de la mer Egée et est rafraîchie en été par le meltem. Ses côtes sont abruptes et ses rivages sont bordés du même sable blanc. Mais elle possède un atout qui manque aux autres îles de l' archipel: elle est verdoyante et l'eau y coule abondamment. Les oliviers, les pins et les arbres fruitiers couvrent l'île et sur les coteaux on trouve des villages comme ceux de Menites, Stenies et Apikia qui sont réellement noyés dans la verdure. C'est à Andros également que l'on trouve la fameuse source de Sariza (dont l'eau est mise en bouteille et circule dans la Grèce entière), les superbes plages aux eaux limpides et également les vieilles maisons bourgeoises et les demeures anciennes.

Andros est accessible en ferry-boat depuis Rafina. L'été, elle est également desservie par les transbordeurs. Nous vous conseillons d'y emmener un véhicule, car l'île est vaste, possède de nombreuses curiosités, dispose d'un bon réseau routier et dans l'ensemble, d'une infrastructure touristique satisfaisante.

A 89 milles marins du Pirée et 36 milles de Rafina, Andros a une superficie de 373 km2, un littoral de 177km et une population de 9000 habitants, dont la plupart sont marins et même capitaines.

Depuis Andros, vous pouvez vous rendre en ferry-boat dans les îles voisines de l'archipel des Cyclades. En été, aux lignes de ferry-boat s'ajoutent celles des transbordeurs.

HISTOIRE

D'après la mythologie, l'île Andros tiendrait son nom d'Andro, petit-fils d'Apollon. Elle eut toutefois d'autres noms comme ceux de Gavros, Lassia et Hydroussa. Il semble que les Cariens, les Phéniciens et les Crétois sont passés par Andros. Les Ioniens arrivèrent aux environs de l'an 1000 av.J.-C. A partir de cette époque, l'île commença à prospérer. Elle devint une grande puissance navale et fonda des colonies à Chalcidique, en Thrace et en Asie mineure. Elle émit même sa propre monnaie.

Le dieu Dionysos était idolâtré dans l'île. La légende veut qu'au cours des fêtes qui étaient données en son honneur (à Dionyssia), du vin jaillissait de l'une des sources de l'île. Andros s'opposa à Athènes apres les guerres médiques, mais elle

Le pittoresque Batsi. Le plus important village de bord de mer d'Andros.

devint toutefois membre de Protis (476 av. J.-C.) et de la deuxième alliance athénienne (376 av. J.-C.). Après la bataille de Chéronée, ce sont les Macédoniens qui dominèrent l'île puis en l'an 200 av. J.-C. les Romains. Ces derniers obligèrent tous les habitants à quitter l'île et à s'installer à Dilio (aujourd'hui appelée Dilessi), puis ils la détruisirent et la remirent à Attale, le roi de Pergame.

A l'époque byzantine, Andros offrait une renaissance culturelle importante. Au 9ème siècle, Michael Psellos, maître du philosophe Leonta enseigna dans la fameuse école de Philosophie de l'île. Sur le plan économique, l'île enregistra également une croissance importante grâce à l'artisanat de la soie qui s'y développa aux 11ème et 12ème siècles.

Les Vénitiens occupèrent Andros à partir de 1207 et restèrent souverains jusqu'en 1556, date à laquelle les turcs l'envahirent. Aux environs de 1789, le valeureux Lambros Katsonis instaura son siège au large d' Andros. Faisant de l'île voisine de Kéa, son quartier général, il devint la bête noire de la flotte turque. Pourtant, les exploits du vaillant combattant prirent fin lors de la fameuse bataille qui eut lieu en 1790 dans le bras de mer qui sépare Andros et Eubée. La plupart des 9 bateaux de Katsoni furent détruits par les 16 navires turcs et les 12 navires algériens.

Andros apporta une aide considérable à la lutte de libération de 1821 et de nombreux habitants de l'île étaient membres de la Filiki Etairia ("Société amicale". Organisation secrète grecque fondée à Odessa, en 1816, ayant pour objet la préparation du soulèvement national de 1821).

La petite église d'Aghia Thalassini, à Chora (le chef lieu de l'île).

Découverte de l'île

Andros ou Chora.

Beau et radieux, le chef lieu d'Andros est construit sur un promontoire situé entre deux plages de sables. A l'extrémité de ce promontoire se trouve un petit îlot rocheux orné des vestiges d'un fort vénitien. A Chora, l'architecture cycladique et l'architecture néoclassique se côtoient. Vous trouverez la première dans les ruelles étroites bordées de maisons blanches et la deuxième sur les places ornées de maisons bourgeoises. Ile de grande tradition maritime, Andros possède un **musée de la marine,** une statue du marin disparu et un club nautique. On trouve également à Chora un **musée archéologique** et un musée d'art moderne. Parmi les églises byzantines de valeur, on distingue celle de Palatiani du 13ème siècle, avec une superbe iconostase sculptée dans le bois, celles de Panaghia Odighitria et de Theoskepasti. A proximité de Chora on trouve les plages de Niborio, Paraporti et Gialia.

Gavrio-Batsi-Chora-Korthi-Gavrio (97 km)

Gavrio est le port où les ferry-boat jettent l'ancre. Il se trouve au fond d'une baie de sable encastrée. A 3 km au nord ouest de Gavrio, **à Aghio Petro**, se trouve un fort de style hellénistique, bien conservé. Depuis Gavrio, vous suivrez la route de bord de mer qui mène vers le sud est.

A 3km la plage **d'Aghios Petros.** Elle possède une belle plage de sable qui est fréquentée par les touristes. **A 3,5 km**, la plage de **Chryssi Ammos. A 4,5** km, un embranchement mène à l'église de **Zoodochou Pigis,** datant du 14ème siècle.

A 8 km Batsi. Le plus grand centre touristique d'Andros, situé dans une baie renommée pour sa plage de sable. Depuis Batsi, un embranchement à gauche conduit, 14 km plus loin, au village boisé **d'Arnas,** qui se trouve au pied de la plus haute montagne d'Andros, **Pétalo** (1003m). L'ascension depuis Arni (500m) jusqu'au sommet, Gavalo, s'effectue en une heure.

A 16 km Paleopoli. Hameau construit sur le site de la ville antique d'Andros. Quelques vestiges de murs et du port antique sont conservés, au fond la mer.

A 22 km Intersection. La route continue pour Korthi. En ce qui nous concerne, nous tournerons à gauche pour Andros (Chora).

A 25 km. Sur la gauche le village de **Mélida** et son église du Taxiarque, datant du 12ème siècle. L'une des plus belles de l'île d'Andros.

En haut, la statue du marin disparu et en bas le port de Chora.

A 28 km. Une déviation à gauche conduit, au bout d'1 km, à **Ménites,** village qui est littéralement noyé dans la verdure. Ses tavernes se trouvent sous d'énormes platanes et à proximité de sources d'eau.

A 30 km Messaria. Dans ce village se trouve l'église du Taxiarque, datant du 12ème siècle.

A 34 km Andros(Chora). Voir plus haut, Andros ou Chora.

De Chora, nous vous conseillons de faire une déviation et de suivre la route qui monte vers le nord de l'île. Deux kilomètres plus loin cette route se divise et mène à droite à **Steniès,** le village des capitaines et des armateurs, et à gauche, 4 km plus loin, au hameau verdoyant **d'Apikia** qui possède la fameuse source de **Sariza.** L'eau de cette dernière est recommandée pour les infections des reins principalement. Elle est mise en bouteille dans le village et est vendue dans la Grèce entière. Les restaurants possèdent des balcons dominant la pente boisée.

En poursuivant votre route, un peu après Chora, vous tournerez à gauche en direction de Korthi.

A 46 km Vouni. A droite, à proximité du village de **Fallika,** se trouve l'église la plus ancienne d'Andros, **Moni Panachrantou**, qui fut construite au 10ème siècle par Nikiforos Fokas.

A 56 km Baie de Korthi. Port de pêche pittoresque possédant une grande plage de galets, exposée au nord. La majorité des maisons et des magasins sont construits sur le versant ouest de la baie, qui est plus abrité du vent. Au nord de Korthi se trouve la crique isolée de **Pidima tis Grias.** L'un des plus beaux sites d'Andros, accessible plus facilement en barque. De Korthi vous suivez maintenant la route qui mène directement à Gavrio.

A 75 km. Intersection. Sur votre droite, la route que vous avez suivie mène à Chora. Vous continuez tout droit sur la route de Batsi-Gavrio qui vous est désormais familière.

A 97 km. Gavrio. Ici s'achève le tour de l'île d'Andros.

En haut: L'ancien pont Vénitien du fort, à Chora.

Au centre: Sineti, au sud de Chora.

En bas: Le port de Gavrio.

Tinos

La plupart des visiteurs se rendant sur l'île sont grecs, puisque Tinos, l'île de la vierge (Panaghia), est le lieu le plus religieux de Grèce, l'équivalent de Lourdes en France.

Les gens qui y viennent en pèlerinage en repartent généralement rapidement, sans avoir le temps de découvrir les beautés de l'île: les villages traditionnels verdoyants à l'architecture cycladique authentique et les fameux pigeonniers qui ont été construits avec tant d'art et d'imagination qu'on les trouve presque uniquement à Tinos. Ces chefs d' œuvre de l'art populaire ne devraient pourtant pas nous étonner puisque Tinos est l'île des artistes. Les plus grands peintres et sculpteurs grecs du 19ème et 20ème siècles, tels que Chalepas, Philippotis, Sochos, Gyzis et Lytras étaient originaires de Tinos.

Les jolies plages de sable blanc, la mer limpide, le meltem frais de l'été et l'important ensoleillement font de Tinos l'une des îles les plus intéressantes des Cyclades.

Tinos se trouve entre Syros, Andros et Mykonos. Elle est à 86 milles marins du Pirée et 62 milles de Rafina. C'est une île montagneuse, d'une superficie de 195 km2 et d'un littoral de 106 km. Sa population s' élève à 8000 habitants. L'île est desservie par des ferry-boats ou des transbordeurs au départ du Pirée et de Rafina.

Depuis Tinos on peut accéder à d'autres îles de l'archipel des Cyclades.L'îlé étant proche de Mykonos, il existe de Nombreuses arrinées de bateaux, plusieurs fois par jour en été, à environ 5 à 8h de trajet du pirée.

La Vierge de Tinos construite en 1823.

Le parvis de l'eglise.

HISTOIRE

Selon la mythologie, Tinos était habitée par le dieu du vent, Eole. C'est ainsi que les habitants expliquaient très souvent le vent déchaîné qui soufflait sur l'île. Aux environs de l'an 1000 av. J.-C., les Ioniens colonisèrent l'île. Au 6ème siècle av. J.-C. elle fut dominée par la cité d'Erétrie et en 409 av. J.-C. elle fut envahie par les Perses, pour être enfin libérée par la bataille de Marathon. On vénérait ici le dieu Poséidon. Preuves en sont les restes du sanctuaire de Poséidon et d'Amphitrite, à Kionia.

En 1207 elle fut colonisée par les vénitiens. Les premiers bourgeois de Venise qui occupèrent l'île furent la dynastie des Guizi. La domination de Venise dura plus longtemps à Tinos que dans toute autre île des Cyclades (environ 500 ans), cela ayant pour conséquence d'en faire l'île possédant la communauté catholique la plus importante de l'archipel des Cyclades. En 1715 elle fut envahie par les Turcs qui l'occupèrent jusqu'au mouvement d'insurrection de 1821 mené par les Grecs.

En 1822, on y découvrit une icône de la Madone suite au rêve effectué par une nonne du couvent Kekrovouniou. On rend aujourd'hui hommage à cette nonne sur l'île sous le nom de Sainte Pelagia ou Tinia.

Dans l'histoire plus récente, l'île est célèbre pour le torpillage du croiseur grec "Elli" dans le port de Tinos par un sous-marin italien le 15 août 1940, jour de fête de la Sainte-Vierge.

Découverte de l'île

Tinos ou Chora

Le port de Tinos est assez fréquenté en été. Sur la jetée se trouvent une série d'hôtels, de restaurants et de magasins. De là, une rue large, droite et montante mène à l'**église de Panaghia**. C'est cette rue que gravissent des milliers de pèlerins venus de la Grèce entière, à l'occasion du 25 mars et surtout du 15 août pour se recueillir devant l'icône miraculeuse de la Madone.

L'église domine tout en haut de cette rue. Elle est construite en marbre blanc et possède de nombreuses dépendances. A l'intérieur, on trouve **l'icône de la Vierge** qui serait l'œuvre de l'évangéliste Loucas. Elle est ornée de diamants, saphirs et perles qui sont les dédicaces d'empereurs, de rois et autres croyants. L'église fut construite en 1823. Ses dépendances abritent la **pinacothèque** des artistes de **Tinos,** qui renferme les œuvres de Lytras, Iakovidis, Gyzis, Sochos, Philippotis; la consigne, la bibliothèque ...

Il existe également à Tinos un **musée archéologique.**

A proximité de Tinos se trouve la plage ventée **d'Aghios Fokas.**

Le port, l'avenue de la vierge et en arrière plan le rocher historique de Xobourgo.

EXCURSIONS

1.Couvent de Kechrovouniou-Méssi-Komi-Kolymbithra (26km)

En sortant de la ville vous continuez vers l'intérieur de l'île.
A 7 km, le couvent de Kechrovouniou (cimetière de Theotokou). Le plus important couvent de Tinos, qui abrite environ 50 religieuses. Il fut construit au 11ème siècle sur un site magnifique. Parmi les cellules du couvent se trouve celle de Sœur Pelagias qui en 1822 indiqua l'endroit où se trouvait enterrée l'icône de la Vierge.
A 13 km, Xobourgo. C'est le point principal de l'itinéraire. A gauche, un chemin de terre mène au célèbre rocher de Xobourgo où fut construite, au 8ème siècle av. J.-C., la ville **antique** de **Tinos.** Les vénitiens y construisirent par la suite leur célèbre fort qui était quasiment imprenable. Ce fort fut à l´origine du retard pris par les Turcs pour envahir l'île. En effet Tinos ne passa sous la domination turque qu'en 1715, alors que presque toutes les îles des Cyclades furent envahies en 1538.
A 19 km. Intersection aux abords du village de Krokos. Vous prendrez à droite, en direction de Komi.
A 23 km, Komi. L'un des plus importants villages de Tinos, connu pour son architecture traditionnelle. Depuis Komi vous suivrez la route qui mène à la côte nord de l'île. **A 26 km, Kolymbithra** (=fonts baptismaux). Son nom est caractéristique puisqu'il s'agit d'une jolie crique de sable fin, où vous pourrez savourer votre baignade. L'endroit commence à être fréquenté par les touristes.

2. Kionia

La visite à Kionia peut être considérée comme une promenade plutôt que comme une excursion. A seulement 3 km de Tinos, on s'y rend en suivant la route de bord de mer en direction de l'ouest. Ce hameau possède une superbe plage de sable aux eaux limpides qui connaît un certain essor touristique. C'est là que se trouvait le sanctuaire de Poséidon et d'Amphitrite.

3. Kardiani-Isternia-Pyrgos-Baie de Panormou (36km)

Vous suivrez la nouvelle route qui se dirige vers le nord et au bout de 4 km, vous tournerez à gauche, en direction d'Isternia.

La route passe par la vallée de Tarabanou où se concentrent la plupart des pigeonniers de l'île. La route se poursuit en surplomb de la mer, offrant une vue magnifique.
A 22 km, Kardiani. Joli village situé sur un coteau verdoyant, à 260 mètres d'altitude au-dessus de la mer. La **baie de Kardiani** où se trouve le port du village est également très pittoresque.
A 26 km, Isternia. Un autre village superbe à une plus haute altitude que Kardiani (330m) et avec une vue magnifique sur la mer. Il faut effectuer la promenade dans les ruelles typiques et visiter l'église d'Aghia Paraskevi à l'iconostase de marbre. **La baie d'Isteria** offre une belle plage de sable et une mer cristalline. **A proximité** se trouve la plage **d'Aghios Nikitas.**
A 32 km, Pyrgos. Probablement le plus grand et le plus beau village de Tinos et l'un des plus pittoresques de l'archipel des Cyclades. Ses maisons immaculées sont ornées de linteaux et d'escaliers en marbre qui leur donnent un aspect de grandeur exceptionnelle. C'est le village des artistes. Ici naquirent le peintre Nikiforos Lytras, le compositeur Nikos Scalcotas et les sculpteurs Dimitris Philippotis et Gianoulis Chalepas. La peinture et la sculpture sont une tradition sur toute l'île de Tinos. Le village de Pyrgos a toutefois la préséance de cette tradition. Parmi les curiosités du village, on distingue la **maison de Chalepas,** qui est également un musée.
A 36km, Baie de Panormou. C'est ici que s'achève la route. Petit port pittoresque avec ses barques et ses maisons construites en amphithéâtre au-dessus de la plage.

4. Porto (Aghios Ioannis)

Belle plage de sable à la pointe sud est de l'île, à 6 km à l'ouest du village de Tinos. Au milieu de l'itinéraire, un embranchement à droite mène, 3 km plus loin, à la plage de sable **d'Aghios Sosti.**

Mykonos - Delos

Il s'agit de l'île la plus cosmopolite, celle dont la renommée a fait le tour du monde, en dépassant Capri et qui est devenue plus à la mode qu'Hawaï. On peut se demander comment cela s'est passé. Etait-ce un hasard ou est-ce qu'une telle distinction était bien méritée.

Imaginez une mer bleu indigo, profonde, couverte de petites vagues blanches et une île aride pleine de soleil et de lumière.

Imaginez un port de pêche aux caïques colorés et une ville immaculée, s'étendant de la plage jusqu' à la colline. Entre les maisons blanches qui ressemblent à des cubes, on distingue les coupoles et les croix des innombrables églises. Au sommet de la colline resplendissent les moulins à vent typiques, aux toiles gonflées.

Toutes les ruelles de l'île sont pavées et les joints blanchis à la chaux. Chaque ruelle est un véritable tableau, chaque angle de rue une révélation. A droite du port, les maisons atteignent la mer. L'écume des vagues s'abat sur les murs, un peu en dessous des fenêtres aux couleurs vives. Vert, rouge, bleu, marron. Tout est un contraste. Les maisons blanches, le bleu de la mer, les fenêtres colorées. Un contraste dans une atmosphère qui resplendit de la fraîcheur de la mer. C'est la Venise grecque, Capri, Honolulu l'exotique.

Nous avons essayé de dresser brièvement un portrait de Mykonos. Mais les descriptions sont toujours pâles face à la réalité. Vous devrez donc vous y rendre afin de la voir de près. Elle n'est d'ailleurs pas loin. A six heures de bateau ou une heure d'avion deruis Athénes.

Le quartier d'Alevkandra, la Venise grecque.

Si la foule vous dérange (cette foule variée de Mykonos), n'y allez pas en été. Choisissez une époque plus calme. Allez-y au début du printemps ou à la fin de l'automne et vous découvrirez alors, si elle mérite son titre d'île la plus pittoresque de Grèce.

Mykonos se trouve entre Tinos et Naxos. Ile aride et sèche, elle a une superficie de 85 km^2, un littoral de 80 km et une population qui s'élève à 5500 habitants.

Vous vous y rendrez en avion depuis Athènes, Rhodes, Santorin et Héraklion (Crète) ou en ferry-boat depuis le Pirée (94 milles marins), Rafina (71 milles marins), le Dodécanèse, la Crète et Thessalonique.

L'été, l'île est également accessible en transbordeurs (Catamarans) ou en hydroglisseurs (flying dolphins) au départ du Pirée ou de Rafina. Depuis Mykonos vous pouvez visiter en petit bateau l'île voisine de Délos.

Le port cosmopolite de Mykonos.

HISTOIRE

Selon la mythologie grecque, l' île tiendrait son nom du héros Mykonos et c'est ici qu'Héraclès (Hercule) tua les géants dont les corps pétrifiés formeraient les grands rochers de l'île.

Les villes antiques de Mykonos étaient au nombre de deux. L'une était proche de l'actuelle ville. Les Ioniens arrivèrent d'Athènes au 9ème siècle av. J.-C. A partir de cette époque, le destin de Mykonos fut le même que celui du reste des Cyclades. Au départ elle était sous la domination des athéniens. Cependant elle se trouvait alors reléguée au second plan face à l'île voisine de Délos, qui fut le centre religieux pendant de nombreux millénaires.

Les Vénitiens l'envahirent en 1207 et les Turcs en 1537. Sa participation au mouvement d'insurrection de 1821 fut remarquable. Les habitants de Mykonos offrirent leurs bateaux à l'amiral Tobazis et lorsque les turcs essayèrent d'attaquer l'île pour se venger, les habitants, (à la tête desquels se trouvait l'héroïne originaire de l'île, Mado Mavrogénous), leur résistèrent avec succès.

La fameuse plage de Platis Gialos.

Découverte de l'île

Chora. Port le plus pittoresque de l'archipel des Cyclades. L'architecture cycladique traditionnelle dans son expression la plus pure. Les maisons blanches sont dominées par le style rectiligne, les petites portes-fenêtres colorées, les balcons en bois et les escaliers extérieurs.

Les églises sont très nombreuses. Elles sont toutes blanches avec un dôme de couleur rouge ou bleue. Il faut visiter l'église de **Panaghia Paraportiani** dans le quartier de Kastro, à l'extrémité du port. Il s'agit peut-être du plus beau témoignage de l'architecture traditionnelle des Cyclades. A proximité se trouve également le **musée folklorique** doté d'une riche collection, alors que le **musée archéologique** est situé au nord est de Chora et comprend principalement des objets provenant de l'île voisine de Rhénée. Parmi les objets exposés on distingue une amphore du 7ème siècle av.J.-C. ornée de sculptures en bas relief représentant le cheval de Troie et la prise de Troie.

Tourlos-Aghios Stéphanos. Longue plage de sable, située au nord de Chora, s'étendant sur trois kilomètres et étant relativement fréquentée. Accessible en bus.

Ano Mera. Village des Cyclades situé à l'intérieur de l'île, relié en bus à Chora dont il est distant de 9 km. A proximité du village se trouve le monastère de Panaghia Tis Tourlianis, datant du 18ème siècle et possédant un musée renfermant des joyaux ecclésiastiques.

Ornos. Jolie crique encastrée assez fréquentée, au sud de Mykonos, avec une belle plage de sable.

Psarou. Plage de sable cosmopolite.

Platis Gialos. Plage la plus fréquentée de Mykonos. Elle possède du sable fin et est reliée de façon régulière à Chora. C'est d'ici que partent des caïques pour les plages de **Paradise** et **Super Paradise**, qui sont les plus belles de Mykonos et sont fréquentées par les naturistes.

Elia. Grande baie de sable, à l'ouest de Super Paradise.

Kalafatis. A 4 km à l'est d'Ano Mera. Hameau situé à 12 km de Chora, possédant une belle plage de sable et une infrastructure touristique développée.

Dragonissi. Ilot désert, à l'est de Mykonos.

MYKONOS
LOVE

Delos

Selon la mythologie, cette petite île aride des Cyclades était la patrie d'Apollon. En effet, comment le dieu du soleil aurait-il pu trouver une île plus lumineuse que celle de Délos. Les montagnes et les arbres y sont inexistants et donc l'ombre y est infime. A l'époque concernée, l'île ne possédait d'ailleurs selon la légende qu' un palmier, contre lequel s' appuya la déesse Léto pour mettre au monde Apollon et Artémis (Diane).

Lorsque les Ioniens arrivèrent dans les Cyclades, chassés de la Grèce continentale, ils choisirent cette île pour sanctuaire religieux. C'est ainsi que progressivement cette petite île se remplit de temples, de demeures, de halles, de stades, d' échoppes, et devint une grande cité. Un réel centre religieux, culturel et commercial. Les siècles s'écoulèrent. A la période de gloire succéda la décadence: la guerre, la destruction, la catastrophe. Aujourd'hui l'île n'est rien d'autre qu'un petit morceau de terre rempli de vestiges: des colonnes de marbre et des vestiges de superbes mosaïques qui ornaient les riches demeures, le stade, les gradins des théâtres et des arènes. Et parmi cette pléthore de ruines, se trouvent cinq lions en marbre, alignés, qui sont encore debout. Ce sont ceux qui protégeaient jadis le lac sacré. Ils contemplent encore l'orient.

Délos se trouve au sud ouest de Mykonos, dont elle est distante de 6 milles marins. Elle couvre une superficie de 5 km^2. L'été, il existe des liaisons quotidiennes en petit bateau pour Délos, depuis Mykonos, Tinos et Naxos. L'hiver ces liaisons sont moins fréquentes. Il est interdit de passer la nuit sur l'île.

HISTOIRE

"Délos" signifie visible, clair. Selon la mythologie, l'île serait apparue dans les vagues, afin de créer un lieu où Léto pourrait mettre au monde Apollon et Artémis, échappant ainsi à la colère d'Héra. Dans l'antiquité l'île portait également un autre nom: Ortillia. Il semble qu'elle ait été habitée dès le 3ème millénaire av.J.-C.

Les Ioniens arrivèrent sur l'île au début du 10ème siècle av. J.-C. et par la suite, aux environs du 7ème siècle ils en firent leur sanctuaire religieux et le siège d'une importante amphictyonie qui réunissait de nombreuses îles de la mer Egée.

Les Athéniens, en tant qui Ioniens eux aussi, profitèrent de cet événement et arrivèrent comme protecteurs et purificateurs de l'île sacrée. En 478 av.J.-C. ils fondèrent la première alliance de Délos, et parvinrent ainsi à rattacher au bataillon d'Athènes la plupart des îles et à dominer également en mer. L'une des mesures prises par les protecteurs Athéniens concernait le déplacement de tous les ossements des morts de Délos dans l'île voisine de Rhénée. Il était désormais interdit de naître ou de mourir sur l'île de Délos. Les femmes qui étaient prêtes à accoucher étaient transportées sur l'île voisine de Rhénée où elles accouchaient. Les morts étaient également enterrés à Rhénée. C'est pourquoi sur l'un des deux îlots qui se trouvent entre Délos et Rhénée, celui de Mégalo Revmatari, on vénérait Ekati, la déesse de la mort. Une autre mesure prise par les Athéniens et qui provoqua le mécontentement de ses alliés, fut le transfert de la caisse commune des cotisations de Délos à Athènes en 454 av.J.-C. Depuis les temps anciens, (et plus spécialement pendant l'hégémonie des athéniens) les fameuses "délia" étaient très réputées. Il s'agissait de fêtes religieuses qui avaient lieu tous les cinq ans pour rendre hommage à Apollon, Artemis et Léto. Les athéniens envoyaient à Délia le bateau de Thésée qu'ils réparaient et entretenaient pendant de nombreuses années. Ils le décoraient et le remplissaient d'animaux destinés aux sacrifices ainsi que d'autres offrandes, et lorsque le bateau arrivait à Délos, il était accueilli par les vierges de Délos qui psalmodiaient des hymnes et dansaient en l'honneur des trois divinités.

Les macédoniens mirent fin à l'hégémonie athénienne en 315 av. J.-C. A partir de cet instant, l'île recouvra une certaine indépendance qui lui permit de développer son commerce et de prospérer. L'arrivée des Romains sur l'île, au lieu d'en interrompre le développement commercial et culturel, le renforça. La ville de Délos devint un grand carrefour du commerce qui était la principale activité de ses habitants (originaires de différentes régions du monde de l'Antiquité). La plupart étaient Egyptiens, Syriens et Italiens et ne tardèrent d'ailleurs pas à construire sur l' île leurs propres temples.

Le déclin de Délos commença brutalement en 88 av. J.-C. avec la guerre de Mithridate. La ville fut incendiée, les temples et les maisons détruits et les 20000 habitants de l'île furent tués ou furent vendus comme esclaves. Le coup final fut donné quelques années plus tard par les pirates. Dès lors, l'île fut quasiment inhabitée, à la merci des pirates et des trafiquants d'antiquité qui s'y rendaient de temps en temps pour emporter leur butin. Ce n'est qu'à la fin du siècle dernier que des archéologues français débutèrent des fouilles pour mettre au jour et sauver les vestiges des grandeurs passées.

Visite des Vestiges

Les petits bateaux en provenance de Mykonos amarrent généralement sur la côte ouest de Délos, à environ 150 mètres de l'endroit où se trouvait le port antique sacré.

Étant donné que les vestiges sont très nombreux et répartis sur l'île entière, afin d'en faciliter la visite nous les avons divisés en huit groupes.

Le quartier du port sacré. C'est dans cette zone, située en face du débarcadère, que se trouvent l'agora des Compétaliastes (associations d'esclaves et d'affranchis romains), le portique de Philippe V de Macédoine et l'agora des Déliens.

Le Sanctuaire d'Apollon. En continuant vers le nord dans la rue de Pompéi, on rencontre l'Oikos des Naxiens et le sanctuaire d'Apollon (6ème siècle av. J.-C.) qui abritait sa statue et le trésor de la ligue délienne. A l'ouest du sanctuaire se trouve le temple d'Artémis, l'agora de Théophrastos (2ème siècle av. J.-C.), la salle Hypostyle (3ème siècle av. J.-C.) et au nord le portique d'Antigone.

A l'est du portique d'Antigone se trouve le musée archéologique.

Le quartier de la terrasse des lions. Au nord du portique d'Antigone on trouve l'Agora des italiens, le plus grand monument de Délos. Juste après l'Agora des italiens se trouvait le lac sacré, qui est aujourd'hui asséché, et à l'ouest du lac la célèbre terrasse des lions. Des neuf lions qui avaient été sculptés dans du marbre de Naxos et offerts au 7ème siècle av. J.-C. par des Naxiens (pour protéger symboliquement le lac sacré) il en reste encore cinq aujourd' hui et il s'agit probablement des monuments les plus impressionnants et les plus populaires de l'île. Au nord ouest de la terrasse des lions se trouve l'établissement des Poséidoniastes et plus à l'ouest la maison de la colline. La Palestre du lac et la Palestre de granit sont situées plus au nord du lac sacré.

Le quartier du stade. Le stade se trouve à environ un kilomètre au nord est de la terrasse des lions. Au milieu de la route on peut observer l'Archégésion. Le gymnase se trouve devant le stade.

Le quartier du théâtre. Il s'étend des débarcadères où amarrent les bateaux jusqu'au sud est de l'île. Il s' agissait du quartier le plus peuplé et le plus riche de la ville antique. Parmi ses demeures somptueuses, on distingue celles de Dionysos, du Trident, des Dauphins et des Masques. Elles tiennent leurs noms des fameuses représentations en mosaïque qui ornent leurs sols et qui ont été préservées. On distingue également la maison de Cléopatre, avec la statue de ses propriétaires, l'athénienne Cléopatre et son mari Dioskouridi. Le théâtre, qui pouvait accueillir 5000 spectateurs, se trouve en plein cœur du quartier.

Les sanctuaires des dieux étrangers. A l'est du quartier du théâtre et au pied du mont Cynthe se trouvent les vestiges des sanctuaires des dieux étrangers, parmi lesquels on distingue le sanctuaire des divinités égyptiennes, avec les temples de Sérapion et d'Isis, le sanctuaire des divinités syriennes et le sanctuaire des Cabires, divinités de Samothrace.

A l'est du sanctuaire des dieux égyptiens se trouvent les vestiges d'Héraion, ancien temple d'Héra.

Le mont sacré du Cynthe. Les marches de la rue escarpée qui conduit des temples des dieux étrangers au mont sacré du Cynthe sont celles que gravissaient les vainqueurs des jeux de Délia, pour être couronnés face au sanctuaire de Zeus et d'Athéna (Minerve) de Cynthe. Les vestiges de ces sanctuaires sont situés au sommet de la colline sacrée. Sur cette même colline on peut également admirer la grotte préhistorique qui était le lieu de culte d'Hercule.

Le quartier sud. L'ancien port marchand s'étendait au sud de l'actuel débarcadère. Des magasins bordaient le rivage. A 1 km environ se trouve le golfe de Fournon et les vestiges du temple d'Asclépios (Esculape).

Les lions de marbre de Délos.

Vue des fouilles et photo aérienne.

Syros

Si vous désirez découvrir les Cyclades, pourquoi ne pas commencer alors par Syros, qui se trouve en plein cœur de l'archipel et en est la capitale? L'île est d'ailleurs très proche du Pirée (80 milles marins, 4 heures de trajet) et les bateaux y font escale régulièrement.

Depuis Syra on peut se rendre sur toute autre île des Cyclades. Pour les gens pressés il existe également une liaison aérienne avec Athènes.

Située entre Kythnos et Tinos, Syros couvre une superficie de 86km², possède un littoral de 87 km et sa population s'élève à environ 20000 habitants. Carrefour des Cyclades, l'île accueille les ferry-boats et les transbordeurs au départ du Pirée et de Rafina qui se rendent à Tinos, Mykonos, Paros, Naxos, Ios, Santorin et d'autres îles des Cyclades.

Entre Syros, Kéa et Andros se trouve l'île déserte de **Gyaros.**

Au large du port d'Ermoupoli, les îlots de **Didimi** et **Strongilo.**

C'est la capitale des Cyclades. Il s'agit d'une ville escarpée qui s'étend sur deux collines. Une ville remplie de maisons bourgeoises, de places et de grandes églises. Toutes les maisons anciennes datent du siècle dernier et ont un charme particulier. Au milieu de ces demeures, on trouve de grands édifices néoclassiques possédant des corniches aux fenêtres et des ornements en plâtre ainsi que de lourdes portes et de jolis balcons. Il s'agit donc d'Ermoupolis et de son grand port qui continue aujourd' hui encore à être fréquenté. C'est ce même port qui, au siècle dernier et pendant de nombreuses décennies, fut le premier port commercial de Grèce.

Et pourtant Syra (comme l'appellent les habitants des Cyclades) n'est pas uniquement Ermoupolis. C'est une île entière couverte de belles plages, de criques pittoresques et de vestiges anciens. Une île qui possède des hôtels, des restaurants, des tavernes et diverses possibilités d'exercer une activité physique ou de vivre une intense vie nocturne. En d' autres termes, tout ce dont le visiteur peut rêver pour passer de longues vacances.

Ermoupolis,
a belle capitale des Cyklades.

HISTOIRE

Il semble que les premiers habitants de Syros ont été les Phéniciens. Cela est principalement révélé par le nom de l'île qui a une origine phénicienne et par le fait qu'aujourd'hui encore l'une de ses régions s'appelle Phénicie. Syros a, tout comme d'autres îles de l'archipel des Cyclades, joué un rôle dans le développement de la civilisation cycladique préhistorique. Les fouilles de Chalandriani et de Kastri ont dévoilé des pièces qui contribuèrent considérablement à l'étude de cette civilisation très ancienne. D'ailleurs, si l'on effectue un découpage chronologique, on distingue la période appelée "Kéros-Syros", qui correspond dans la chronologie à l'époque allant de 2700 av.J.-C. jusqu'à environ 2300 av.J.-C..

En ce qui concerne l'ère historique, on put facilement constater la présence des Ioniens. Syros connut son apogée au 6ème siècle av. J.-C. A cette même époque, le philosophe Pherekydis, dont l'un des disciples était Pythagore, habitait sur l'île. Après les guerres médiques, Syros devint l'alliée des Athéniens. Par la suite, elle fut sous la domination des Macédoniens, des Romains, puis des Byzantins.

Une date qui marqua l'histoire de Syros et des autres îles de l'archipel des Cyclades est celle de 1207, année où les Vénitiens apparurent. Le tout puissant Marco Sanudo fut souverain de Syros et il l'annexa, comme la plupart des Cyclades, à son duché qui avait pour siège l'île de Naxos.

L'île fut dominée par divers souverains Vénitiens pour finalement tomber entre les mains des Turcs en 1537. Entre temps, la colonisation de l'île avait cependant commencé par de nombreux catholiques, dont l'activité principale était le commerce. Ainsi, vers 1700 les catholiques étaient plus nombreux que les orthodoxes. Cela suscita l'intérêt de nombreux états européens (et particulièrement celui de la France), qui se portèrent protecteurs des catholiques de Syros. C'est ainsi qu'au 17ème siècle on fonda le monastère des capucins et au 18ème siècle le monastère des jésuites, dans la Haute-Ville (Ano Syros), qui était alors le chef lieu de l'île, puisque sur la côte il n'y avait rien d'autre que le port. Lors du mouvement d'insurrection de 1821, Syros adopta une position neutre, en raison de la présence de nombreux catholiques sur l'île. Elle abrita cependant de nombreux réfugiés originaires de toute la Grèce, qui trouvaient refuge sur l'île afin d'échapper au massacre mené par les turcs. Ces réfugiés construisirent au siècle dernier l'actuelle ville d'Ermoupolis.

Décoration d'un plafond dans une maison néoclassique d'Ermoupolis.

Découverte de l'île

Ermoupolis

Le grand port d'Ermoupolis est pittoresque avec ses vieux bistrots, ses restaurants et ses échoppes qui vendent des loukoums et des fourrés au miel et au jus de sésame (spécialités de l'île). A proximité du port se trouve la place Miaoulis sur laquelle domine la fameuse **mairie** (Demarchie). Un édifice néoclassique du grand architecte Ziller. A coté de la mairie se trouve le théâtre municipal "Apollon", une miniature de la Scala de Milan. A proximité, se trouve la majestueuse église d'Aghios Nikolaos et le monument du "combattant non-enseveli" (Atafos Agonistis) et en haut à droite, dominant la mer, le quartier de **Vaporia** avec les demeures néoclassiques à trois étages, appartenant aux armateurs. La bibliothèque municipale, qui recèle des milliers de tomes d'ouvrages anciens et récents, vaut la visite.

Il faut absolument se rendre au **musée archéologique** où sont exposés des objets préhistoriques principalement. Dans le quartier sud du port se trouvent les grands chantiers navals de Syros.

La place Miaoulis, avec la mairie.

Ano Syros (Haute ville). Il s'agit du quartier médiéval, qui fut construit au 13ème siècle par les Vénitiens, sur la colline située à gauche. La plupart de ses habitants sont aujourd'hui catholiques. Au sommet de la colline, domine la cathédrale Saint-Georges. Le monastère des Capucins avec l'église Saint-Jean (17ème siècle) et le monastère des Jésuites avec l'église de Panaghia Karmilou (18ème siècle) ont également été sauvegardés. La vue depuis Ano Syros est unique.

LE TOUR DE L'ILE

En faisant le tour de l'île, on passe par les plages suivantes (le kilométrage indiqué correspond à la distance directe depuis Ermoupolis):
Vari (8km). Hameau de bord de mer situé dans une jolie anse au sud d'Ermoupolis.
Megalos Gialos (12km). Sur la côte sud de l'île, après Vari. Belle plage de sable exploitée au niveau touristique.
Agathopes, Posidonia (Delagratsia), **Finikas** (Phénicie) (12km). Lieux de villégiature touristiques possédant de superbes plages de sable nichées dans de jolies criques en face desquelles se trouvent des petits îlots. La crique de Finikas est assez vaste.
Galissas (8km). Autre hameau de bord de mer situé dans une baie de sable et qui est considéré comme le premier lieu de villégiature de l'île.
Kini (9 km). Le port de pêche le plus pittoresque de Syros, avec de nombreuses barques et caïques flottant sur les eaux cristallines ainsi que des tavernes.

Antiquités

Chalandriani et **Kastri** (7 km de route goudronnée puis chemin de terre et marche à pied). Il existe ici des traces de vestiges d'une civilisation préhistorique de l'âge du bronze.
Grammata. On trouve sur les rochers entourant cette baie, qui se situe sur la côte nord ouest de l'île, d' anciennes épigraphes. L'accès à cette baie s'effectue en caïque.

En haut: le port d'Ermoupolis et Ano Syros.
Au centre: Megas Gialos
En bas: la belle plage de sable de Galissa

Paros
Antiparos

Parikia, le chef lieu de l'île, est très pittoresque et resplendit, encastré dans une grande anse. Ses maisons immaculées à la belle architecture cycladique, s'étendent sur tout le long de la rive, tantôt sur une surface plane tantôt accrochées à un rocher, à quelques mètres de la mer. Un vieux moulin à vent, toujours fraîchement blanchi, domine sur la jetée et en arrière plan on distingue une grande église byzantine couverte de tuiles plongée dans une petite oasis verdoyante. Il s'agit de l'église Panaghia Ekatontapyliani, où on célèbre une fête à l'occasion du 15 août.

Les montagnes de l'île ont des courbes souples. On distingue tout en haut un monastère et sur le sommet le plus élevé une petite église. En les apercevant, on ne peut imagner que de ces montagnes est extrait le marbre blanc le plus pur du monde et que c'est avec ce marbre qu'ont été sculptés la Vénus de Milos et l' Hermès de Praxitèle ainsi que la plupart des chefs d'œuvre de la Grèce antique.

Centre touristique connu depuis de nombreuses années déjà, Paros, avec ces plages de sable fantastiques fait partie des îles des Cyclades préférées des visiteurs.

Paros se trouve au cœur des Cyclades, elle couvre une superficie de 195 km^2, son littoral s'étend sur 119 km et sa population s'élève à 8000 habitants. L'île est célèbre pour son vin de qualité, aussi bien rouge que blanc.

Le port de Parikia.

Vous pouvez vous rendre à Paros en avion depuis Athènes ou en ferry-boat au départ du Pirée (95milles marins), de Rafina, des Cyclades, d' Icarie, de Fourni, de Samos, de Crète et de Thessalonique. En été l'île est également accessible en transbordeur depuis le Pirée ou Rafina.

HISTOIRE

L'île tient son nom de Paros, chef des Arcadiens qui s'y rendit au 10ème siècle av.J.-C.. Avant les Arcadiens, ce sont les Crétois du roi Minos qui s'installèrent ici. Ils utilisaient l'île comme port de guerre. Par la suite, les Ioniens occupèrent l'île. Cependant, la période la plus resplendissante de son histoire se situe au 8ème siècle, lorsque l'île grâce à son célèbre marbre s'enrichit, devint une grande puissance maritime de la mer Egée et créa des colonies. Parmi ces colonies on comptait celle de Thassos, qui fut envahie par Téléssiklis, le père du célèbre poète Archiloque.

Le marbre de Paros fut l'une des raisons qui attira sur l'île les célèbres sculpteurs de l'époque, dont entre autre Scopas.

Cependant cette période de prospérité fut interrompue par la guerre et la défaite de l'île de Paros face à celle de Naxos. Pendant les guerres médiques, Paros s'allia avec les Perses, ce qui entraîna des représailles de la part des Athéniens.

Au 4ème siècle av.J.-C. l'île fut envahie par les Macédoniens puis par les Romains. Il s'ensuivit une longue période trouble, jusqu'à l'apparition des Vénitiens, en 1207, où Paros fut rattachée au duché de l'archipel, fondé par Marco Sanudo. Les Turcs l'envahirent en 1537 et la détruisirent.

En 1770 les Russes chassèrent les Turcs de l'île et y restèrent sept ans pendant lesquels ils l'utilisèrent comme escale de guerre.

Lors de la révolution de 1821, l' héroïne originaire de Mykonos, Mado Mavrogénnous, qui vivait à Paros, apporta une aide considérable à la lutte en mettant tous ses bateaux à disposition. Finalement, le rattachement à la Grèce eut lieu en 1830.

Découverte de l'île

Parikia

Le bourg de Parikia dans son ensemble, avec ses ruelles pittoresques, ses maisons blanches, ses arcades et ses nombreuses églises cycladiques constitue une réelle curiosité. On distingue cependant la grande **église** byzantine **d'Hekatondapyliani** ("église aux cent portes"), l'un des édifices chrétiens les plus fantastiques de Grèce. C'est la seule église qui ne soit pas blanche et la seule qui soit couverte de tuiles dans Parikia. Ainsi le voulut le professeur Orlandos lors de son méticuleux ouvrage de restauration.

Le nom **"Hekatondapyliani"** (cent portes) provient de la légende qui voulait que l'église ait cent portes. Cependant son nom réel était Katapoliani, c'est à dire construite à Katapola, qui signifie "selon la ville". Il s' agit d'un temple datant du 4ème siècle qui fut par la suite l'objet de nombreuses modifications. Selon la tradition, c'est la mère de Constantin le Grand, la Sainte Hélène, qui l'aurait construit, afin de s'acquitter d'un vœu qu'elle avait fait à la Vierge lorsqu'en se rendant sur les lieux saints pour y trouver la Sainte Croix, elle fut prise dans une tempête qui l'obligea à jeter l'ancre à Paros. L'église abrite des fresques murales et de nombreuses icônes anciennes. Le baptistère est impressionnant; il s'agit d'un bassin qui a la forme d'une grande croix.

Au-dessus de Parikia, sur le versant de la montagne, se trouve le monastère d'Aghioi Anargyri, à la vue unique.

Il existe des plages de part et d'autre du port. Cependant celles qui sont les plus jolies et à l'abri du vent, **Kaminia, Krios** et **Aghia Foka**, se trouvent au nord ouest de Parikia.

En ce qui concerne les autres curiosités de Parikia, l'enceinte de l'église aux cents portes abrite le **musée byzantin** et à proximité de celui ci se trouve le **musée archéologique**, qui recèle des pièces datant de l'ère néolithique jusqu'à l'époque romaine. Parmi les pièces exposées, les plus impressionnantes sont l'Aptéros Nikis de l'école de Scopa, la table chronologique de Paros, qui retrace l'histoire de l'île du 16ème au 3ème siècle av.J.-C., ainsi que des tableaux et des anaglyphes du poète originaire de Paros, Archiloque.

A Kastro, il existe les fondements du temple antique de Déméter ainsi que de nombreuses églises anciennes pittoresques, dont la plus importante est celle de Saint Constantin et de Sainte Hélène. Une autre église remarquable est celle de Isodion tis Theotokou, derrière le fort franc.

Dans le quartier des demeures bourgeoises, à proximité du musée archéologique, se trouve la maison de l'héroïne du mouvement d'insurrection de 1821, Mado Mavrogenous. A Parikia on peut également admirer les vestiges du temple d'Apollon Pythias et d'Asclépios (Esculape).

EXCURSIONS

1.Parikia-Lefkes-Dryos-Alyki-Parikia (50 km)

Cela constitue le tour de l'île, sans tenir compte de la région de Naoussa, que nous décrirons par la suite, séparément.

A 3 km. Elitas. Petit village duquel part un embranchement à droite conduisant au couvent de **Moni Thapsanon**, où vivent plus de 20 nonnes. Ce couvent fut construit à l'emplacement d'un autre, plus ancien

A 5 km. Marathi. A droite de ce village se trouvent les anciennes carrières de marbre. Il y reste encore, éparpillés un peu partout, des morceaux de ce marbre avec lequel ont été sculptés de nombreux chefs d' œuvre qui ornent les musées et temples antiques de Grèce.

A 7 km. Croisement. L'embranchement de gauche, que vous ne suivrez pas, conduit après 1km au village **Kostos,** patrie du grand maitre Athanasiou tou Pariou. Continuez à droite.

A 11km. Lefkes. Le plus beau village de Paros, construit en amphithéatre sur les collines, avec ses maisons blanches, les églises anciennes et les monastères. Il faut visiter l'église **d'Aghia Triada,** qui est construite en marbre blanc et dont tout l'intérieur est en marbre ainsi que le monastère **d'Aghios Ioannis** tou **Kaparou,** datant du 16ème siècle.

Le port de Parikia.

A 14 km. Un embranchement à gauche, que vous ne suiverez pas, conduit à Naoussa. Prenez à droite.
A 15 km, Prodromos. Le village tient son nom de l'église Saint Jean de Prodromos (17ème siècle). Ici, vous tournerez à gauche, en direction de Marmaras.
A 16 km, Marpissa (Tsipidos). Autre village typique possédant de vieilles églises de style cycladique et des monastères. Il convient également de visiter l'église de **Metamorphossi** avec son iconostase en bois sculpté et ses fresques murales datant du 17ème siècle ainsi que les églises de **Saint Jean** de **Prodromos** et de **Saint Antoine** (avec sa superbe nef). Cette dernière se trouve sur une colline à proximité du village. Depuis Marpissa, nous ne tournerons pas à droite, mais nous continuerons tout droit, vers la plage.

A 17,5 km, Pisso Livadi. L'un des plus grands lieux de villégiature de Paros, avec une vaste plage. Longez la mer, en direction du sud.
A 18,5 km, Logaras. Hameau moins fréquenté que Pisso Livadi. Tournez à droite et revenez sur la route principale.
A 19 km, Intersection avec la route principale. Tournez à gauche.
A 20 km. A gauche, une petite route conduit à Pounta (rien à voir avec le village du même nom qui se trouve en face d'Antiparos).
A 23 km. Une nouvelle petite route à gauche conduit à la superbe plage de sable paisible de **Chryssi Akti.**
A 25 km, Dryos. Région verdoyante et possédant des sources d'eau, contrairement à la plupart des autres régions de Paros qui sont alimentées par des forages. La région possède également une belle plage de sable qui en fait un lieu de villégiature privilégié. En face, se trouve la petite île de **Dryonissi,** lieu favorable à la pêche.
A 36km, Ageria. C'est le plus grand hameau au sud de Paros. De là, un embranchement à gauche conduit, deux kilomètres plus loin, à la belle et grande plage **d'Aliki**.

Au large d'Aliki, se trouvent les îles désertes de **Pantieronissi, Tigani** et **Glaropoula.**

Depuis Ageria, vous continuerez vers le nord ouest, laissant sur votre gauche l'aéroport.
A 44 km. Un embranchement à droite mène, deux kilomètres plus loin, au village de **Psychopiana** ou **Pétaloudès** (papillons). Son nom est dû au nuage de papillons qui l'entoure durant l'été par le simple effleurement d'un arbre ou d'un buisson, créant ainsi un phénomène splendide et rare. Tout près de Pétaloudès, se trouve le monastère pittoresque de **Christos** tou **Dassou,** qui renferme un patrimoine de valeur.
A 45 km. Un embranchement à gauche conduit, trois kilomètres plus loin, à **Pounta,** le point le plus proche de l'île d'Antiparos située en face (l'été il ya des bateaux toutes les demiheures).

En face de Pounta, entre Paros et Antiparos, se trouve l'île verdoyante privée de **Revmatonissi.**
A 50 km, Parikia. Ici s'achève notre excursion.

Ruelle typique de Parikia.

2. Naoussa-Ambelas (16 km)

A 2km, Tris Eklissiès. Belle basilique du 6ème siècle.

A 4 km, Monastère des Taxiarques. A proximité de ce monastère, sur la route conduisant à Naoussa, un petit chemin à droite conduit au **monastère** de **Logovardas,** datant du 17 ème siècle qui abrite de nombreuses fresques murales dans sa nef, une bibliothèque et un atelier d'iconographie. Environ 25 moines vivent dans le monastère.

A 8 km. Intersection à gauche, avec la route qui longe la belle plage de Paros, **Kolymbithrès,** au sable fin, encadrée par des rochers.

A 11 km, Naoussa. L'un des ports les plus pittoresques de la mer Egée. C'est un réel plaisir de se promener dans ses ruelles étroites, bordées de maisons anciennes et de belles églises et d'aboutir au petit **port vénitien** dont les ouzeri proposent toujours du poulpe grillé. Parmi toutes les curiosités de Naoussa et des alentours qui sont à visiter, on distingue le **musée byzantin**, l'église de Panaghia I Pantassa, d'Aghios Ioannis o Theologos et de nombreuses autres églises, les vestiges du fort vénitien sur le port, le monastère d'Aghios Athanassios (ce saint qui vécut ici), le monastère d'Aghios Georgiou, à Mérovigli (1 km au sud de Naoussa) et bien d'autres monastères. Naoussa est l'une des régions les plus intéressantes et elle connaît un essor touristique important. Depuis Naoussa vous pouvez vous rendre à **Abelas** (5km), bourgade de bord de mer possédant des tavernes et des bistrots où l'on écoute de la musique des îles.

A proximité de Naoussa, à la pointe nord ouest de Paros, sont dispersés de nombreux îlots, dont ceux de **Gaïdouronissi** et de **Vriokastro.**

En haut: le port pittoresque de Naoussa.

En bas: les fameuses Kolymbithres et en arrière plan, Naoussa.

Antiparos

Petite île au nord ouest de Paros, à laquelle elle était jadis rattachée. L'île possède de doux reliefs, de belles plages de sable et un petit port pittoresque semé de caïques de pêche. Tout autour s'éparpillent d'autres petites îles qui forment des passages étroits dans des eaux bleues peu profondes.

Antiparos est réputée pour sa fameuse grotte qui possède un intérêt historique et naturel.

L'île a une superficie de 35 km2, un littoral de 56 km et une population de 700 habitants. Elle est accessible en caïque, au départ du village de Parikia à Paros (3 milles marins) ou en ferry-boat depuis le hameau de Pounta (0,5 mille marin) situé en face.

HISTOIRE

Entre Paros et Antiparos, se dresse un tout petit îlot appelé **Saliagos,** où l'on découvrit en 1964 une civilisation néolithique datant de l'an 4000 av. J.-C. environ. Cela vient renforcer l'idée qu'à cette époque, les deux îles étaient reliées et que le premier habitant d'Antiparos fit son apparition à l'âge néolithique.

Pendant les années historiques, Antiparos s'appelait Oliaros. Lors de l'occupation des Cyclades par les Vénitiens, Antiparos, tout comme Paros, fut rattachée au duché de Naxos. Au milieu du 16ème siècle, les Vénitiens furent remplacés par les Turcs, puis pendant une période très brève, par les Russes (en 1770). Antiparos prit part au mouvement d'insurrection de 1821 puis fut par la suite rattachée à la Grèce.

Découverte de l'île

Le port d'Antiparos est charmant, avec ses tavernes, ses bistrots et ses petits hôtels en bordure de mer. Une route principale bordée de magasins mène à l'intérieur de la ville pour aboutir à une petite place pittoresque. De là, on peut continuer en direction de **Sifnaïko Gialo**, les ruines du fort vénitien datant du 15ème siècle ou en direction du terrain de **camping** qui se trouve sur la côte nord de l'île, sur une plage située en face de l'îlot **Diplo,** qui la protège du meltem. Derrière Diplo se trouve un autre îlot, celui de **Kavouras.**

Toutefois, l'attention du visiteur sera retenue par la célèbre **grotte**. Elle se trouve sur la côte sud ouest de l'île, au sommet d'une colline. A l'entrée de la grotte se trouve la petite église d'Aghios Ioannis, puis c'est le début des interminables marches. En s'enfonçant dans cet énorme orifice, on observe tout autour les énormes stalactites et stalagmites aux formes fabuleuses. Avant d'arriver en bas de l'escalier, une bifurcation à gauche permet d'admirer les plus belles stalactites de la grotte ainsi qu'une stalagmite appelée Aghia Trapeza. Une inscription indique que la nuit du 24 décembre 1673, c'est là qu'eut lieu la messe de Noël, en présence du consul français de Constantinople. La grotte est accessible depuis Antiparos en caïque. Ce dernier longe les beaux rivages de l'île, puis on peut monter jusqu'à la grotte en une demi-heure de marche ou à dos d'âne. On peut également y accéder beaucoup plus rapidement en bus (toutes les une ou deux heures), puis en continuant à pied pendant 20 minutes, ou à dos d'âne.

A 5 minutes d'Antiparos se trouve la plage de sable fin de **Psaraliki,** idéale pour la baignade. Les autres plages sont celles de **Sifnaïkos Gialos,** celles situées sur la côte nord de l'île, en face de l'îlot Diplo et à proximité du terrain de camping et également celles de la côte sud, **Ai Giorgi**, en face de l'île de **Despotiko,** qui possèdent du sable fin fantastique. Au sud ouest de Despotiko se trouve la petite île de **Strongili.**

La grotte d'Antiparos.

Naxos

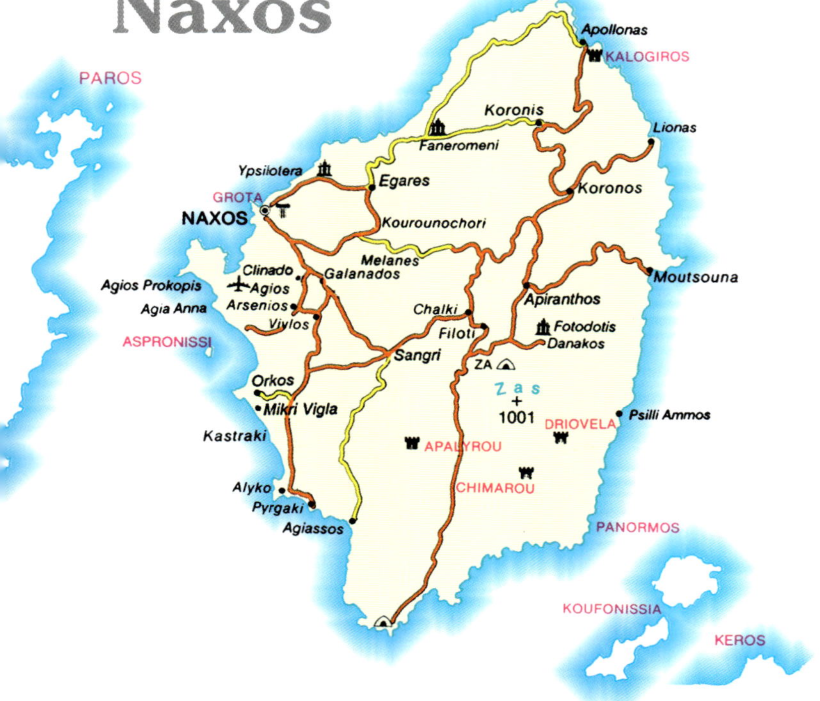

HISTOIRE

Selon la mythologie, Naxos était l'île de Dionysos et d'Ariane. Dionysos, Dieu du vin, y habitait lorsque Thésée, à son retour de Crète abandonna sur l'île Ariane, la fille du roi Minos, celle qui l'avait aidée à tuer le Minotaure. Cependant, la petite reine trahie trouva finalement réconfort dans les bras de Dionysos qu'elle épousa.

Naxos fut habitée avant la fin de la première période cycladique, c'est à dire avant l'an 2000 avant J.-C. et joua un rôle majeur dans l'évolution de la culture cycladique. L'âge d'or de l'île se situe cependant aux 7ème et 6ème siècles av. J.-C. A cette époque Naxos devint souveraine de presque toutes les îles des Cyclades et développa le commerce et l'art, et principalement la sculpture.

Le portique du temple d'Apollon, "Portara".

C'est la plus grande île des Cyclades et elle possède la montagne la plus haute, Za (Zeus), que l'on aperçoit de loin, se détachant comme une immense pyramide. Avec son fort franc, Chora (le chef lieu) est impressionnante. Il s'agit d'une cité médiévale immaculée construite sur une colline surplombant le port. A gauche du fort franc, au sommet de la petite île qui est maintenant rattachée à Chora, se trouve l'immense portique en marbre du temple d'Apollon, Portara. Il existe également dans le port une toute petite île, sur laquelle tient tout juste la petite chapelle typique de Myrtidiotissa.

Ile fertile, Naxos possède un paysage varié. Des prairies qui longent des plages immenses, des falaises remplies de lauriers roses et des montagnes accidentées qui renferment de l'émeri noir. Telles sont les principales caractéristiques des paysages de Naxos.

L'île possède également des villages cycladiques pittoresques et d'innombrables forts vénitiens, d'anciennes églises byzantines et surtout les célèbres Kouros en marbre, de taille gigantesque.

Il y a quelques années, Naxos était encore loin de la vague touristique. Dernièrement les choses ont changé. Les touristes abondent, et avec eux les hôtels se multiplient. On assiste à un réel essor des constructions nouvelles, afin de pouvoir répondre à la vague touristique qui croît continuellement.

Située presque au cœur des Cyclades et à proximité de Paros, Naxos ne se trouve qu'à 103 milles marins du Pirée. Elle couvre une superficie de 428km² et son littoral s'étend sur 148 km. Sa population s'élève à 18000 habitants.

Vous pouvez vous rendre à Naxos en avion, depuis Athènes ou en transbordeur au départ du Pirée, de Rafina, des îles des Cyclades, d'Icarie, de Samos, du Dodécanèse et de Crète. L'été il existe également des liaisons en transbordeurs depuis le Pirée et Rafina. L'île est renommée pour la qualité de ses fromages, de son miel et de sa viande. Le Kitro (cédrat), dont on fabrique la liqueur du même nom est une des spécialités de l'île. Les autres produits de Naxos sont le marbre et l'émeri, minéral dur dont la poussière est utilisée pour polir le métal.

La ville de Naxos, le port et les demeures.

On rencontre des exemples de cet art dans de nombreuses régions de Grèce, comme à Delphes le sphinx en marbre des Naxiens, à Délos les célèbres lions, l'Oikos et le portique des Naxiens.

En 490 av. J.-C., Naxos fut détruite par les nombreuses troupes Perses qui débutaient leur campagne contre la Grèce. En 479 av. J.-C., à Platées, elle prit part, aux côtés d'autres villes grecques, à la révolte contre les Perses. Pendant de nombreuses années l'île était souveraine des Athéniens. En 338 av. J.-C., elle fut envahie par les Macédoniens et plus tard (en 166 av.J.-C.) par les Romains. Entre temps il y eut une longue période byzantine, au cours de laquelle furent construites de nombreuses églises remarquables, dont certaines sont les plus anciennes de toute la région des Balkans. A la période byzantine succéda l'hégémonie vénitienne. En 1210, le vénitien Marco Sanudo fut nommé duc de Naxos et construisit le fameux fort de Chora.

A la domination vénitienne succéda, en 1566, l'occupation turque pendant laquelle naquit et vécut Aghios Nikodimos, futur moine du Mont Athos. Les Naxiens prirent part au mouvement de libération de 1821, en envoyant des troupes en Grèce.

Le sphinx de Naxos.

Découverte de l'île

Naxos ou Chora

En entrant dans le port, sur la gauche, sur la petite île de **Palatia** on peut voir les ruines du **temple d'Apollon** dont la construction débuta à la fin du 6ème siècle av.J.-C., lorsque le seigneur de Naxos était Ligdamis. L'édification du temple fut cependant interrompue dès qu'éclata le conflit entre Naxos et Samos. Aujourd'hui il ne reste que les fondations et l'imposant portique en marbre, **Portara.**

Le fort vénitien construit sur la colline qui surplombe le port est impressionnant. Les murailles du fort constituent les murs extérieurs des demeures des seigneurs vénitiens, où habitent autourd'hui encore leurs descendants. Audessus des portes il existe encore les écussons de leurs familles ainsi que leurs noms: Barozzi, Dellarocca, Sommaripa. A l'intérieur du fort se trouvent la tour en ruine du duc de Naxos, Marco Sanudo, ainsi que le bâtiment de l' école des frères où étudia pendant un certain temps Nikos Kazantzakis et qui abrite aujourd'hui le **musée archéologique,** le bâtiment des religieuses Ursulines et la cathédrale latine. Sur la côte nord de l'île, à l' emplacement de **Grota,** on a trouvé des vestiges d' une civilisation mycénienne.

Il convient également de visiter la cathédrale et l'église **d'Aghios Ioannis** tou **Chrissostomou**, située à 3 km de Chora, avec une vue superbe sur la mer.

A proximité de Chora, la plage d'Aghios Georgios et Palatia.

La petite chapelle de Myrtidiotissa.

EXCURSIONS

1. Naxos-Apiranthos-Apollonas (48 km)

Vous suivrez la route principale qui conduit de Chora vers l'intérieur de l'île.

A 5,5 km, Galanados.

A 6km, le château de Belonia, sur la droite. Belonia était un seigneur vénitien qui régna sur toute la vallée pendant de nombreuses années. A coté du château se trouve la petite chapelle d'Aghios Ioannis aux deux chapelles extérieures. L'une était destinée aux orthodoxes et l'autre aux catholiques.

A 8 km. Sur la gauche, un sentier en pente conduit, après 15´ de marche **à Aghia Mama**, l'une des plus anciennes églises byzantines de l'île (datant du 9ème siècle, avec des sculptures et des restes de fresques murales).

A 11 km. Un embranchement à droite qui conduit à la route de Chora, Glinadi, Pyrgaki, longe 500m plus loin **Ano Sangri,** village construit sur une colline avec une vue superbe. A l'intérieur du village se trouve le **monastère** d'Aghios Eleftherios, à l'architecture cycladique. Il s'agit de l'un des monastères les plus anciens de Naxos et lors de l'occupation turque il constitua un important centre religieux et culturel.

A une demi-heure de marche de Sagri, se trouvent les ruines du **temple** de **Dimitra** (Déméter), datant du 6ème siècle av. J.-C. A dix minutes de là on peut admirer l'église byzantine d'Aghios Nikolaos possédant des fresques murales datant de 1270.

A 12,5 km. Un embranchement à droite conduit 10 km plus loin à la plage **d'Agiassos,** un petit hameau disposant d'une belle plage de sable et d'un restaurant. Sur la route d'Agiassos, à gauche, un sentier conduit en 30´ au **château d'Apalirou.**

A 16 km, Chalki. Bourgade campagnarde située au milieu d'un champ d'oliviers s'étendant à perte de vue et possédant une belle église byzantine du 12ème siècle, **Panaghia Protothroni** ainsi qu'un **fort vénitien** de trois étages, qui fut construit au début du 17ème siècle par Barozzi. Tout près de Chalki se trouve l'église datant du 11ème siècle d'Aghios Georgios o Diassoritis, possédant de nombreuses fresques murales.

La place plantée de platanes à Filoti.

Depuis Chalki vous pouvez vous rapprocher en voiture **d'Apano Kastro,** puis effectuer le reste du chemin à pied. Depuis Chalki un embranchement à gauche conduit également au village **Moni,** 4 kilomètres plus loin. Un peu avant le village se trouve l'église de **Panaghia Drosiani,** à l'architecture intéressante et aux fresques murales les plus anciennes des Balkans. La nouvelle route raccourcit le trajet pour **Apollona.**

A 19 km, Filoti. Le plus important village de Naxos, construit en amphithéâtre au pied de la montagne **Za.** A l'intérieur du village on peut voir la belle église de Panaghia I Filotissa, avec son iconostase en marbre et ses icônes anciennes.

Depuis Filoti, après les premiers virages de la route qui monte à Apiranthos, débute le sentier qui mène à la **grotte Aria de Za**, que l'on atteint en 45´ environ. Comme le montrent les découvertes exposées dans le musée d'Apiranthos, la grotte était le sanctuaire de Zeus. Plus tard, la tradition veut que la grotte ait été utilisée comme église de Zoodochou Pigis et parrallèlement comme refuge des chrétiens durant la domination turque. Depuis Filoti, en suivant un chemin de terre en mauvais état, on peut se rendre à la **tour** de **Chimarro,** un édifice circulaire de quatre étages, construit avec d'immenses pierres en marbre, situé au sud est de l'île.

A 23 km. Un embranchement à droite conduit, 2 km plus loin, au village de **Danako,** qui est dominé par la chapelle de **Moni Fotodoti**, le plus ancien monastère de Naxos, qui resplendit, comme une tour surgissant d'un conte de fées. Selon la tradition, elle fut construite par l'impératrice Irène.

A 27 km. Apiranthos ou Aperanthou. Fameux village de montagne, avec ses demeures en marbre, ses églises en marbre et ses éléments flokloriques intéressants. Le dialecte local avec sa prononciation trainante, le talent du chanteur populaire à écrire des textes et l'amour des habitants pour la muse populaire rappellent la Crète, dont ils sont originaires.

A Apirantho, il convient de se rendre à l'église de **Panaghia** tis **Aperathitissas** dotée d'une iconostase en marbre, au petit **musée archéologique,** au **superbe** fort de **Zeugole** datant du 17ème siècle, qui appartenait aux seigneurs vénitiens et qui a été restauré, et à la tour de Bardani avec son armoirie représentant des lions. La région d'Apiranthos est parsemée d'églises anciennes telles que celle d'Aghia Kiriaki (sur la route menant aux mines d'émeri) qui date du 9ème siècle et qui est soigneusement décorée.

Depuis Apiranthos, un embranchement à droite conduit 12 km plus loin à **Moutsouna,** le port du village.

A 33 km. Vous revenez d'Apiranthos et vous êtes à nouveau sur la route principale. A ce point, un embranchement à droite aboutit, 2 km plus loin, à l'église de **Panaghia** tin **Argokiliotissa.** Des milliers de pélerins venant de l'île entière se rassemblent dans cette église de Panaghia tin Argokiliotissa.

A 33,5 km. Un nouvel embranchement à droite conduit, 6 km plus loin, à la plage de **Liona.**

A 34 km, Koronos. Pittoresque village montagneux accroché aux pentes d'un ravin abrupte. La plupart de ses habitants sont employés dans les mines d'émeri.

A 39 km, Koronis. Les autochtones l'appellent **Komiaki.** Il s'agit du plus haut village de l'île (700m), avec une superbe vue sur la mer.

A 47 km. Intersection avec le chemin de terre longeant la mer qui vient de Chora. Un embranchement, quelques mètres à gauche sur ce chemin de terre, mène au collossal **Kouros** en marbre **d'Apollonas,** qui mesure 10,5 mètres. Il est allongé à son emplacement initial, dans la carrière de marbre. Il est inachevé et la raison à cela est inconnue. Selon l'une des interprétations données, il ne s'agirait pas d'un Kouros, mais du Dieu Bacchus.

A 48 km, Apollonas. Baie pittoresque possédant une plage de sable et un hameau du même nom.

C'est ici que s'achève notre excursion. Le retour à Chora peut s'effectuer par la côte nord ouest, en passant par **Egares** (ou par Moni. Voir 16ème kilomètre. Chalki).

Les curiosités de cette excursion sont le monastère et la **tour d'Aghias,** la baie **d'Abrami** (petite déviation) avec sa plage de sable et sa taverne, le vaste **monastère** de **Faneromeni,** le village **Egares** aux nombreux vergers où sont récoltés les fameux abricots Bolia, le village de **Galini** et la **tour-monastère** de **Panaghia** tis **Psiloteras,** construite aux environs de 1600.

2. Naxos-Vivlos (Tripodes)-Pyrgaki (20 km)

Cette excursion a pour destination les immenses et superbes plages de sable de la côte ouest de Naxos. Vous suivrez la route d'Apiranthou et 5 kilomètres avant Galanado, vous tournerez à droite.
A 5,5 km, Glinado.
A 7 km, Aghios Arsenios. Dans ce village, que les autochtones appellent **Agersani,** se trouve le monastère d'Aghios Ioannis tou Prodromou, qui fut construit en 1721. Un peu avant Aghios Arsenios, un embranchement à droite conduit, 4 km plus loin, à la plage **d'Aghia Anna**, l'un des pôles touristiques les plus importants de Naxos. Par la même route vous pouvez rejoindre la superbe plage de sable **d'Aghios Prokopios**, autre centre touristique. Mais pour se rendre à cette plage, la route la plus courte à emprunter est celle venant de Chora en longeant la mer, (6km).
A 8 km, Vivlos (Tripodes). Pittoresque village possédant des moulins à vent et l'église ancienne de Panaghia tis Tripodiotissa à la belle iconostase sculptée dans le bois et aux icônes de valeur.
A 10 km. Intersection avec la route qui se rend, à gauche, à Sangri où elle croise la route principale de Chora-Apiranthou. Continuez tout droit.
A 14 km. Un embranchement à droite conduit 3 km plus loin à la belle plage de **Mikri Vigla** et **d'Orkos,** qui sont en train de devenir des lieux de villégiature. Cette plage se poursuit vers le sud, sur 6 kilomètres.
A 15 km. Un autre embranchement à droite conduit 800 m plus loin à la plage de **Kastraki.**
A 18 km, Alyko. La route goudronnée s'arrête ici, le long d'une presqu'île sablonneuse, plantée de petits cèdres. Cette presqu'île est bordée de petites criques de sable fin aux eaux cristallines, couleur vert émeraude.
A 20 km, Pyrgaki. Trois autres baies abritées du vent possédant un superbe sable fin.

3. Naxos-Mélanes-Flério (Kouros) (11km)

Suivez la route en direction d'Apirantho et au bout de 3 kilomètres, tournez à gauche en direction de Mélanes.
A 9 km, Kourounochori. On peut ici admirer l'immense tour de Fragopoulos, qui accueillit le roi Otton en 1833. **A 11 km, Flério**. Dans cet endroit pittoresque, à proximité d'une source qui jaillit de la montagne, repose dans un verger, allongé sur le dos, le plus beau **Kouros** de l'île. Datant du 7ème siècle av.J.-C., il est en marbre, a une taille de 6,5 mètres et l'un de ses pieds est brisé.

En haut, la tour de Chimarou.
Au centre, la plage d'Aghia Anna.
En bas, la plage d'Orkos.

Le Kouros et le port d'Apollona.

Ios

Nombreux sont ceux qui pensent que c'est la plus belle île de l'archipel des Cyclades. Le visiteur est généralement impressionné par la petite chapelle d'Aghia Irini à l'entrée du port (sur la droite), le chef lieu (Chora) immaculé qui domine le port, accroché à la colline et l'église située au sommet.

La visite de Chora confirme cet enchantement. Les ruelles étroites sont bordées de magasins, de bars, de pubs et de petites tavernes. Tout cela agencé comme d'adorables maisons de poupées. Puis une promenade à l'extérieur de Chora, en direction de Platoma vous permettra d'admirer les anciens moulins à vent alignés. Vous amorcerez ensuite la descente vers la plage qui se trouve à droite du village.

Une superbe baie de sable fin s'offre à vous. Vous pourrez y voir une foule de gens allongés sur le sable, se baignant dans la mer ou assis à la terrasse des cafés. Ils sont jeunes pour la plupart et sont venus de l'Europe entière ou de plus loin encore pour profiter du soleil et de la mer sublime. Il s'agit de la baie de Mylopota. L'une des plus belles plages de Grèce, s'étendant sur un kilomètre de long.

Ios se trouve entre Naxos et Santorin. Elle couvre une superficie de 108 km2 et un littoral de 80 km. Sa population s'élève à 1500 habitants. L'île est accessible toute l'année depuis le Pirée (111 milles marins) en ferry-boat et l'été en catamaran.

Depuis Ios, on peut se rendre dans de nombreuses îles des Cyclades ainsi qu'en Crète et dans le Dodécanèse.

HISTOIRE

Le chef-lieu (Chora) est construit à proximité de l'emplacement de la ville antique d'Ios. Selon la légende, Homère aurait été enterré à Ios. Il subsiste d'ailleurs à Plakoto quelques vestiges, que l'on pensait être le tombeau d'Homère. Comme dans la plupart des îles des Cyclades, les Vénitiens se sont également arrêtés ici et ont construit leur château, qui date du 15ème siècle.

Mylopotas.

Découverte de l'île

Le port (généralement appelé **"Ormos")** possède une belle plage de sable sur la partie nord, mais la plupart des vacanciers vont se baigner à **Mylopota.**

Chora est reliée au port par une route goudronnée de deux kilomètres, qui mène ensuite à la plage de Mylopota. Si vous ne voulez pas monter à pied le chemin pentu, vous pouvez prendre le bus qui effectue des liaisons régulières. Vous apprécierez la promenade dans Chora, avec la multitude d'églises de style cycladique et le panorama magnifique sur la mer.

La baie de Mylopota se situe à 3 km de Chora. Le bus descend jusque là. Cette anse possède une superbe plage immense.

Manganari est un petit hameau sur une vaste plage de sable, à l'extrémité sud de l'île.

Aghia Theodoti se trouve sur la côte est de l'île et possède une plage et un camping. L'endroit est accessible par la route, mais on peut également s'y rendre en caïque lorsque la mer est calme.

Psathi est un petit hameau situé sur la côte est, et accessible en barque ou en voiture.

En haut, Chora
et en bas le port d'Ios.

"Egeo", 1988
œuvre (90 x 110) du peintre
K. Grammatopoulos

Les Petites Cyclades

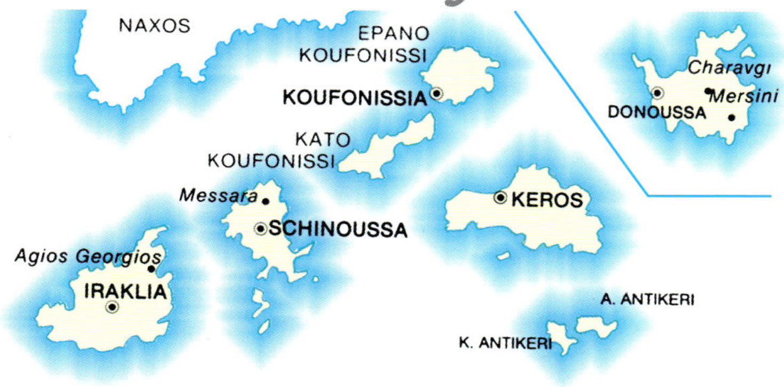

Iles où les bateaux faisaient rarement escale il y a encore quelques années. Elles sont devenues célèbres grâce à leurs superbes plages de sable et à la vie simple et tranquille qu'elles offrent.

Parmi ces îles, celles d'**Iraklia**, de **Schinoussa** et de **Koufonissia** se situent à environ 3 milles au sud de Naxos. Un peu plus loin, se trouvent, **Kéros**, île déserte aux nombreuses fouilles archéologiques et enfin **Donoussa**, à l'est de Naxos, un peu isolée. A proximité de ces îles se trouve celle d'Amorgos avec laquelle il existe des liaisons fréquentes, tout comme avec Naxos.

Ces îles sont toutes reliées par ferry-boat avec le Pirée et l'été il existe également des liaisons en transbordeurs catamarans. Iraklia, Schinoussa et Koufonissia sont également desservies par des hydroglisseurs (flying dolphins) au départ de Rafina (en Attique).

Depuis les petites îles des Cyclades, on peut se rendre dans de nombreuses îles de l'archipel et en été on peut même rejoindre le Dodécanèse. Bien que ces îles ne soient pas encore très développées sur le plan touristique, les quelques petits hôtels et chambres à louer dont elles disposent peuvent cependant accueillir un certain nombre de visiteurs.

Aucune voiture, sauf quelques véhicules agricoles, ne circule sur ces îles. Les distances étant restreintes c'est donc l'occasion de faire de la marche à pied ou des promenades en caïque jusqu'aux superbes plages.

HISTOIRE

A proximité de Koufonissia se trouve l'île déserte de **Kéros** qui fut un centre notable de la très ancienne culture cycladique. C'est pourquoi tant à Kéros que dans les îles voisines, on trouve des vestiges de cette civilisation, alors que diverses trouvailles importantes ont été transférées dans les musées. Parmi celles-ci on distingue les fameuses idoles (petites statuettes en marbre) du harpiste et du joueur de flûte de Kéros, qui se trouvent au musée archéologique d'Athènes.

Schinoussa.

La vaste plage de sable à Koufonissia.

Iraklia.

Iraklia

Il s'agit sans doute de la moins développée des trois îles (elle n'a que 120 habitants), avec son port, la crique **d'Aghios Georgios,** les vestiges du fort à 15 minutes du port et **Iraklia** ou **Chora** à une heure de marche d'Aghios Georgios. Depuis Chora, vous pouvez visiter la **grotte** du **Cyclope** qui se trouve sur la partie sud ouest de l'île, à 45´. Vous aurez cependant besoin d'un guide du village et d'une torche électrique.

A Iraklia vous apprécierez la plage d'Aghios Giorgos, où se trouve le port de l'île. Vous pourrez également aller jusqu'à la belle plage de **Livadi**, à 15´ d'Aghios Giorgos. Ces deux plages sont exposées au nord.

Donoussa.

Schinoussa

Il s'agit d'une île dotée de petites collines, le chef lieu **(Chora)** situé presque au centre et tout autour de jolies criques de sable fin. L'une d'entre elles constitue également le port de l'île, **Mersini.** Schinoussa possède un autre petit hameau, appelé **Messaria.** L'île a 150 habitants.

Il existe à Schinoussa six superbes criques de sable tout autour de Chora. Il s'agit de Mersini, à 10´ de Schinoussa, **Tsigoura** à 15´, **Livadi** à 20´ (toutes trois protégées du meltem) et plus loin, celles **d'Almiros,** de **Liouliou** et de **Psili Ammos.**

Koufonissia

Il s'agit de deux petites îles, celle **d'Epano** (=en haut) Koufonissi et celle de **Kato Koufonissi.** Cette dernière est habitée à certaines époques de l'année uniquement et elle possède des plages désertes. L'intérêt est donc surtout concentré à Epano Koufonissi (c'est là que le bateau jette l'ancre) qui a environ 300 habitants, de nombreuses tavernes servant du poisson et de belles plages.

Epano Koufonissi possède 5 superbes plages qui sont situées à la suite l'une de l'autre. La première se trouve dans le port. De là, en continuant en direction du nord-est, on rencontre toutes les 5´ une superbe plage exposée au vent, pour finalement atteindre **Pori,** une baie en arc de cercle qui semble avoir été dessinée au compas et qui possède le sable le plus fin de l'île. Sur la côte nord du bras de terre qui protège la baie, il existe une grotte marine réputée. La vaste plage de sable de Koufonissia

Donoussa

L'île compte seulement 130 habitants qui sont répartis entre les hameaux de **Donoussa** (le port, qui est appelé **"Stavro"**), **Charavgi, Mersini** et **Kalotaritissa.** Il existe une jolie plage à l'endroit où le bateau jette l'ancre, mais il en existe bien d'autres, comme celle de Kentros qui est probablement la plus belle de l'île.

Amorgos

Située à l'extrémité orientale de l'archipel des Cyclades, c'est l'île la plus proche d'Astypaléa et du reste des îles du Dodécanèse. L'île aux deux ports, la pittoresque Katapola et l'anse d'Aighiali, avec sa superbe plage. Son chef lieu (Chora) traditionnel, construit en haut de la montagne accidentée et le monastère réputé de Chozoviotissa qui resplendit de toute sa blancheur, accroché à une immense falaise.

Amorgos couvre une superficie de 121 km2, a un littoral de 112 km et une population de 1800 habitants. Vous vous y rendrez en ferry-boat depuis le Pirée (138 milles marins), depuis Rafina, les Cyclades et le Dodécanèse. L'été, les transbordeurs au départ du Pirée et de Rafina y font également escale.

L'intérieur de l'île est desservi par des bus qui vont de Katapola à Chora, le monastère de Chozoviotissa, la plage d'Aghia Anna et Aighiali. Les belles plages de l'île, Aghios Panteleimona, Faro, Paradissia et Kalotaritissa, sont accessibles en caïque. Bien que l'infrastructure touristique de l'île en soit encore à ses premiers pas, les hôtels et chambres à louer dont elle dispose peuvent accueillir de nombreux vacanciers.

HISTOIRE

Amorgos fut habitée dès la préhistoire, comme le montrent les résultats de fouilles datant de l'époque protocycladique. On a également décelé la présence des Crétois de l'époque minoenne sur l'île. A Katapola, située au sommet d'une colline, on a trouvé les vestiges de la ville antique de Minoa qui aurait été la résidence d'été du roi Minos. Il existe également deux autres villes antiques sur l'île: celle d'Arkessini et celle d'Aighiali.

Durant les années historiques, Amorgos fut sous l'hégémonie des Athéniens. Plus tard elle appartint aux Ptolémées puis aux Romains.

D'autres occupants se succédèrent, et l'île fut finalement dominée par le Vénitien Marco Sanudo qui l'annexa au duché de Naxos. Trois siècles plus tard, elle fut occupée par les Turcs et en 1832 elle obtint son indépendance et fut rattachée à la Grèce.

Le pittoresque port d'Aighiali.

Découverte de l'île

Katapola. Il s'agit du port de Chora, un port pittoresque formé par trois quartiers distincts construits sur les versants des collines surplombant la baie ventée. Parmi ces collines, celle située au sud possède à son sommet les ruines de la ville antique de Minoa.
Chora. Ce village est construit à une altitude de 320 m et est relié à Katapola par une route goudronnée de 5 km. Vous apprécierez la promenade dans les petites ruelles bordées de maisons blanches, dans le plus pur style de l'architecture cycladique.
Monastère de Panaghia Chozoviotissa. Ce monastère n'est pas seulement la plus importante curiosité de l'île; il compte également parmi les plus beaux monastères de Grèce. Il fut construit aux environs de 1017 et restauré en 1088 par l'empereur Alexis Comnène. Il possède de superbes icônes et un patrimoine de valeur. Cependant, c'est principalement le site où il a été bâti qui le rend si impérieux. Il se trouve littéralement collé à la falaise abrupte, à 300 m au dessus de la mer, avec une vue magique sur l'étendue de la mer.
Aighiali. Le deuxième port d'Amorgos, sur la partie nord de l'île, avec une plage superbe. Un chemin de terre relie Aighiali à Katapola.

Au large de l'île, entre Aighiali et Katapola, se trouve l'île déserte de **Nikouria,** tandis qu'au sud d'Amorgos, en face de la baie de **Kaloritissa**, on aperçoit l'île de **Gramvoussa** et au sud ouest, à une distance importante, l'îlot **d'Anydro.**

En haut: Chora.

En bas: le monastère de Chozoviotissa sur la falaise abrupte, dominant les eaux turquoises d'Aghia Anna.

Sikinos

Il s'agit d'une île dont toute la partie nord-ouest est constituée par une falaise presque verticale, surplombant la mer. Tout en haut, sur la crête de cette falaise, à une altitude de 280 m, se trouve le chef lieu (Chora), simple et en même temps très typique. L'autre partie de l'île, au sud-est, a des reliefs plus doux et une pente régulière qui conduit jusqu'à Chora. C'est sur cette partie de l'île, à l'abri du meltem que se trouve le port, Alopronia ou Ano Pronia.

Sikinos possède de nombreux oliviers qui produisent une variété de petites olives dont il parait que l'on extrait la meilleure huile.

Sikinos se trouve dans les Cyclades du sud, entre Ios et Folégandros. Elle a une superficie de 41 km2 et une population permanente de 300 habitants. L'infrastructure touristique de l'île est pauvre, mais sa mer limpide et sa nature vierge sont idéales pour des vacances calmes.

Sikinos est accessible en ferry-boat depuis le Pirée (à une distance de 113 milles marins), les Cyclades, la Crète et le Dodécanèse.

Entre Sikinos et Folégandros se trouvent les îles désertes de **Kardiotissa** (la plus grande) et de **Kaloger i.**

HISTOIRE

Elle tient son nom de Sikinos, fils du roi Thoanta de Limnos. Elle s'appelait également Oinoï, car elle possédait de nombreuses vignes. Ses premiers habitants apparurent à l'époque mycénienne. Puis ce sont les Ioniens qui s'y installèrent.

Au 5ème siècle av.J.-C. elle était sous la domination des Athéniens. Lors de l'occupation vénitienne, elle appartenait au duché de Naxos. En 1537 elle fut envahie par les Turcs et en 1821 elle retrouva son indépendance, puis fut rattachée à la Grèce.

Découverte de l'île

Alopronia. Ce nom provient d'Ano Pronia. Il s'agit du port de l'île, doté d'une petite plage.

Chora. Au bord de la falaise, dominant la mer, pure, encore intacte, à l'écart de la vague touristique, cette bourgade impressionne le visiteur. A l'intérieur de Chora, l'église de Padanassas rayonne par sa blancheur. Elle possède une iconostase en bois sculpté et d'anciennes icônes. Au nord est de Chora, un sentier escarpé monte jusqu'au monastère fortifié de Chryssopigi (à 20´ de marche) d'où l'on a une vue superbe. C'est ici que se réfugiaient les habitants de l'île pour échapper aux attaques des pirates. L'église de Zoodochou Pigi constitue le lieu de prière du monastère.

Episkopi. A environ 1h15 de marche de Chora, en direction du sud ouest. C'est ici que se trouvent des ruines susceptibles d'appartenir au temple d'Apollon Pythien. Sur ces vestiges on a construit l'église de Kimissis tis Theotokou (église de la Dormition de la Vierge).

Les autres curiosités de l'île se trouvent à Aghia Marina et Paliokastro.

Folegandros

Il s'agit d'une île inconnue il y a encore quelques années et qui a de plus en plus d'adeptes. Ils viennent sur cette île, située entre Sikinos et Milos, prêts à affronter les difficultés qu'ils pourront y rencontrer. Ils sortent du port, Karavostassi, et sans perdre un instant se dirigent vers Chora, car c'est là que se trouve le réel centre d'intérêt. Ici, l'architecture cycladique, dans sa forme la plus pure, se confond dans le paysage splendide. D'une part, les ruelles typiques aux dalles blanchies, les maisons immaculées dotées de voûtes, d'escaliers extérieurs et de balcons en bois et d'autre part, l'immense falaise abrupte, surplombant la mer, à une altitude de 200m.

Chora borde la crête du rocher, au bord de la falaise et elle constitue un superbe balcon sur la mer Egée qui, si Santorin n'existait pas, n'aurait pas d'égal en Grèce.

Folégandros possède également, à proximité de Chora, la superbe église de Panaghia à l'architecture curieuse, ainsi que le monastère de Panaghia, au sommet de la colline.

On y accède par le sentier dallé et blanchi à la chaux, qui décrit un lacet sur le versant de la colline, à coté de l'impressionnante falaise.

L'île a une superficie de 32 km^2, un littoral de 40 km et une population qui s'élève à 600 habitants. La liaison avec le Pirée, qui se trouve à 105 milles marins s'effectue en ferry-boat durant toute l'année et en transbordeurs catamarans.

HISTOIRE

Les premiers habitants de l'île furent les Cariens et les Phéniciens. Ce sont ensuite les Crétois qui leur succédèrent, avec à leur tête un dénommé Folégandros, dont l'île tira son nom. Les Doriens puis plus tard les Athéniens succédèrent aux Crétois. Les Vénitiens sous le règne de Marco Sanudo construisirent une partie de Chora ainsi que le château, au début du 13ème siècle.

L'église de Panaghia.

Découverte de l'île

Karavostassis. Petit port doté de tavernes, de petits bistrots, de quelques hôtels et chambres à louer. Il possède une petite plage aux eaux limpides parsemées d'îlots rocheux.

Chora. A 4 km du port, c'est l'un des villages les plus pittoresques et les plus typiques de l'archipel des Cyclades. Les maisons du vieux village de Chora, qui se trouvent à l'emplacement du **fort vénitien**, sont construites au bord de la falaise abrupte, dominant la mer. Chora dispose de petits hôtels et de chambres à louer.

A la sortie de Chora, la belle **église** de **Panaghia** resplendit de toute sa blancheur, et au sommet de la colline, à 20´, domine le **monastère** de **Panaghia.**

Ano Mera. C'est le troisième hameau du village, il est situé à 5 km au nord ouest de Chora et possède un joli musée folklorique.

Agali. Petit hameau doté de la plus belle plage de l'île, à 20´ à pied par la route de Chora-Ano Mera.

Chryssospilia. Superbe grotte ornée de stalactites et stalagmites, à proximité de la mer, sur la côte nord de l'île. Elle est accessible uniquement en caïque depuis Karavostassi.

Santorin

Si l'on pouvait parmi les nombreuses curiosités que possède la Grèce en distinguer deux ou trois, la beauté de Santorin est telle, qu'elle en ferait sans aucun doute partie. Une beauté sauvage, inhabituelle, un air de création du monde se dégage du volcan que l'on peut admirer en plein cœur de la baie de l'île, comme un monstre noir endormi, à moitié enseveli dans la mer. Tout autour on observe, en forme de croissant de lune, ce qui reste de l'île qui fut engloutie. Un rocher énorme, coloré de nuances de noir, rouge, gris et marron. Et tout en haut, sur les crêtes, la douceur, la réconciliation avec ce paysage sauvage et inhabituel, la couronne blanche des maisons, des arcades, des terrasses et des églises à coupole. Ce sont les villages de Thira, Thirostefanaki, Imerovigli et plus loin Ia. En face on peut apercevoir Thirassia, situé sur une petite île qui est elle aussi un fragment rescapé de la grande île qui disparut.

La présence de l'homme qui défia la bête féroce et vint s'installer sur l'île de façon provocante et courageuse, est très forte.

Vue de Santorin avec le volcan. Extrait de la revue

Etait-ce l'ignorance du danger qui l'amena là, au bord de la falaise? Etait-ce le trouble provoqué par la splendeur du lieu ou bien fut-il attiré par ce spectacle grandiose? La réponse est difficile.

Il s'agit donc de la célèbre île de Santorin. Votre voyage dans cette île renommée restera inoubliable. Vous apprécierez la promenade à l'intérieur des ruelles étroites de Thira. Puis vous visiterez en voiture le village d' la, construit sur des rochers rouges, vous irez en barque à moteur jusqu' au volcan, puis le soir vous pourrez vous divertir dans les différents centres dont dispose l'île.

"he illustrated London News", 31 mars 1866.

Vous visiterez la ville antique de Thira et la cité minoenne, déterrée des cendres, à la pointe de l'île. Et si vous avez le temps, vous descendrez à l'une des plages de galets noirs, Kamari ou Perissa, pour vous baigner dans l'eau limpide.

Santorin (ou Thira) est l'île la plus au sud des Cyclades. Elle couvre une superficie de 76 km^2, son littoral s' étend sur 70 km et sa population s'élève à environ 8000 habitants. L'île est réputée pour son vin et pour sa gesse. Parmi les autres produits de l' île on distingue la pulpe de tomates et les produits minéraux tels que la pierre ponce et la pouzzolane (terre de Santorin).

Vous pouvez vous rendre à Santorin en avion, depuis Athènes, Mykonos, Rhodes et Héraklion (Crète) et en ferry-boat depuis le Pirée (130 milles marins), les Cyclades, la Crète, le Dodécanèse et Thessalonique. L' été il existe également des liaisons en transbordeurs catamarans depuis le Pirée.

HISTOIRE

Les premiers habitants de l'île furent les premiers grecs, qui apparurent aux environs de l'an 3000 av. J.-C.. L'influence de la Crète minoenne fut évidente, lorsque les fouilles débutèrent à Akrotiri et que l'on déterra, ensevelie sous une épaisse couche de cendres du volcan, une cité entière possédant des maisons de deux ou trois étages ornées de fresques semblables à celles des palais minoens.

Lorsque cette citée fut construite, l'île s'appelait Kallisti (la très belle) ou Strongili (la ronde) en raison de sa forme, le volcan n'ayant pas encore débuté son activité dévastatrice.

Cependant, vers 1450 av. J.-C. survint un événement qui modifia radicalement le cours de l'histoire du monde de l'antiquité. Ce fut la terrible éruption du volcan qui se trouvait au centre de l'île et l'effondrement de la plus grande partie de celle-ci au fond de la mer. Le raz de marée provoqué par l'explosion et

Superbes fresques, trouvées à Akrotiri.

dont la hauteur est estimée à environ 100m toucha la côte nord de la Crète et balaya les palais de Cnossos. C' est probablement ce qui mit fin à la civilisation minoenne. Ce cataclysme fut suivi par de terribles tremblements de terre et par des projections de cendres qui se répandirent sur un rayonnement important autour du cratère du volcan. De l'ancienne Strongili il ne reste aujourd' hui qu'un croissant de lune que l'on peut apercevoir, avec sa falaise de 300m de haut, sur la côte ouest et la plage aux reliefs plus doux sur la côte est. Le croissant de lune fut lui aussi recouvert par la suite, d'une couche de cendres dont l'épaisseur atteignait 30 à 40 mètres. D'autres éruptions (de plus faible intensité) se pour-suivirent durant le 3ème siècle av. J.-C., lorsqu'au 2ème siècle av. J.-C. l'île de Thirassia se détacha et que les petites îles volcaniques (Palaia Kameni) apparurent au milieu de la baie, jusqu'en 1928. En 1956, un séisme important détruisit la plupart des maisons de Santorin. Des études officielles soutiennent la thèse selon laquelle l'île qui fut engloutie était la célèbre **Atlantide.**

En dépit de son volcan toujours en activité, l'histoire de Santorin suivit son cours. Au 11ème siècle, les Doriens firent leur apparition avec à leur commandement, Thira, dont l'île tient son nom actuel. Les Doriens construisirent la cité antique de Thira au sommet de la côte sud-est de l'île. Le nom de "Santorin" est plus récent et provient de Santa Irini, Sainte Irène, à laquelle les habitants de l'île vouent une réelle adoration. Durant la guerre du Péloponnèse l'île s'allia ave Sparte puis elle passa sous la domination des Athéniens. Les Vénitiens apparurent en 1207 avec Marco Sanudo, qui l'annexa au duché de Naxos. Les Turcs envahirent l'île un peu après les autres Cyclades (aux environs de 1570) et le rattachement de Santorin à la Grèce intervint en même temps que celui des autres îles de l'archipel, en 1832.

Découverte de l'île

Thira ou **Fira**. Il s´agit du chef lieu de l' île. Il est construit sur la crête de la falaise, à 260 mètres au dessus de la mer. Thira est, grâce à la beauté des lieux (créée par le volcan) et la célèbre architecture cycladique, l'un des plus beaux coins du monde. Vous monterez jusqu'au village en voiture, depuis **Athinio** (10km), le port où les ferry-boat jettent l'ancre, ou bien vous grimperez à pied ou à dos de mulet depuis le petit port de Thira, en empruntant la ruelle pittoresque escarpée qui forme une ligne blanche en lacet sur le versant de la falaise. Si toutefois vous souhaitez utiliser un moyen plus moderne, vous pouvez alors emprunter le téléférique. Il est vrai que les constructions, la foule et le bruit ont considérablement modifié la couleur locale. Cependant, la promenade dans les ruelles de Thira vous procurera un plaisir unique. Les maisons blanches à arcades, les terrasses et les balcons à la vue fantastique, les églises voûtées, les tavernes, les bars et les magasins très vivants vous enchanteront. Vous pouvez visiter le **musée archéologique** qui possède des pièces de valeur trouvées à Akrotiri (principalement des vases et pots de Santorin) ainsi que la ville antique de Thira, l'ancien **monastère** catholique des **Dominicains,** les cathédrales orthodoxe et catholique. Il ne faut surtout pas manquer d'aller sur les îles de Néa Kameni et Palaia Kameni pour y voir le volcan. Vous pouvez vous rendre à Néa Kameni et aller à pied (30´ de marche) jusqu'au cratère. Vous devrez cependant porter des chaussures appropriées, car le sol est très chaud. Vous pouvez effectuer cette excursion en caïque, au départ des marches **(Skala)** de **Thira** (10´ de traversée). Vous pouvez également participer à l'excursion qui mène non seulement au volcan, mais également au petit îlot **d'Aspronissi,** à la pittoresque île de **Thirassia** (ces deux îles étant des morceaux de l'ancienne Santorin qui fut engloutie) et au superbe village **d'Ia.**

La célèbre Ia.

Une autre belle promenade à effectuer est celle qui mène aux villages de **Firostefani** (1km) et **d'Imerovigli** (3km) situés au nord de Thira, avec laquelle elles sont reliées, et qui possèdent la même vue exceptionnelle. A proximité d'Imerovogli se trouve l'ancien couvent **orthodoxe d'Aghios Nikolaos.**

Finikia. (10,5 km). Un peu avant Ia. Joli hameau doté d'églises intéressantes.

Ia. (11 km). Sur la côte nord de l'île. Très pittoresque et plus sobre qu'Ia. Ce village se situe tout au bout de la ligne des bus. Il possède un fort vénitien et des maisons anciennes. Le chemin de terre rouge en pente, conduit au port de pêche d'Ia.

Au nord-est d'Ia, au milieu de la mer et à environ 7 km de la côte, se trouve un deuxième volcan **(Kaloumbos)** dont l'éruption en 1650 provoqua d'importants ravages. Des escaliers comptant plus de deux cents marches conduisent aux plages **d'Armeni** et **d'Ammoudiou.**

Messaria (3,5 km). Village situé au centre de l'île, au milieu de vignobles.

Monolithos (7km). Plage la plus proche du sud-est de Thira, avec laquelle elle est reliée en bus.

Pyrgos Kallistis (6km). Plus haut village de l'île, situé au sud de Thira, au pied de la montagne Prophiti Ilia.

Monastère de Prophiti Ilia (10 km). Monastère construit au sommet de la montagne (560 m), renfermant d'anciennes icônes, un patrimoine de valeur et un musée folklorique.

Episkopi ou Messa Gonia (8 km au sud-est de Thira). A proximité du village se trouve l'église byzantine d'Episkopi, datant du 11ème siècle.

Kamari (10 km). Belle plage de galets noirs, située à 2 km d'Episkopi. Elle est trés fréquentée par les touristes.

Archaia Thira (ville antique de Thira). A 2,5 km de Kamari, sur une montagne (**Messa Vouno**). Les vestiges, dégagés de la pierre ponce, s' étendent sur une surface importante et comprennent des temples, une agora, un théatre, des bains et des tombes. La ville antique fut habitée par les Doriens, les Romains et les Byzantins.

Fouilles d'Akrotiri (16 km). Deux kilomètres après le village d'Akrotiri, sur la côte sud ouest de l'île, se trouve le site archéologique le plus important de Santorin. Il fut appelé la "Pompéi préhistorique", et il en est effectivement ainsi. Le professeur **Spiros Marinatos,** découvrit aux environs de 1967, sous une épaisse couche de pierre ponce et de terre de Santorin une cité minoenne possédant des maisons de deux ou trois étages, ornées de belles fresques murales qui ressemblent à cel-

La célèbre plage de Kamari.

les des Palais minoens de Crète. Les plus importantes de ces fresques sont celles de "la bataille navale", l' "arrivée du printemps" et "les enfants qui boxent". On trouva également à l'intérieur des maisons une pléthore de pots, de jarres, d'ustensiles en cuivre et de meubles. La ville entière fut ensevelie suite à la terrible explosion du volcan qui eut lieu aux environs de 1450 av.J.-C. Aujourd' hui ces vestiges sont conservés, sous un immense hangar qui laisse passer la lumière du jour, tout en protègeant les ruines des intempéries.

Emborion (11 km). Village pittoresque, le deuxième en nombre d'habitants, situé sur la côte sud de l'île et possédant d'anciennes ruelles étroites.

Perissa (14 km). Autre belle plage, en dessous de l'antique Thira, au sud est de Thira.

La "plage rouge", en dessous d'Akrotiri.

En bas: Détail de ses impressionnants galets colorés.

La nature sauvage combinée avec l'architecture de l'archipel égéen.

HOTEL LOUCAS
ΞΕΝΟΔΟΧΕΙΟ
ΛΟΥΚΑΣ
ARIS
RESTAURANT
GREEK & INTERNATIONAL
CUISINE
PORTO FIRA
HOTEL

Santorin-Thira.

Thirassia

Thirassia est la deuxième île, en importance, de l'ensemble formé par la Caldeira. Détachée du corps principal, elle se trouve à un mille marin au sud ouest d'Ia. Le village principal de Thirassia porte le même nom que l'île il est construit au bord de la falaise, et domine Thira et sur l' ensemble de Santorin. Pour vous rendre tout en haut, vous devrez gravir 145 marches depuis le port.

A la pointe sud de l'île se trouve une grotte à deux entrées, à proximité de la mer, appelée **Tripiti.** Sa façade nord renferme probablement des vestiges intéressants. C'est là que se trouve la petite église d'Aghia Irini. Sur le petit port il existe des tavernes et quelques chambres à louer. L'îte est encore préservée de toute invasion touristique.

Anafi

Une petite île possédant, en proportion, une haute montagne qui la fait ressembler à un immense cône surgissant de la mer. Un petit port simple et le chef lieu immaculé sur les hauteurs. C'est la première impression que donne Anafi, cette île aride où autrefois les bateaux faisaient rarement escale. Située à la pointe sud-est des Cyclades, elle n'était jadis connue qu'en tant que lieu de déportation.

La plupart de ses habitants quittèrent l'île sous le règne du Roi Otton et vinrent s'installer sur la façade nord en bordure de la ville, là où se trouve aujourd'hui Anafiotika. Toutefois, chacune de ces petites îles de l'archipel des Cyclades cache son propre charme. On vient dans ces îles, lorsqu'on est fatigué par la foule et le bruit de la ville. Si l'on ne peut y rester pendant très longtemps on essaie toutefois d'y aller pendant quelques heures pour goûter au charme de la tranquillité, de la simplicité et de la vie naturelle; aller se baigner dans les eaux limpides, dîner dans une petite taverne typique en compagnie des chaleureux habitants et dormir dans une chambre simple, loin du bruit et du luxe.

Anafi est l'île qui, selon la mythologie, émergea sur les instructions d'Apollon pour sauver les Argonautes qui avaient été pris dans une violente tempête lors de leur voyage. Pourquoi ne pas profiter nous aussi de cette merveille et ne pas y aller? Pas comme des naufragés mais en tant que visiteurs.

Anafi se trouve à 12 milles marins à l'est de Santorin. Elle a une superficie de 38 km² et compte environ 300 habitants. L'île se trouve à 145 milles marins du Pirée avec lequel elle est reliée en ferry-boat.

HISTOIRE

En dehors de la mythologie qui fait référence à Anafi comme lieu de refuge de Jason et des Argonautes, il existe une autre version selon laquelle le premier habitant de l'île était Membliaros, compagnon de voyage de Cadmos, à la découverte de l'Europe. C'est pourquoi l'île s'appelait Membliaros ou Bliaros.

Sur le sommet de la colline où se trouve aujourd'hui le monastère de Panaghia tis Kalamiotissas, il existait le temple d'Apollon qui était relié à la ville ancienne. Au 5ème siècle avant J.-C., Anafi était l'alliée de la cité d'Athènes. En 1207 elle fut envahie par le vénitien Marco Sanudo. L'île passa sous la domination de nombreux chefs vénitiens et fut détruite par les pirates pour être finalement occupée par les Turcs en 1537. Elle participa activement à la révolution de 1821 et elle fut rattachée à la Grèce en 1832.

Découverte de l'île

Le bateau jette l'ancre dans le petit port **d'Aghios Nikolaos.** La seule route de l'île, d'une longueur de deux kilomètres, est celle reliant le port à **Chora.** Il vous faudra 30´ pour effectuer la promenade à pied. A Chora, les maisons immaculées à l'architecture cycladique pure et les pittoresques moulins à vent resplendissent sur le versant de la montagne aride et forment un fantastique balcon dominant l'étendue de la mer.

A l'est de Chora, à **Kasteli,** il existe quelques vestiges de la ville antique. A la pointe est de l'île se trouve le monastère de **Panaghia tis Kalamiotissas.** Sur cette côte il existe également quelques ruines du temple d'Apollon.

Sur la côte ouest de l'île se trouve, à une heure de Chora, le hameau de **Vaghia,** qui possède des sources d'eau et des sources thermales non exploitées.

En haut: le chef lieu (Chora) d'Anafi, un superbe balcon sur la mer.

ÎLES ET ÎLOTS DES CYCLADES

KEA
Makronissos ....*O de Kea*
Grionissi ....*N de Kea*
Spanopoula ....*N de Kea*

KYTHNOS
Piperi ....*SE de Kimolos*

SERIFOS
Serfopoula ....*NE de Sérifos*
Vous ....*E de Sérifos*
Mikronissi ....*S de Sérifos*

SIFNOS
Kitriani ....*S de Sifnos*

MILOS
Akrathi ....*N de Milos*
Arkoudia ....*N de Milos*
Antimilos ....*NO de Milos*
Paximadi ....*SO de Milos*
Glaronissia ....*N de Milos*

KIMOLOS
Poliegos ....*SE de Kimolos*
Agios Eustathios ....*S de Kimolos*
Agios Georgios ....*S de Kimolos*
Agios Andreas ....*SO de Kimolos*

ANDROS
Gavrionissia ....*S de Gavrio*
Gaidaros ....*S de Gavrio*
Tourlitis ....*S de Gavrio*
Akamatis ....*S de Gavrio*
Prasso ....*S de Gavrio*
Megalo ....*S de Gavrio*
Aginara ....*N de Chora*
Theotokos ....*N de Chora*

TINOS
Kalogeros ....*NO de Tinos*
Disvato ....*NO de Tinos*
Panormos ....*Baie de Panormos*
Drakonissi ....*Baie de Kolymbithra*

MYKONOS
Agios Georgios ....*O du port*
Kavouras ....*O du port*
Marmaronissi Bahía ....*de Panormos*
Moles Bahía ....*de Panormos*
Dragonissi ....*E de Mykonos*
Chtapodia ....*E de Mykonos*
Prasso ....*SO de Mykonos*
Kromidi ....*SO de Mykonos*

DÈLOS
Rhénée ....*O de Délos*
Megalos Reumataris ......*O de Délos*

SYROS
Giaros ....*NO de Syros*
Glaronissi ....*SE de Garos*
Didimi ....*E de Syros*
Strongylo ....*E de Syros*
Aspro ....*E de Varis*
Ampelos ....*S de Varis*
Strongy ....*SO de Poseidonia*
Schinonissi ....*SO de Poseidonia*
Varvaroussa ....*N de Kinio*
Komeno ....*N d' Ermoupolis*
Nata ....*SE de Syros*

PAROS
Portes ....*NO de Parikia*
Agios Spiridon ....*O de Parikia*
Saliagonissi ....*O de Paros*
Reumatonissi ....*O de Paros*
Tourlos ....*SO de Paros*
Preza ....*SO de Paros*
Glaropounta ....*SO de Paros*
Tigani ....*SO de Paros*
Pantieronissi ....*SO de Paros*
Dryonissi ....*SO de Paros*
Krypsida ....*E de Drios*
Prassonissi ....*E de Drios*
Filizi ....*NE d' Ampelas*
Vryokastro ....*NE de Paros*
Fonisses ....*NE de Paros*
Tourlites ....*NE de Paros*
Gaidouronissi ....*NE de Paros*
Oikonomou ....*Baie de Naoussa*

ANTIPAROS
Kavouras ....*N de Antiparos*
Diplo ....*N de Antiparos*
Petalides ....*SE de Antiparos*
Despotiko ....*SO de Antiparos*
Tsimindiri ....*SO de Antiparos*
Strongyli ....*SO de Paros*

NAXOS
Aspronissi ....*O de Naxos*
Parthenos ....*de la plage d'Orkos*

IOS
Petalidi ....*N d' Ios*
Diakofto ....*O d' Ios*
Psathi ....*NE d' Ios*

PETITES CYCLADES
Iraklia ....*S de Naxos*
Megalos Avdelas ....*SO d' Iraklia*
Mikros Avdelas ....*SO d' Iraklia*
Venetiko ....*NE d' Iraklia*
Schinoussa ....*S de Naxos*
Argilos ....*S de Schinoussa*
Phidoussa ....*S de Schinoussa*
Aspronissi ....*S de Schinoussa*
Klidoura ....*NE de Schinoussa*
Kato Koufonissi ....*SE de Naxos*
Glaronissi ....*NE de K. Koufonissi*
Koufonissi ....*SE de Naxos*
Prasoura ....*NE de Koufonissi*
Keros ....*SE de Naxos*
Megali Plaka ....*S de Keros*
Mikri Plaka ....*S de Keros*
Tsouloufi ....*S de Keros*
Lazaros ....*S de Keros*
Agios Andreas ....*S de Keros*
Plaki ....*S de Keros*
Ano Antikeri ....*S de Keros*
Kato Antikeri ....*S de Keros*
Voulgaris ....*E de Keros*
Donoussa ....*E de Naxos*
Makares ....*O de Donoussa*
Skylonissi ....*NE de Donoussa*

AMORGOS
Fokia ....*N de Egiali*
Nikouria ....*O d' Amorgos*
Grabonissi ....*O d' Amorgos*
Petalidi ....*NO d' Amorgos*
Gramvoussa ....*N de Kalotaritissa*
Psalida ....*O d' Amorgos*
Felouka ....*O d' Amorgos*
Paraskopos ....*O d' Amorgos*
Megalo Viokastro ....*SE de Chora*
Mikro Viokastro ....*E de Chora*

SIKINOS
Kalogeri ....*SO de Sikinos*
Karavas ....*SO de Sikinos*
Kardiotissa ....*SO de Sikinos*

FOLÈGANDROS
Aghios Ioannis ....*crique de Karavostassis*
Pelagia ....*SE de Folegandros*

SANTORIN
Thirassia ....*O de Santorin*
Nea Kameni ....*O de Santorin*
Palea Kameni ....*O de Santorin*
Aspronissi ....*O de Santorin*
Christiana ....*SO de Santorin*
Eschati ....*SO de Santorin*

ANAFI
Pachia ....*S de Anafi*
Makra ....*S de Anafi*
Anydros ....*entre Anafi et Amorgos*

3 LE DODECANESE

RHODES SYMI HALKI TYLO
KALYMNOS LEROS PATMOS

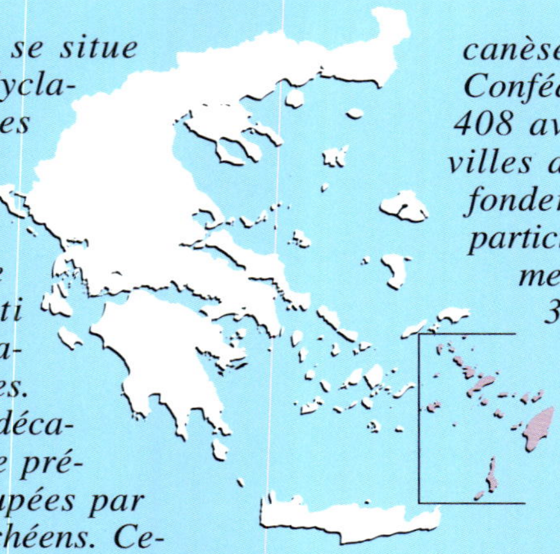

L'archipel du Dodécanèse se situe dans le prolongement des Cyclades, en direction de l'est. Les géologues prétendent qu'il s'agit des sommets des montagnes d'Égéide, le continent qui unissait la Grèce à l'Asie Mineure et qui fut englouti dans les eaux de la Méditerranée il y a des millions d'années. Les îles de l' archipel du Dodécanèse furent habitées dès l'ère préhistorique. Elles furent occupées par les Minoens puis par les Achéens. Cependant, leur expansion économique et culturelle débuta avec l'arrivée des Doriens en 1100 av.J.-C., pour atteindre son apogée au 8ème siècle av. J.-C.. Les trois villes importantes Lindos, Camiros et Ialysos, qui furent construites à Rhodes au 6ème siècle av. J.-C. et formèrent avec l'île de Kos, Cnide et Halicarnasse (Asie mineure) l'hexapole dorienne, étaient l'œuvre des Doriens. Cet essor fut momentanément interrompu par l'ouragan perse qui influença alors la Grèce entière. Après la défaite des Perses, les îles du Dodécanèse devinrent membre de la Confédération Athénienne et en 408 av.J.-C., les trois grandes villes de Rhodes s'unirent pour fonder un état. L'île de Kos en particulier, connut un développement remarquable au 4ème et 3ème siècles avant J.-C., grâce à l'école de médecine qu'y fonda Hippocrate. Les Romains occupèrent les îles de l'archipel en 146 av.J.-C., puis ce fut la longue période byzantine qui leur succéda jusqu'à l'époque des croisés. En 1309, c'est l'ordre des Chevaliers de Saint Jean qui

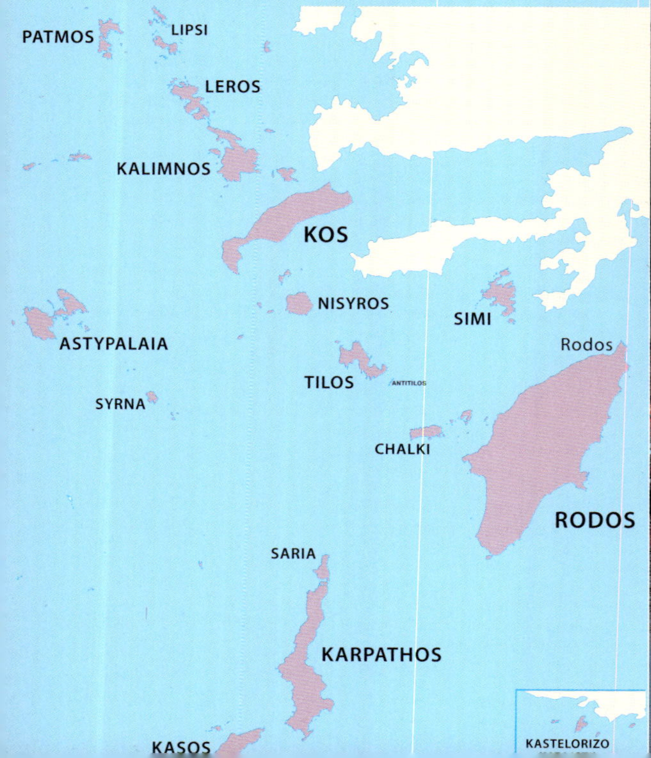

domina l'île et étendit par la suite sa souveraineté au reste des îles de l'archipel.
En 1522, elles furent envahies par les turcs puis en 1912 par les italiens. Le Dodécanèse fut rattaché à la Grèce en 1948. A l'intersection de trois continents, les îles du Dodécanèse constituent un pôle d'attraction important pour les visiteurs qui viennent y apprécier le climat sain, le soleil et les eaux limpides pour passer des vacances à leur gré, dans un environnement cosmopolite ou sur une plage calme.
L'archipel du Dodécanèse est formé par plus de 1000 îles, îlots et îles-rochers. Nous ne décrirons ici (ou bien nous nous contenterons simplement de les mentionner en les localisant) que les plus importants d'entre eux qui sont au nombre de 163 et dont seuls 26 sont habités.

Rhodes

Les bateaux en provenance du Pirée atteignent généralement Rhodes à l'aube. A cette heure, le soleil qui se reflète sur la mer fait également briller les deux statues, celles du cerf et de la biche, qui sont dressées sur des colonnes à l'entrée du port antique et qui constituent le symbole de l'île. La légende veut que le fameux Colosse de Rhodes, l'une des sept merveilles du monde, se soit trouvé à cet endroit. Il s'agissait d'une statue géante en bronze, représentant le dieu du soleil tenant un flambeau allumé. Chacun de ses pieds était posé sur l'une des portes du port, enjambant ainsi les bateaux qui passaient en dessous. On recherche encore cette statue qui fut renversée à la suite d'un terrible séi-sme. Mais ces recherches sont vaines puisque le colosse fut coupé en petits morceaux et vendu au poids du bronze par les Sarrasins.

En face des statues du cerf et de la biche et un peu en surplomb du vieux port, resplendit le palais des Grands Maîtres des Chevaliers de Rhodes qui jouxte la ville médiévale qui semble ne pas avoir été effleurée par le passage du temps. La ville nouvelle, avec ses édifices modernes et ses grands hôtels, s'étend principalement vers le nord ouest.

Rhodes, la plus grande île du Dodécanèse et la quatrième île de Grèce, se trouve au sud est de la mer Egée, à proximité des côtes d'Asie Mineure. Deux cent soixante milles marins la séparent du Pirée. Ses montagnes sont dans l'ensemble boisées et renferment des vallées fertiles possédant de nombreuses sources d'eau. La plus haute de ces montagnes, l΄Atavyros, culmine à 1215 m. L'île a une superficie de 1398 m² et un littoral s'étendant sur 220 km. Sa population, dont l'activité principale est le tourisme, dépasse les 90 000 habitants. Les principales productions de l'île sont le vin et l'huile. L'île fabrique également des produits d'art populaire, tels que les céramiques, broderies, tissus et tapis. Rhodes, qui fut appelée la perle de la Méditerranée, présente un réel intérêt, tant pour ses beautés naturelles que pour ses trésors archéologiques. C'est pour cette raison que l'UNESCO l'a récemment proclamée monument international du patrimoine culturel.

Avec ses fantastiques conditions climatiques et ses infrastructures touristiques de première qualité, elle s'offre au tourisme durant toute l'année.

Rhodes est accessible en avion au départ de nombreuses capitales européennes, ainsi que depuis Athènes, Thessalonique, la Crète, Mykonos, Paros, Santorin, Kos, Karpathos, Kassos, Kastelorizo et Mytilène. Il existe également des liaisons en ferry-boat depuis le Pirée, Rafina, le Dodécanèse, les Cyclades, les îles du nord et de l'est de la mer Egée, Kavala et Chypre.

HISTOIRE

Dans l'Iliade, Homère indique que Rhodes prit part à la guerre de Troie avec 9 navires qui furent dirigés par Tlipolémé.

Les résultats des fouilles archéologiques indiquent que l'île était habitée dès l'âge néolithique. Au 16ème siècle av.J.-C., les Minoens arrivèrent sur l'île, puis au 15ème siècle, les Achéens leur succédèrent. L' apogée de l'île débuta cependant au 11ème siècle, avec la venue des Doriens. Ce sont en effet les Doriens qui par la suite fondèrent les trois principales villes, Lindos, Ialysos et Camiros qui formèrent avec l'île de Kos, Cnide et Halicarnasse (Asie mineure) la fameuse hexapole dorienne.

Lors des guerres médiques, Rhodes fut contrainte de se battre aux cotés des Perses, mais plus tard (en 478 av.J.-C.) elle rejoignit la Confédération Athénienne.

Une nouvelle ère débuta pour l'île lorsqu'en 498 av. J.-C., les trois grandes villes décidèrent d'un commun accord de bâtir une ville nouvelle à l'extrémité nord de l'île, à la place de l'actuelle ville de Rhodes.

La ville médiévale de Rhodes.

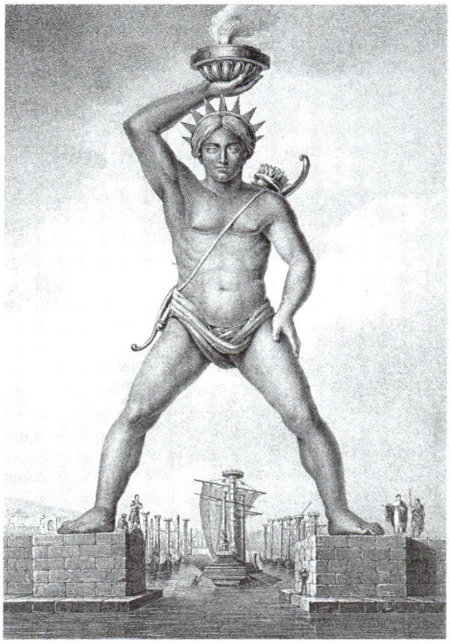

La superbe représentation du Colosse par le voyageur français Rottiers, en 1826.

Cette ville était l'un des joyaux de l'antiquité et connut son heure de gloire durant les 4ème, 3ème et une partie du 2ème siècle av.J.-C. Ses écoles étaient renommées, et principalement celles de philosophie, de philologie et de rhétorique (dans laquelle d'éminents Romains effectuèrent leurs études). La ville devint un centre maritime, commercial et culturel et sa monnaie circula dans presque toute la Méditerranée.

A l'époque de la guerre du Péloponnèse ses décisions oscillèrent, mais plus tard elle accueillit favorablement Alexandre le Grand. Le conflit entre les successeurs d'Alexandre le Grand eut inexorablement des répercussions sur l'île de Rhodes qui en raison de ses transactions avec l'Egypte était l'alliée de Ptolémée. Cela eut pour conséquence de l'amener à s'opposer à Antigonos qui essaya d'envahir l'île, en y envoyant Démètre Poliorcète (l'Assiégeant), avec une armée importante. Démètre, en dépit de ses manœuvres poliorcétiques ne parvint pas à dominer la ville de Rhodes et après un état de siège qui dura un an, dut signer la trêve.

En 164 av.J.-C., Rhodes signa un traité avec Rome, obtenant ainsi de nombreux privilèges qu'elle perdit par la suite en raison des complications de la politique des Romains. Elle fut finalement détruite par Cassius. Au 1er siècle après J.-C., l'apôtre Paul vint prêcher le christianisme sur l'île. En 297 ap.J.-C. ce fut pour Rhodes le début de la longue période byzantine, durant laquelle elle subit de nombreuses attaques de la part des Arabes et des Croisés.

Rhodes connut une nouvelle période de gloire lorsqu'en 1309 l'ordre des Chevaliers de Saint-Jean devint souverain de l'île. Originaires de huit pays (France, Provence, Auvergne, Castille, Aragon, Angleterre, Allemagne et Italie), ils avaient pour but premier la protection des lieux saints puis par la suite l'aide aux pèlerins. C'est durant le règne des Chevaliers de Rhodes que fut construite la ville médiévale aux édifices notables. Les solides fondations construites par les Chevaliers résistèrent aux assauts du Sultan d'Egypte (1444) et de Mahomet II (1480). Mais la ville dut finalement se soumettre face à l' importante armée de Soliman le Magnifique (1522) et les Chevaliers (peu nombreux) capitulèrent et partirent à Malte. En 1912 Rhodes fut envahie par les Italiens. Son rattachement à la Grèce eut lieu en 1948, en même temps que les autres îles du Dodécanèse.

Ville de Rhodes

L'une des plus belles villes de toute la Méditerranée, construite à l'extrémité nord de l'île. La mer l'encercle sur les cotés oriental et occidental et un soleil puissant l'illumine pendant presque toute l'année. Elle conjugue l'attrait cosmopolite d'une ville très moderne ainsi que le charme de l'ancienne ville médiévale qui semble ne pas avoir été effleurée par le passage des ans.

La ville nouvelle

A l'est de la ville nouvelle se trouve une importante partie de la Rhodes antique. Il s'agit du port antique, l'actuel **Mandraki,** qui possède à son entrée les statues du cerf et de la biche. C'est sur cette entrée du port qu'aurait également été érigé le fameux Colosse de Rhodes, l'une des sept merveilles du monde antique. Au milieu de la longue digue qui protège le port, se trouvent trois anciens moulins à vent typiques et au bout la forteresse d'Aghios Nikolaos avec son phare. C'est de Mandraki que partent les petits bateaux qui effectuent des excursions journalières à Symi, Kalymnos, Pserimos, Patmos et Nisyros.

A proximité de l'entrée du port antique, on peut admirer l'église de l'Annonciation, église orthodoxe d'ordre gothique, possédant des fresques murales de Fotis Kondoglou. Dans tout le quartier faisant face à Mandraki comme ailleurs, les Italiens construisirent de nombreux édifices assez espacés l'un de l'autre. On compte parmi ces édifices le Palais du Gouverneur, orné d'arches gothiques, qui se trouve au nord de l'église de l'Annonciation (et qui abrite aujourd'hui la Préfecture), l'hôtel de ville et le théâtre national, en face du Palais du Gouverneur, ainsi que le palais de justice qui se situe encore plus au nord de l'église de l'Annonciation. Tout près du Palais du Gouverneur, à l'intérieur d'un cimetière turc se trouve la mosquée de Murat.

De là, en suivant la rue principale qui mène sur la côte ouest, on passe par le **casino** qui est abrité par l'hôtel Astir Palace.

La statue de Vénus (Aphrodite) au musée de Rhodes.

A l'extrémité nord de la ville on trouve le fameux **aquarium.** La plage la plus fréquentée de Rhodes est située sur la côte sablonneuse, à l'ouest du club nautique.

En poursuivant notre promenade le long de la jetée de Mandraki, en direction de la vieille ville, on arrive à **Néa Agora** (nouveau marché), un important bâtiment polygonal possédant des absides sur sa façade et un important espace découvert au centre. A proximité, au cœur d'un beau jardin situé en contrebas de l' imposant mur d'enceinte et du Palais des Grands Maîtres, se trouvent les installations destinées au spectacle "Son et Lumière".

La ville médiévale

On entre dans la ville médiévale par la porte de la Liberté, située près de Néa Agora. La première place que nous rencontrons, la place de Symi, possèdent quelques infimes vestiges du temple de Vénus (Aphrodite). A gauche, se trouve la pinacothèque municipale qui recèle des œuvres de peintres grecs. A proximité de la place, on peut observer le musée des arts décoratifs et l'Auberge d'Auvergne, l'hôtel dans lequel venaient, au temps des Chevaliers, ceux qui parlaient l'une des huit langues et dans le cas présent, celle de l'Auvergne. Un peu plus loin c'est le début de la **rue des Chevaliers**, qui en dépit des bâtiments restaurés, semble être restée intacte après le demi millénaire qui s'est écoulé depuis la première construction de ses édifices (14ème siècle). La présence de l'ordre gothique est très sensible. Les auberges, à deux étages, représentant chacune des différentes langues, se succèdent, avec leurs impressionnantes portes ornées d'arches et d'emblèmes sculptées.

Le cerf et la biche, à l'entrée du port.

Vue de la ville de Rhodes.

Nous nous trouvons maintenant à Kollakio, le quartier des Chevaliers et nous montons en direction du palais des Grands Maîtres, l'actuel Kastelo. Sur la droite on trouve tout d'abord l'auberge d'Italie, puis celle de France qui est la plus grande de toutes. Toujours sur la droite, l'auberge de Provence et à gauche l'auberge d'Espagne. Devant Kastelo on peut admirer la loge de Saint Jean.

Le palais des **Grands Maîtres -Kastelo**- qui est l'édifice le plus impressionnant de la cité médiévale de Rhodes, se trouve au bout de la rue des Chevaliers. Il fut construit au 14ème siècle et détruit par l'explosion d'une poudrière, que les Turcs avaient stockée dans les sous sols, pour être reconstruit en 1939 sous l'occupation italienne. Lors de sa restauration on s'efforça de respecter scrupuleusement les plans d'origine. Ce palais était destiné à servir de résidence au roi Victor-Emmanuel ou à Mussolini.

Depuis Kastelo, en suivant la rue d'Orphée en direction du sud, on peut visiter la tour de l'Horloge et la mosquée de Soliman, puis entrer dans la **rue Socratous,** qui possède la plus forte concentration de boutiques et l'activité commerciale la plus intense, rappelant par endroit les bazars d'orient.

L'entrée du palais des Grands Maîtres.

En suivant la rue Socratous jusqu' au bout, on arrive à la **place Hippocratous**, l'une des places les plus typiques de Rhodes. On y trouve le Tribunal de commerce, bel édifice datant du début du 15ème siècle. De là, part la rue Aristotélous qui est bordée par le mur d'enceinte de la ville et conduit à la place des **Martyrs Juifs** qui possède en son centre trois hippocampes en bronze. Toujours en suivant le mur d'enceinte en direction de l'est, on arrive à l'église d'Aghios Pantéleïmonas (15ème s.) et à l' église tombant en ruine de Panaghia tis Nikis qui fut construite après la levée de l'état de siège turc, en 1480. En sortant par la porte d'Aghia Aikaterini, qui se trouve à proximité de l'église d'Aghios Pantéleïmonas, on se trouve en face du port commercial où amarrent les paquebots.

Nous retournons à la place Hippocratous en suivant toujours le mur d'enceinte et nous nous dirigeons, en empruntant la rue Ermou, vers la place du musée. C'est ici que se trouve l'auberge d'Angleterre. Le **Musée Archéologique** est situé dans le bâtiment restauré de l'hôpital des Chevaliers qui date du 15ème siècle.

Le Mont Smith

Il existe une liaison locale de bus à destination du Mont Smith dont les itinéraires sont fréquents (point de départ dans la rue Avérof, Néa Agora). C'est sur cette colline que se trouvait l'ancienne acropole. On peut aujourd'hui y admirer le stade, datant du 2ème s. av.J.-C., et le théâtre (tous deux reconstruits), ainsi que quelques vestiges d'un temple de Zeus, d'Athéna et d'Apollon, dont quatre colonnes ont été restaurées. Du sommet de la colline on a une vue superbe sur la ville de Rhodes et sur la mer. La colline se trouve à environ 2 km du centre de la ville.

En haut: La rue Socratous et la place des Martyrs Juifs.

En bas: Vue aérienne de la vieille ville.

1.Rhodes-Ixia-Ialysos-Filérimos-Petaloudes-Kamiros-Monolithos-Kattavia (99km)

Nous sortons de la ville en suivant la route qui mène à **Ixia.** Sur la gauche nous apercevons le petit hameau de Kritika puis l'immense plage d'Ixia. Il s'agit de la région de Rhodes la plus développée sur le plan touristique. La moitié du potentiel hôtelier de l'île se concentre entre la ville de Rhodes et jusqu'à Ialysos. De grands hôtels se succèdent face à une mer limpide. **8 km. Ialysos** (Trianta). Nous effectuons ici une déviation de 5 km à gauche pour atteindre la colline de **Filérimos,** d'où l'on a une vue superbe sur la ville et sur tous les points de l'horizon.

Le temple de Panaghia (la Vierge) et en bas: vue panoramique d'Ixias.

C'est au sommet de cette colline qu'était construite l'acropole de la ville **antique d'Ialysos**, l'une des trois grandes villes doriennes de Rhodes. Parmi les nombreux vestiges qui se trouvent ici on distingue les fondations du **temple de Zeus** et du **temple d'Athéna**, datant respectivement du 4ème et du 3ème s. av.J.-C., ainsi qu'une fontaine dorique du 4ème s. av.J.-C. On trouve également à coté de ces ruines antiques des vestiges de l'époque byzantine et du moyen âge. Il convient de visiter l'église **Notre-Dame de Filérimos** qui fut construite par les Chevaliers au 15ème s. et celle d'**Aghios Georgios** qui possède des fresques murales des 14 ème et 15 ème siècles. Un autre spectacle impressionnant est celui du **Chemin du Calvaire** qui possède de nombreuses marches et des représentations de la scène du Calvaire.
12 km. Kremasti. Important hameau verdoyant qui se trouve à 800 m de la mer.
15 km. Paradisi. Autre hameau situé à proximité de l'aéroport.
18 km. Croisement. L'embranchement à gauche conduit, 6 km plus loin, à **Petaloudès.** Il s'agit d'une vallée ombragée au sein de laquelle coule un petit ruisseau qui forme des petites vasques d'eau. Des millions de papillons rouge-dorés sont enfouis dans les branches des arbres. Lorsqu'on effleure une branche, les papillons s'envolent dans un nuage, offrant ainsi un spectacle unique que l'on ne peut admirer que l'été, de juin à septembre.
30 km. Kalavarda. D'ici, un embranchement à gauche conduit, 8 km plus loin, au village de **Salako.** En poursuivant l'ascension de la montagne plantée de pins, on arrive au bout de 12 km au hameau de **Prophiti Ilia** qui possède un hôtel, à 800 mètres d'altitude.
34 km. Une petite déviation à gauche conduit au site archéologique de **Kamiros,** l'une des trois grandes villes doriennes de Rhodes. Elle se distingue des deux autres car c'est une ville ouverte. Les vestiges, dont l'étendue est impressionnante, se trouve sur le flanc d'une colline dominant la mer.
47 km. Skala Kamirou. Petit port construit à l'emplacement du port antique de **Kritinias** qui fut bâti par les Minoens de Crète. C'est d'ici que partent les caïques pour Halki.
52 km. Kritinia. Village possédant des maisons anciennes et un fort vénitien.
57 km. Un embranchement à gauche mène 5 km plus loin à **Ebona,** l'un des villages les plus pittoresques et en même temps le village le plus élevé de l'île de Rhodes (825m d'altitude). Ses belles maisons sont décorées à l'intérieur dans le style local et la plupart de ses habitants portent encore les costumes typiques. C'est ici que débute l'ascension pour le sommet le plus élevé de Rhodes, **l'Atavyro** (1215m d'altitude).
65 km. L'embranchement de gauche mène à **Aghios Isidoros**, Laerma, Lardo et croise la route de la côte orientale.
68 km. Sianna. Village possédant une vue magnifique.
73 km. Monolithos. Village de montagne. 3 km plus loin on peut admirer le plus impressionnant fort vénitien de Rhodes. Construit au 15 ème s. sur un énorme rocher il domine la mer.
83 km. Apolakkia. Village isolé qui conserve plus que les autres les traditions et coutumes.
99 Kattavia. (voir page 103).

Parcelle du site archéologique de Kamirou.

2.Rhodes-Kallithéa-Lindos-Kattavia (93km)

3 km Rodini. Parc à la verdure abondante et aux petits lacs artificiels. **7 km. Réni Koskinou**. Plage de sable du village traditionnel de **Koskinou. 10,5 km. Kallithéa.** Village anciennement connu pour ses sources thermales qui aujourd'hui ne sont plus en fonctionnement. Situé dans une baie possédant de nombreux rochers mais également quelques arbres. **16 km. Faliraki.** L'un des plus grands centres touristiques de Rhodes. Il doit son essor touristique principalement à sa belle plage de sable possèdant des installations destinées aux sports nautiques. **23 km. Afantou** (Invisible). Ce village tient son nom du fait que pour se protéger des pirates il fut construit dans une cuvette, afin de ne pouvoir être aperçu depuis la mer. Sa plage de sable se trouve à environ 1 km. A proximité du village on peut visiter l' église de Notre-Dame la Catholique **(Panaghia I Katholiki)**, construite sur les vestiges d'une ancienne basilique chrétienne et plus au nord le **terrain de golf.** **27 km. Kolymbia.** Autre région connaissant un essor touristique important. Sa superbe plage se trouve à 3 km de la route principale. Un embranchement à droite, se dirigeant vers l'intérieur de l'île conduit, 4 km plus loin, à **Epta Piges,** site verdoyant, possédant de nombreuses sources qui forment un petit étang. D'ici, la route continue en direction **d'Archipoli** et de **Prophiti Ilia** pour finalement croiser la route de la côte ouest. **30 km**. Carrefour. L'embranchement de gauche conduit à la plage de **Tsabikas.** Sur la colline surplombant la plage se trouve la chapelle de **Panaghia tis Tsabikas** qui possède une superbe vue sur la mer.

Le petit port pittoresque de Kallithéa.

La règion cosmopolite de Faliraki.

32 km. Archangelos. Important village possédant des ateliers de fabrication de tapis traditionnels et d'objets en terre cuite.
36 km. Intersection. L'embranchement de gauche conduit, 4 km plus loin, à la petite plage d'**Haraki.** A proximité se trouve le château de **Faraklou,** l'un des mieux conservés de Rhodes, construit par les Chevaliers et la superbe plage de sable **d' Aghia Agathis** au cœur de la baie de **Malona.**
46 km. Kalathos. Hameau situé à 6 km de Lindos. Plus au sud, la baie de **Vlicha,** avec sa belle plage.

LINDOS

52 km. Lindos. Probablement le plus joli village de Rhodes, qui conjugue tous les atouts: La fameuse acropole, l'architecture et la décoration traditionnelles des maisons du village, la belle plage et le port pittoresque d'Aghios Pavlos.

Vous monterez à pied jusqu'à **l'acropole,** ou éventuellement avec les sympathiques ânes jusqu'à un certain point. Au début de l'escalier qui conduit à l'acropole, sculptée dans la roche, sur la gauche, on peut admirer une trière de l'époque hellénistique et sur la droite, des marches de l'escalier datant de l'antiquité. Dès que vous franchirez l'entrée principale, vous pourrez voir les vestiges du **Château des Chevaliers** et ceux de l'église byzantine **d'Aghiou Ioannou**. En haut, sur l'acropole, vous visiterez le Grand Portique **(Megali Stoa)**, qui a été restauré ainsi que **le temple d'Athéna,** datant du 4ème s. av.J.-C. et dont certains piliers ont été redressés. Vous visiterez également le théâtre antique ainsi que des vestiges du temple de **Dionysos.**

La vue depuis le rocher de l' acropole qui se dresse du haut de ses 115 m au dessus de la mer est unique.

Le village resplendit, avec ses maisons immaculées qui possèdent une décoration intérieure traditionnelle -plafonds sculptés et assiettes en céramiques accrochées aux murs et sur le sol de leurs cours des galets blancs et noirs. Un grand nombre de ces maisons, qui furent construites à l'époque des Chevaliers (15ème et 16ème s.), est classé monument historique. Il convient également de visiter l'église de **Panaghia,** aux fresques murales datant du 15ème s.

Ce village, d'environ 700 habitants, vit du tourisme qui constitue son activité principale. Sur la plage qui jouxte, on trouve des restaurants et des installations destinées à tous les sports nautiques. On notera également le caractère pittoresque de la petite baie dans laquelle est située la chapelle **d'Aghiou Pavlou,** au sud de l'acropole, où la baignade est également possible. A 5 km au sud ouest de Lindos, la plage de **Pefki.**
61 km. Lardos. Village dont la superbe plage de sable est distante d' environ 2 km. De là, la route en direction de **Laerma** (12 km), relie l'itinéraire de la côte est avec celui de la côte ouest.
74 km. Gennadi. Village qui n'a pas encore subi l'influence du tourisme et qui dispose d'une belle plage isolée. Depuis Gennadi, une déviation à droite par rapport à notre itinéraire principal conduit à **Apolakkia,** sur la route de la côte occidentale.
83 km. Lahanakia. Ce village se situe à environ 2 km de la mer et possède de vastes plages.
85 km. Hohlakas. L'embranchement à droite mène à **Plimmyri,** une autre belle plage peu fréquentée.
91 km. Aghios Pavlos. Depuis le village une route descend jusqu' à la pointe sud de l' île, **Prassonissi.** Il s' agit d' une péninsule sablonneuse entourée d' eaux peu profondes et dont le bras de terre est en hiver recouvert par la mer, ce qui l' isole ainsi du continent.
93 km. Kattavia. Dernier village de notre itinéraire. Il a pour tradition la fabrication de tissus. On arrive également à Kattavia par la route de la côte occidentale. Vous pouvez donc revenir au point de départ par cette route, en suivant l'itinéraire 1, en sens inverse.

L'Acropole, le village et la belle place de Lindos.

Symi

Symi est l'une des îles les plus pittoresques de l'archipel du Dodécanèse, avec ses montagnes qui descendent abruptement jusqu'à la mer et forment des criques magiques. Le village d'Ano Symi ou Chorio, comme l'appellent les autochtones, s'étend sur les deux collines qui entourent de part et d'autre l'une de ces criques et atteint le sommet de l'une des collines, pour former une réelle ville.

Le pittoresque, l'architecture traditionnelle, les maisons de style néo-classique à fronton, les cours ornées de galets, toutes ces œuvres datant du 19ème s., vous impressionneront, bien que beaucoup d'entre elles soient endommagées ou tombent à l'abandon.

Au début du 20ème siècle, Symi comptait 30000 habitants. Elle était la capitale du Dodécanèse et en même temps le plus grand centre de pêche d'éponge du monde. Aujourd'hui, après une période de déclin, l'île ne possède plus que 2500 habitants, rassemblés principalement à Chorio et au port. Cependant grâce au tourisme, la population augmente de nouveau.

Une route goudronnée qui part de Chorio et mène vers le sud, traverse une petite forêt de cyprès sauvages et offre une vue superbe depuis les hauteurs. Il s'agit de la route qui mène au monastère de Panormiti, à l'extrémité sud de l'île.

Symi se trouve à proximité des côtes d'Asie Mineure, au nord ouest de Rhodes, dont 21 milles marins la séparent. Elle occupe une surface de 58 km2 et possède un littoral de 85 km. Elle se trouve à 230 milles marins du Pirée.

A Symi vous pourrez apprécier la mer comme nulle part ailleurs dans les îles du Dodécanèse. Vous en profiterez même au mois de mai ou au mois d'octobre, car grâce à la douceur de son climat et à son important ensoleillement, l'été s'y prolonge durablement.

Symi est accessible en ferry-boat, au départ du Pirée, des Cyclades, de la Crète, de Rhodes et des autres îles de l'archipel du Dodécanèse (une liaison par semaine). Il existe des liaisons quotidiennes depuis Rhodes uniquement. Il est donc possible de se rendre en avion à Rhodes puis de poursuivre en bateau jusqu'à Symi.

HISTOIRE

Selon la mythologie, le dieu Glaucos aurait enlevé la princesse Symi, fille du roi d´Ialysos de Rhodes, et l'aurait amenée sur l'île à laquelle il aurait ensuite donné son nom.

Symi fut habitée dès l'âge préhistorique. Homère raconte que l'île prit part à la guerre de Troie avec trois navires conduits par le roi Nireas. Les premiers habitants furent vraisemblablement les Cariens. Les Doriens arrivèrent par la suite, puis les Rhodiens, les Romains, les Byzantins et au 14ème s. les Chevaliers de l'ordre de Saint-Jean de Rhodes leur succédèrent. Tous les occupants de l'île semblent s'être souciés de la fortification de l'ancienne acropole, l'actuel fort qui se trouve au sommet de la colline d'Ano Symi. Entre temps, Symi commença à connaître une certaine croissance qui augmentait sans cesse grâce au développement de la construction navale, de la marine et du commerce. Les petits voiliers rapides qui étaient construits par ses excellents artisans étaient très réputés. Afin de tirer profiter des voiliers, les Chevaliers de Rhodes accordèrent de nombreux privilèges à l'île. C'est également ce que firent les occupants turcs en 1522. Ces derniers s'intéressèrent en outre aux éponges de l'île et ils en autorisèrent la pêche sur toutes les côtes d'Asie Mineure. En dépit de la participation de l'île au mouvement d'insurrection de 1821, qui eut pour conséquence la diminution de ses privilèges, le mouvement de croissance se poursuivit durant tout le 19ème siècle et l'argent continua à affluer dans l'île. Aux maisons bourgeoises déjà existantes s'en ajoutèrent de nouvelles et la population de l'île attint au début du 20ème s. les 30 000 habitants. A cette époque, Ano Symi était la capitale du Dodécanèse. Le déclin de l'île commença avec l'apparition des bateaux à vapeur et l'occupation de l'île, en 1912, par les Italiens qui suspendirent la communication avec la Turquie et firent de Rhodes la capitale du Dodécanèse.

Après l'aventure de la deuxième Guerre Mondiale, durant laquelle l'île fut bombardée et incendiée par l'armée d'Hitler, Symi se rattacha finalement à la Grèce en 1948.

Découverte de l'île

Ano Symi ou **Chorio.** Lorsqu'on arrive en bateau, la vue sur Ano Symi, chef lieu de l'île, est impressionnante. Les maisons s'étendent depuis **Kato Poli** (Gialo, avec son port très protégé) et grimpent jusqu'au sommet de la colline où se trouvent **Kastro** (le Fort) et l'église de **Megali Panaghia.**

L'ascension s'effectue depuis la place de Skala, en suivant **"Kali Strata"**, avec ses 500 marches. De part et d'autre, on peut admirer les belles maisons anciennes de style néoclassique. Maisons à deux étages ornées de belles portes, de balcons en fer forgé, de frontons sur leurs façades et de murs peints avec des couleurs ocres ou d'autres teintes plus claires ainsi que de portes et fenêtres aux couleurs vives et gaies qui créent une image sublime. C'est à juste titre que cette ville entière, tout comme le quartier de Gialos, a été classée monument historique.

En dehors de Kastro et de l'église de Megali Panaghia, au magnifique panorama , il convient également de visiter d'autres églises qui possèdent des iconostases en bois sculpté, des icônes datant de l'époque byzantine et des parvis ornés de galets noirs et blancs; ainsi que le **Musée,** qui est abrité dans une maison bourgeoise, et la place de Gialos, où se trouvait dans le passé les chantiers navals où étaient fabriqués les vedettes et les navires par les artisans expérimentés de Symi.

On peut également se rendre à Ano Symi en bus, depuis **Gialo** en direction de **Chorio et de Pédi.**

Pédi. Hameau de bord de mer situé à 2 km à l'est d'Ano Symi, au fond d'une crique sablonneuse attenante.

Emborios. Petit port (le deuxième de l'île), à l'ouest de Chorio. Il compte peu d'habitants.

Panormitis. Il s'agit du plus grand monastère de l'île et du deuxième de l'archipel du Dodécanèse, après celui d'Aghios Ioannis à Patmos.

Situé à l'extrémité sud de Symi, dans une baie sablonneuse encastrée. En ce qui concerne la chronologie de sa construction, on sait seulement que certains bâtiments ont été rajoutés à la fin du 18ème s. Dédié au **Taxiarque Michel,** sa nef renferme une icône du Saint en or massif, de nombreuses dédicaces, des fresques murales ainsi qu'une iconostase en bois qui est un pur chef d'œuvre.

A l'occasion de sa kermesse, le 8 novembre, les pélerins viennent de Symi et de toutes les îles du Dodécanèse. L'hospice du monastère peut accueillir jusqu'à 500 personnes et possède également un restaurant.

Panormitis est accessible en caïque depuis Gialo ou en voiture (organisation d'excursions).

Excursions en bateau

En été, des bateaux partent depuis Gialo avec pour destination les superbes plages de l'île, et effectuent des excursions journalières.

Sur la côte est:

Aghia Marina. Joli petit îlot rocheux, à proximité de Gialo, possédant la petite église d'Aghia Marina et des eaux cristallines.

Aghios Georgios Dissalonas. Probablement la plage la plus impressionnante de l'île car elle est encadrée par une falaise abrupte de 300 m de haut.

Nanou. Vaste baie pittoresque ornée de cyprès sauvages espacés et possédant une taverne.

Marathounda. Au sud de Nanou, baie plus étroite avec des eaux limpides.

Fanéroméni. Jolie baie située à 20 mn à pied de Panormitis.

Panormitis. Célèbre monastère se trouvant sur la côte ouest. Le trajet est cependant beaucoup plus court en passant par la côte est.

Seskli. Petite île située à la pointe sud de Symi et entourée d'eaux limpides. Lieu de pêche.

Nimos. Ile située à l'extrémité nord de Symi, dotée d'une plage et d'une petite taverne.

Sur la côte ouest:

Aghios Emilianos. Plage très pittoresque. Petite île possédant une église et reliée à la terre ferme par un passage en pierre.

Aghios Vassilios. L'une des plus belles plages, située dans une baie vaste et profonde encadrée par des collines plantées de cyprès sauvages clairsemés.

Monastères

En dehors du monastère de Panormiti, que nous avons étudié plus haut, les autres monastères ou églises à visiter sont ceux de:

Moni Roukounioti, dédié à l'Archange Michel, à l'ouest de Chorio. Sa nef possède des fresques murales datant du 14ème s.

Moni Kokkimidi, ancienne église qui fut restaurée en 1697.

Moni tou **Sotiri tou Megalou** et **Moni tou Stavrou tou Polémou** (chapelle de la Croix de Guerre).Sur les sommets de la côte ouest.

L'architecture traditionnelle caractérise particulièrement Symi.

Halki

Halki séduit par sa beauté, sa simplicité. Elle offre des plages de sable, des eaux cristallines et est très peu fréquentée,(et cela en dépit du fait que ce soit l'île la plus proche de la bruyante île de Rhodes). Sur son port pittoresque, on distingue deux églises aux clochers élevés. L' une, située sur le flanc de la colline est austère et dépouillée et l'autre, qui est un réel chef d'œuvre, se trouve à proximité du port.

Le visiteur sera impressionné par Palio Chorio. Situé au sommet de la colline, on distingue les murs immaculés de l'ancienne acropole, et du fort médiéval. On ne diceme aucune vie, aucun mouvement parmi les décombres de couleur grisâtre. Seule l'église de Panaghia se détache quelque part au centre, intacte et fraîchement blanchie, rappelant les splendeurs passées de l'ancienne capitale de l'île avec ses 4000 habitants.

Halki se trouve à l'ouest de Rhodes. 35 milles marins la séparent du port de cette dernière et seulement 11 milles de Skala Kamirou. C'est l' une des plus petites îles du Dodécanèse, avec une superficie de seulement 28 km2 et un littoral de 34 km. Ses habitants, peu nombreux, sont rassemblés dans l'unique hameau qui est également le port de l'île, Niborio.Ile montagneuse et rocheuse, elle accueille en été les visiteurs qui viennent de Rhodes. Au cours des dernières années, l'île fut proclamée centre international de rencontre de la jeunesse et on a construit à cette fin une auberge de jeunesse communautaire.

HISTOIRE

L'île tient son nom des métaux de cuivre (Halkos) qui s'y trouvaient. On ne possède pas d' éléments suffisants sur la période préhistorique. En revanche, les fouilles ont révélé que l'île avait dû connaître un essor pendant la période s'étendant du 10ème au 5 ème s. av.J.-C. De la fin de l' époque classique, jusqu'au 13 ème s. ap.J.-C., où les Vénitiens firent leur apparition, l'île resta dans l' ombre. En 1522, elle fut occupée par les Turcs et en 1912 par les Italiens. Le rattachement de Halki à la Grèce eut lieu en 1948.

Découverte de l'île

Niborio. Chef lieu de l'île, situé sur la côte ouest, dans une baie protégée par une petite île qui se trouve à son entrée. Construit en amphithéâtre sur les flancs des collines alentours, il resplendit comme une grande cité déserte, puisque la plupart de ses maisons sont abandonnées. Il convient de visiter l' église d'**Aghios Nikolaos,** sur le port, avec son superbe clocher.

A proximité se trouve la belle plage de sable de **Pontamos,** ainsi que celle de **Ftenaghia**. L'îlot d' **Alimia** constitue une autre plage possible. Une route goudronnée conduit, 2,5 km plus loin, à **Palio Chorio.** Il s'agit des ruines de l' ancienne capitale de l'île, situées au pied d'un impressionnant rocher. Au sommet de la colline on peut apercevoir les murs du **fort vénitien.** A l'intérieur du mur d' enceinte, on observe l'église d'Aghios Nikolaos, ornée de fresques murales.

La route continue vers l'ouest et aboutit 3,5 km plus loin à la chapelle **d'Aghiou Ioannou.** Les autres chapelles de l'île dont celles de **Stavrou et du Taxiarque Michel.**

Tylos

On a trouvé dans une grotte éloignée de 3,5 km du port de Tylos, les ossements de 30 éléphants nains. Cela tendrait donc à prouver que Tylos était à une certaine époque reliée à la côte turque se trouvant en face et faisait donc partie, avec les Cyclades, d'Égéide, le continent qui unissait la Grèce et l'Asie Mineure. Lorsque l'île se détacha -il y a probablement 6 millions d'années- les éléphants furent obligés de s'adapter à leur nouvel environnement, désormais relativement pauvre, et devinrent peu à peu des élephants nains dont la taille évoluait entre 1,20 et 1,60m.

Située entre Nisyros et Halki, Tylos a une superficie de 63 km2 et un littoral de 63 km. Elle se trouve à 220 milles marins du Pirée. Il s'agit d'une île principalement rocheuse, avec pour seule exception une petite vallée fertile située au centre de l'île qui aboutit à la belle plage de sable d'Erystou. Ses habitants, dont la plupart sont agriculteurs ou éleveurs, atteignent tout juste le nombre de 300. Cela est dû à l'exode qui débuta un peu après l'occupation italienne de 1912 et se poursuivit au-delà de 1950.

Tylos est probablement l'île la plus isolée de l'archipel du Dodécanèse, après Kastellorizo. Mais c'est justement cet isolement qui lui procure tant de charme et en fait le lieu idéal pour passer des vacances paisibles.

Tylos est accessible en ferry-boat depuis le Pirée, Rafina, les Cyclades, la Crète, Rhodes et les autres îles du Dodécanèse. Vous pouvez également vous rendre en avion jusqu'à Rhodes puis poursuivre le voyage en bateau.

HISTOIRE

Tylos fut habitée dès l'âge néolithique; comme le révèlent diverses fouilles qui y ont été effectuées. La présence des Minoens, puis plus tard des Mycéniens, est également certaine. Les Doriens arrivèrent sur l'île aux environs de l'an 1000 av.J.-C. et comme le raconte Hérodote, ils colonisèrent, en 700 av.J.-C., avec les habitants de Lindos de Rhodes, le port de Gela en Sicile. Au 5ème s. av.J.-C. l'île devint membre de la Confédération Athénienne, alors qu'au 4ème s. av.J.-C. elle était indépendante et émettait sa propre monnaie. Par la suite elle s'allia avec l'île de Kos puis avec Rhodes. De l'an 42 av. J.-C., où les Romains étaient souverains de l'île et jusqu'en 1310, où elle fut occupée par les Chevaliers de l'ordre de Saint-Jean de Rhodes, il n'existe aucune trace de la destinée de l'île. Les Turcs envahirent l'île en 1522 et l'occupèrent jusqu'en 1912, date à laquelle les Italiens leur succédèrent. Le rattachement de Tylos à la Grèce intervint en 1948.

Découverte de l'île

Livadia. C'est le port de Tylos; encastré dans une baie bordée de galets et d'eaux limpides. Il s'agit d'un hameau possédant peu d'habitants et qui en dehors d'un grand édifice construit par les italiens, conserve certains éléments de l'architecture locale. La région alentour est assez verdoyante. Ses curiosités sont une **ancienne Basilique chrétienne** qui jouxte le hameau, quelques vestiges du fort **moyenâgeux d'Agriokiparissia,** l'église de **Panaghia Politissa - Misoskali** (2,5km) et la petite église **d'Aghios Nikolaos,** aux fresques murales datant du 13ème siècle. Au sud est, et encore plus loin, à l'extrémité est de l'île, le hameau ancien de **Géra** et sa petite église du **Taxiarque tou Lithou**, aux fresques murales datant de 1580 sont également à visiter. Au nord ouest de Livadia se trouve le village abandonné de **Mikro Chorio** qui possède les intéressantes églises de Sotira et de Timia Zoni ornées de fresques murales du 18ème et du 15ème siècles.

Megalo Chorio. Le chef lieu de Tylos. Construit au pied d'une colline rocailleuse, il possède un **château** fort à son sommet. Jusqu' au début du 18ème siècle, le village se trouvait dans le fort. C' est également là, sur les ruines d'un temple antique, que fut construite la vieille **église du Taxiarque,** dont on essaie aujourd' hui de sauver certaines fresques murales datant du 16 ème siècle. Peu à peu le village fut transféré à son emplacement actuel et une nouvelle église du Taxiarque fut ensuite construite (1827) au pied de la colline.

Le petit musée du village renferme entre autre les ossements de l'éléphant nain de la **grotte** de **Harkadiou,** qui se trouve entre Megalo Chorio et Livadia. Megalo Chorio se situe à 7 km de Livadia. A 2,5 km au sud, la fameuse plage de sable **d'Eristos,** s'étend sur 1 km. Une liaison de bus municipaux relie Megalo Chorio à Livadia, Aghios Antonios et Eristos. A deux kilomètres au nord ouest, on arrive au petit port **d'Aghios Antonios** qui possède une petite plage. A deux kilomètres d'Aghios Antonios se trouve la belle plage de **Plakas**. La route continue jusqu'au couvent **d'Aghios Panteleimona** (2 km). Couvent **d'Aghios Panteleimona.** C'est dans un ravin verdoyant possédant une source et une vue superbe sur la mer, que se trouve ce couvent dédié au saint protecteur de l'île. Il est situé sur la côte est, à 13 km de Livadia, et fut construit à la fin du 15ème siècle. Il est orné de fresques datant de 1776 et d'unebelle cour pavée. Sa kermesse a lieu le 27 juillet.

Kos

C'est l'île d'Hippocrate et la troisième île du Dodécanèse (en superficie) après Rhodes et Karpathos. Elle dispose d'un joli port, de plages immenses bordées d'une eau limpide et présente un réel intérêt au niveau archéologique.

A proximité des côtes d'Asie Mineure, entre Kalymnos et Nysiros, elle se trouve à 201 milles marins du Pirée.

Ile composée principalement de plaines, elle possède uniquement une chaîne de montagnes à sa pointe est, qui a pour sommet le mont Dikaio (846 m). Sa superficie s'élève à 290 km2 et son littoral à 112 km. Sa population dépasse les 20000 habitants, qui ont pour activités principales l'agriculture, le tourisme, l'élevage et la pêche.

L'île jouit d'un climat tempéré durant la plus grande partie de l'année. Ce climat ainsi que son important ensoleillement, et principalement ses superbes plages de sable ainsi que le charme de la ville de Kos, en font un lieu de tourisme international.

Vous vous rendrez à Kos en avion, au départ d'Athènes et de Rhodes ou en ferry-boat depuis le Pirée, Rafina, les Cyclades, les îles du nord et de l'est de la mer Egée, Kavala, la Crète, Rhodes et les autres îles du Dodécanèse.

HISTOIRE

Kos fut habitée dès l'âge préhistorique par les Cariens, venus de Carie située sur l'autre rive de la mer Egée. Les Minoens de Crète leur succédèrent, puis aux environs du 14ème s. av.J.-C., ce fut le tour des Mycéniens qui prirent part, par la suite, à la guerre de Troie.

La statue d'Hippocrate.

Plusieurs siècles plus tard, les Doriens, qui vers l'an 700 av.J-C. construisirent l'ancienne ville de Kos (qui avec les villes de Lindos, Camiros, Ialyssos de Rhodes, tout comme celles de Cnide et Halicarnasse formèrent la célèbre Hexapole Dorienne) commencèrent à arriver sur l'île.

Au 5ème siècle av. J.-C. Kos fut envahie par les Perses, mais après la défaite de ces derniers face à la Grèce, l'île devint membre de la Confédération Athénienne (479 av.J.-C.). En 460 av.J.-C., naquit sur l'île Hippocrate, le père de la médecine, connut aujourd'hui encore dans le monde entier pour avoir fondé la première école de médecine. Après sa mort (357 av. J.-C.), les habitants de Kos construisirent en hommage au Dieu Asclépios (Esculape), le fameux Asclépiéion, qui servit également d'hôpital et reçut des milliers de patients, venus de toute la Méditérranée, sur lesquels furent appliquées les méthodes thérapeutiques enseignées par

Hippocrate. En 366 av. J.-C., la ville de Kos fut érigée à l'emplacement de l'actuelle ville Astypaléa. L'ancienne capitale de l'île, y fut transférée. La nouvelle ville, construite à un endroit avantageux, au carrefour de l'orient et de l'occident, connut son heure de gloire jusqu'au 6ème s. ap.J.-C. où elle fut ravagée par un terrible tremblement de terre. Durant son apogée, elle était renommée pour son industrie de la soie, qui était principalement utilisée par les Romains.

Alexandre le Grand envahit l'île de Kos en 336 ap. J.-C., puis à sa mort les Ptolémées lui succédèrent. Durant l'époque byzantine, l'île connut à nouveau une certaine gloire, mais elle subit de nombreuses attaques de la part d'ennemis dont les plus dangereux étaient les Sarrasins.

En 1315, les Chevaliers de l'ordre de Saint Jean devinrent souverains de l'île. Environ un siècle plus tard, ils commencèrent à bâtir l'impérieuse forteresse qui se trouve aujourd'hui à l'entrée du port ainsi que les autres fortifications. Les Turcs commencèrent à attaquer les Chevaliers, sans succès au début, puis après leur victoire à Rhodes en 1522, ils envahirent également Kos qu'ils occupèrent jusqu'en 1912, où elle passa sous la dominaton des Italiens. Kos devait être ravagée par un nouveau séisme en 1933. Son rattachement à la Grèce eut lieu en 1948.

Vue panoramique du port.

La ville de Kos

Kos, qui est le chef lieu et le port principal, se trouve à l'extrémité nord est de l'île, à proximité des côtes turques. Il s'agit d'une jolie ville, construite après le séisme de 1933, noyée dans la verdure, et possédant de nombreux jardins fleuris, des avenues ornées de palmiers, et de superbes plages de sable qui s'étendent sur plusieurs kilomètres, de part et d'autre du port. A cela s'ajoutent également les importantes fouilles archéologiques situées dans la ville ou à proximité de celle-ci, comme par exemple le célèbre **Asclépiéion,** qui la rendent encore plus intéressante.

Le platane d'Hippocrate et le château de la ville.

L'Asclépéion. L'autel d'Asclépios et le temple d'Apollon (deuxième terrasse)

En approchant de la ville par la mer, on est tout d'abord impressionné par l'imposant **château vénitien des Chevaliers** de l'ordre de **Saint Jean.** Il ressemble à un immense barrage devant le port qui n'offre qu'un passage étroit au nord, pour les petits bateaux. Ce château au double mur d'enceinte entouré d'une fosse, fut construit au 15ème siècle avec du marbre et des pierres de la ville antique qui fut détruite par un séisme.

Au sud du château, un pont, qui surplombe l'avenue des Phéniciens, relie le château à la place où se trouve le célèbre **platane d'Hippocrate**. Il s'agit d'un platane immense qui, selon la légende, aurait éte planté par Hippocrate qui aurait enseigné la médecine sous ses ramées.

En face du platane se trouve la mosquée de **Gazi Hassan** ou de **Lontza** avec son haut minaret, construite en 1786, là encore avec des matériaux de la ville antique.

Encore plus au sud s'étend le site archéologique, le plus proche du port, qui contient les ruines de **l' ancienne Agora** (avec deux colonnes redressées), du temple d'Aphrodite, du portique **datant** du 4 ème s. av.J.-C. (dont il reste encore quelques colonnes), d'une vaste basilique, d'un temple que l'on estime probablement être celui d'Héraclès (Hercule), ainsi que des parcelles de l'ancien mur d'enceinte.

Il convient de visiter le **Musée Archéologique** qui se trouve sur la place de la Liberté (Eleftheria), la plus centrale et la plus pittoresque de Kos.

L'arrivée d'Asclépios à Kos. Hippocrate participe également à l'accueil. Mosaïque datant du 2ème s. av. J.C.

La promenade sur le port avec ses bistrots et ses pâtisseries, ses yachts et petits caïques est très agréable, tout comme la sortie nocturne dans les rues de la nouvelle ville, située au nord du port, qui compte un grand nombre de bars. Il existe d'ailleurs des bars qui s' adressent aux habitués de certaines nationalités, comme l'indiquent les petits drapeaux qui les décorent.

L'Asclépéion

Il se trouve à 4 km au sud ouest de la ville de Kos, dans une région noyée de verdure. En raison de son terrain en pente, ses édifices furent construits sur différents niveaux, les fameuses terrasses, qui sont reliées entre elles par des escaliers.

Sur la première terrasse se trouvent les ruines d'un petit temple et d'une fontaine et tout autour, sur trois cotés, des galeries qui abritaient certainement l'école de médecine et servaient de lieu de cure aux patients.

Au centre de la deuxième terrasse, on peut admirer les ruines de l'autel d'Asclépios. A l'ouest de l'autel se trouvent les restes du temple d'Asclépios, d'ordre ionique, qui fut construit au début du 2ème s. av. J.-C., et à l'est, les ruines du temple d'Apollon datant du 3ème siècle av. J.-C., également d'ordre ionique. Les 7 colonnes en marbre blanc (restaurées par les italiens) de ce temple se distinguent du reste des fouilles de l'Asclépéion.

La troisième terrasse, la plus élevée, renferme les fondations ainsi que quelques colonnes du temple, d'ordre dorique, d'Asclépios. Ce temple, qui fut construit au 2ème s. av. J.-C., était le plus important et le plus sacré de l'Asclépéion. D'ici, on a une vue superbe sur l'ensemble de l'Asclépéion et sur la mer.

EXCURSIONS

1. Kos - Asfendiou - Tigaki - Antimachéa - Mastichari - Kardaména

Nous suivons la route se dirigeant vers l'Asclépéion et continuons tout droit.

A **9 km. Zipari.** Un embranchement à gauche conduit, 4 km plus loin, par une route escarpée, aux villages pittoresques **d'Asfendiou.** Il s'agit des villages **d' Evangelistria, Lagoudi, Zia, Asomatos et Aghios Dimitrios.** Ils possèdent une vue splendide sur la mer et sur les côtes d'Asie Mineure situées juste en face. A Asomatos, il convient de visiter **l'église des Taxiarques,** datant du 11ème siècle, ainsi que la **basilique Saint Paul** (Aghiou Pavlou).

A **10 km**. Intersection. A droite, la route conduit, environ 2 km plus loin, à **Tigaki**, centre touristique possédant une belle plage de sable.

A **13 km. Linopotis**. Un embranchement à gauche conduit 2 km plus loin au village de **Pyli** et 5 km plus loin aux villages **d'Asfendiou.**

A **13,5** km. Intersection. Sur la droite, la route mène, 2 km plus loin, à **Marmari,** village de bord de mer.

A **23 km. Antimachéa**. Région possédant quatre hameaux, située presque au cœur de l'île. Elle constitue un noyau des réseaux de communication et se trouve tout près de l'aéroport. A proximité, on peut admirer le fort **vénitien** qui est fort bien **conservé.**

A droite, la route conduit, 5 km plus loin, au petit port de **Mastichari,** bordé d´une plage de sable, assez fréquentée en été. Depuis Mastichari, il existe des liaisons quotidiennes pour Kalymnos, qui se trouve en face (45 minutes). La route qui se trouve dans son prolongement mène à **Kefalo**. A Antimachéa, nous tournerons à gauche en direction de **Kardamaina.**

A **29 km. Kardamaina**. Cité balnéaire (la deuxième après Kos), qui s' est devellopée durant les dernières années grâce à son immense plage de sable, la plus belle de l'île. Elle est idéale tant pour le touriste qui a de hautes exigences que pour le touriste simple. En été des caïques effectuent quotidiennement la liaison avec l'île de **Nysiros**.

En haut: Tigaki.
En bas: Kardamaina.

2. Kos-Paradissi-Aghios Fokas-Thermès (12km)

Nous sortons de la ville en suivant l'avenue des Phéniciens, en direction de l'est.

A **2km. Paradissi.** Région bordée d'hôtels, à proximité de la mer, qui connait un essor croissant. A **3 km. Psalidi.** On y trouve un camping.

A **13 km. Thermès.** Sources thermales dont les eaux sont recommandées pour le traitement de l'arthrite. C'est également ici que s'achève la route.

3. Kos-Antimachéa-Aghios Stéphanos-Kéfalos

A 23 km. Antimachéa.

A 40 km. Aghios Stéphanos. Hameau situé en bordure de l'une des plus belles plages de Kos. Les infrastructures du Club Méditerranée se trouvent à proximité de la **basilique** paléochrétienne de **Saint Stéphane** (Aghios Stéphanos), dont il ne reste que quelques colonnes et le superbe sol en mosaïque. En face de la basilique, on peut apercevoir l'îlot rocheux de **Kastri,** avec la chapelle de Saint Antoine (Aghios Antonios).

A 43 km. Kéfalos. Village situé à l'extrémité sud de l'île de Kos. Son port, **Kamari**, est situé à 1 km. Au sud du village, se trouvent les ruines de l'ancienne ville d'Astypaléa, la capitale de l'île qui fut fondée à la fin du 5ème s. av. J.-C. Depuis Kéfalos, une route de 8 km conduit au **Monastère d'Aghios Ioannis,** construit sur un beau site, à l' extrémité sud de l'île.

Le charmant îlot de Kastri, à Aghios Stéphanos.

Colonnes de la basilique de Saint-Stéphane.

Nisyros

Poséidon, le dieu de la mer s'empara d'un rocher de l'île de Kos et le jeta très loin afin de tuer le géant Polybotès. Ce rocher qui tomba dans la mer est l'île de Nisyros, l'île au volcan et aux rochers noirs. La légende veut que Polybotès ait été enseveli par le rocher, mais ne soit pas mort. Il vit encore et c'est lui qui gémit de douleur et fait trembler l'île chaque fois qu'il y a un séisme ou que le volcan se réveille.

A Nisyros, ce sont surtout la nature sauvage et les couleurs vives qui impressionnent le visiteur. L'île ne possède que quelques rares plages, des rochers noirs qui contrastent avec les maisons immaculées aux portes et fenêtres peintes avec des couleurs vivaces.

Un volcan au cratère immense se trouve au centre de l'île. On est également impressionné par l'abondante verdure de l'île.

Située entre Kos et Tylos, Nisyros occupe une superficie de 41 km2 et possède un littoral de 28 km. Ses habitants ne dépassent pas le nombre de 1200, dont la plupart sont concentrés à Mandraki. Nisyros accueille principalement les touristes qui effectuent des excursions journalières depuis Kos ou les autres îles. Mais elle accueille également d'autres visiteurs qui viennent passer leur vacances dans cette paisible et étrange île du Dodécanèse.

Nisyros est accessible en ferry-boat depuis le Pirée (200 milles marins), Rafina, Rhodes et les autres îles du Dodécanèse. La durée du trajet au départ du Pirée, peut être raccourcie en passant par l'île de Kos (durée de la traversée Kos-Nisyros: 2 heures, et Kardamaina Kos- Nisyros: 1 heure).

HISTOIRE

Il semble que les premiers habitants de l'île aient été les Cariens. L'île fut envahie par la reine d'Halicarnasse, Artémise. Les fouilles effectuées sur l'acropole, révèlent que la ville ancienne qui se trouvait dans ses remparts, fut habitée de façon continue du 5ème s. av. J.-C. jusqu'au 5ème s. ap. J.-C., tandis qu'il existait une ville encore plus ancienne à l'âge de bronze, à proximité du port, comme le montrent les ruines d'un ancien môle.

Les chevaliers de l'ordre de Saint Jean, qui devinrent souverains de l'île, construisirent en 1315, la forteresse vénitienne à proximité de laquelle fut par la suite érigé le monastère de Panaghia Spiliani (l'ancienne icône était abritée dans la grotte du rocher).

En 1522, les turcs envahirent l'île, puis en 1912 ce fut le tour des italiens. Le rattachement de Nisyros à la Grèce eut lieu en 1948.

Découverte de l'île

Mandraki

En contrebas de l'imposant rocher du monastère de **Panaghia Spiliani** (1600 av. J.-C.) et derrière les rochers noirs parsemés face à la mer, se trouve Mandraki, le chef lieu et port de l'île, avec ses ruelles pittoresques et sa belle place ombragée par les "agramythiès" ses arbres aux larges feuilles qui abondent sur l'île. Il faut absolument visiter le monastère et le fort **vénitien**, d'où la vue est magnifique, ainsi que **l' acropole**, dont les murs datent du 4ème s. av. J.-C., et le cimetière antique qui se situe à proximité de l'église d'Aghiou Ioannou et où l'on a trouvé des tombes et des objets datant des 7ème et 6ème siècles av. J.-C.

A proximité de Mandraki, se trouve la plage de **Chochlaki,** aux impressionnants galets noirs et en face, l'île de **Giali** qui possède une superbe plage de sable fin.

En haut: Mandraki et à droite Panaghia Spiliani.

En bas: le volcan.

Mandraki - Pali - Emborios - Ifaistio - Nikia

A **1km. Pali.** Joli village de pêcheurs.
A **8 km. Emborios.** Village construit sur les hauteurs et qui est presque abandonné.

La route principale ne monte pas jusqu'à Emborios, mais continue en direction de **Nikia** et dévie un peu plus loin sur la droite, pour descendre sur l'un des versants du volcan. Le cratère a un diamètre de 260 m et 30 m de profondeur. On peut descendre sur l'une de ses pentes. Le fond du cratère est chaud et par l'un de ses "soupiraux", comme les appellent les autochtones, s'échappent des vapeurs d'eau et des vapeurs de dioxyde de soufre. Ces vapeurs créent une atmosphère malhodorante. Cependant, la descente au fond du cratère vaut la peine. On peut observer sur ses pentes les couches jaunes de soufre. L'endroit ressemble à un paysage lunaire. En revenant à notre itinéraire principal, nous arrivons environ 3,5 km plus loin à une nouvelle intersection. D'ici, un embranchement à gauche mène, un peu plus loin, au **monastère de Panaghia** tis Kyras, situé à une altitude de 450 m. Il possède une maison d'hôtes et une vue superbe.
A **14 km. Nikia**. Village pittoresque situé à 400 m d'altitude, avec une vue magnifique. Trois kilomètres plus loin se trouve la plage **d'Avlaki**.

Astypaléa

Il s'agit de l'île la plus à l'ouest de l'archipel du Dodécanèse et de la plus proche des Cyclades. C'est pourquoi lorsque l'on s'en approche en bateau et que l'on aperçoit son chef lieu (Chora) immaculé accroché à une colline et bordé des moulins à vent alignés, on a l'impression d'être encore dans les Cyclades.

Sa terre grise ou marron, possède des petites oasis vertes et de jolies criques de sable. L' île se rétrécit tellement en son centre, qu'elle semble être coupée en deux. C'est sur sa partie sud ouest, où se trouve Chora, qu'est rassemblée la majorité de la population de l'île qui compte environ 1000 habitants. Elle occupe une surface de 97 km^2 et ses côtes s'étendent sur 110 km.

Située sur une ligne autrefois peu fréquentée, Astypaléa (ou Astropalia comme l'appellent les autochtones), est éloignée de la vague touristique et offre des vacances paisibles.

Astypaléa est desservie par une ligne aérienne au départ d'Athènes et par des ferry-boat au départ du Pirée, des Cyclades, de Rhodes et des autres îles des Cyclades.

HISTOIRE

L'ancien nom de l'île était Ic-htyoessa (la poissonneuse), ce qui révèle que dans le passé les poissons y abondaient.

Le nom d'Astypaléa signifie ancienne ville (paléo asty). Cependant, d'après la mythologie, l'île aurait été appelée ainsi en raison d'Astypaléa, la sœur d'Europe, mère de Minos.

L'île fut habitée dès l'époque préhistorique et elle connut son heure de gloire principalement durant l'époque mycénienne. Par la suite, l'histoire de cette île fut, dans les grandes lignes, semblable à celle des autres îles du Dodécanèse et des îles voisines des Cyclades.

Les Romains l'utilisèrent comme base stratégique contre les pirates et les Vénitiens, qui l'occupèrent en 1207 après la chute de l'empire byzantin, construisirent, (sous la dynastie des Gouerini), au sommet de Chora, l'impérieux fort, à l'emplacement de l'ancien fort byzantin et probablement à l'endroit où se trouvait l'ancienne acropole. En 1540, l'île fut envahie par les turcs, puis en 1912 par les italiens. Son rattachement à la Grèce eut lieu en 1948, en même temps que celui des autres îles du Dodécanèse.

Cour intérieure ornée de fleurs, en contrebas de l'imposant fort d'Astypaléa.

Sur la page d'en face, vue d'ensemble de Chora avec les moucins à vent et le fort.

Découverte de l'île

Chora. Astypaléa ou Chora, comme l'appellent les autochtones est le charmant chef lieu de l'île. S'étalant en amphithéâtre sur les pentes de la colline, en contrebas d'un fort imposant et bordé d'une série de moulins à vent, il impressionne dès le premier coup d'œil le visiteur. Son architecture traditionnelle, qui fait naturellemnt penser à celle des Cyclades voisines, possède également quelques éléments qui lui sont propres et qui offrent une image agréable. Ce sont les balcons et les escaliers extérieurs en bois, peints avec des couleurs vives, les terrasses et les cours intérieures fleuries.

Le Fort, construit par les **Gouerini**, lorsque les Vénitiens devinrent souverains de l'île, doit absolument être visité. Il renferme deux églises de valeur: celle **d'Aghios Georgios,** la plus ancienne de l'île, et celle **d'Evangelismos**.

Depuis le fort on a une vue unique. Sur la façade sud, juste en dessous du mur d'enceinte, resplendit par sa blancheur, en contrastant sur le bleu de la mer, l'église de **Panaghia Portaïtissa,** l'une des plus admirables églises de l'archipel du Dodécanèse. Sa coupole aux guirlandes en relief et son haut clocher aux ornements sculptés forment un spectacle d'une beauté rare. Au loin, on peut apercevoir la plage de **Livadia** et à côté le village. Depuis la façade nord ouest du fort, on voit le port, **Péra Gialos,** comme l'appellent les habitants.

C'est ici que sont rassemblés les quelques hôtels de l'île et les restaurants où l'on sert du poisson frais.

La bibliothèque municipale abrite le **musée archéologique**.

A proximité de Chora, on trouve les plages **d'Aghios Constantinos** (accessible en caïque) et de Marmaria (sur la route de Maltezana).

A 12 km au sud de Chora, se trouve le monastère de **Saint-Jean** (Aghios Ioannis), situé sur un emplacement superbe.

Les autres **monastères** de l'île sont ceux de **Panaghia tis Flévariotissas** et **d'Aghios Livyis** au nord ouest de Chora, et celui de **Panaghia tis Poularianis,** à l'extrémité est de l'île.

Livadia. Hameau de bord de mer situé à 2 km à l'ouest de Chora, dans une jolie crique de sable fin.

Maltezana ou Analipsi. Principale route de l'île, qui mène de Chora à la côte nord est en passant tout d'abord par le mince bras de terre et la région est de l'île pour enfin aboutir à Maltezana, à 8 km de Chora. Il s'agit d'une plaine verdoyante. Les maisons sont espacées.

Au large de Maltezana, se trouvent les îlots déserts de **Hondronissi, Ligno, Aghia Kyriaki, Koutsomyti** et **Kounoupi.**

Vathi. Petit village de bord de mer, au cœur d'une crique fermée que ses eaux peu profondes font ressembler à un lac. Il se trouve à 20 km au nord est de Chora et possède une maison d'hôtes et des tavernes offrant du poisson.

Kalymnos

Le nom de Kalymnos est lié au monde des pêcheurs d'éponge. Lorsqu'on pense à Kalymnos, c'est l'image d'une jetée remplie de caïques, qui ne sont autres que ceux servant à la pêche à l'éponge, qui nous vient à l'esprit. La plage déborde de monde. C'est le jour du départ des bateaux de pêche à l'éponge, pour leur grand voyage. Ils vont aller jusqu' aux côtes d' Afrique et là-bas, au risque de leur vie, les jeunes hommes de Kalymnos ("les plongeurs") vont plonger dans les profondeurs de la mer pour en extraire les éponges. Cette tradition persiste depuis des siècles maintenant. Sur la plage, les femmes, les vieux et les enfants agitent leurs mouchoirs et pleurent en silence. Plusieurs mois vont s'écouler avant qu'ils ne revoient ces jeunes qui les saluent depuis les caïques décorés. Les bateaux feront trois cercles dans le port, puis partiront en faisant retentir leur sirène. On assiste à cette scène une seule fois par an uniquement. Le reste du temps, les jours s'écoulent tranquillement à Kalymnos. Seul l'été est un peu mouvementé, le monde affluant sur l'île. Le tourisme a en effet connu une croissance assez rapide durant les dernières années. Cela n'a rien de surprenant, puisque l'île, avec son charmant port, ses superbes plages et ses eaux limpides, charme le visiteur dès le premier coup d'œil.

Petite, l'île de Kalymnos ne couvre qu'une surface de 111 km^2. Ile rocheuse sur sa plus grande partie, elle possède de nombreuses criques, des grottes marines et les deux vallées qui s'étendent entre ses montagnes arides sont remplies d'agrumes.

La population dépasse les 14000 habitants dont l'activité principale était dans le passé l'élevage et la pêche à l'éponge. Aujourd'hui la plupart des habitants vit du tourisme. Kalymnos se trouve entre Kos et Léros, à une distance de 183 milles marins du Pirée. Elle constitue l'escale des ferry-boat partant du Pirée, de Rafina, des Cyclades, de la Crète, des îles du nord et de l'est de la mer Egée, de Kavala, de Rhodes et des autres îles de l'archipel du Dodécanèse.

La pêche des eponges, tradition de Kalymnos.

HISTOIRE

Kalymnos fut habitée dès l'âge néolithique. Ses premiers habitants semblent avoir été les Cariens, venus de la ville de Carie située sur les côtes d'Asie Mineure. Les Crétois leur succédèrent, puis, aux environs de 1100 av. J.-C., ce furent les Doriens originaires d'Argos, qui y construisirent une ville qu'ils appelèrent Argos.

Dans l'Iliade, Homère raconte que les bateaux de l'île de Kalydnas prirent part à la guerre de Troie. Il semble que l'on ait alors appelé "Kalydnes" un petit groupe d'îles qui comprenait également celle de Kalymnos. C'est de ce terme homérique qu'est né le nom actuel de l'île.

Au 5ème s. av. J.-C. l'île fut occupée par l'alliée des Perses, la reine d'Halicarnasse de Carie, Artémise.

Après les guerres médiques, Kalymnos faisait partie de l'Alliance Athénienne. Ce fut alors le début de sa dépendance de l'île voisine de Kos. Elle fut par la suite occupée par les Romains et à la fin du 13ème s. ap. J.-C. par les Gênois.

C'est à cette époque que fut construit le fort du village et le Péra Kastro (tis Chrysochéras). Les Chevaliers de l'ordre de Saint-Jean qui devinrent souverains de l'île en 1306, la conservèrent jusqu'en 1522, où face à l'ouragan turc, ils l'abandonnèrent pour mener leur lutte final à leur siège, Rhodes. L'occupation turque dura jusqu'en 1912, année où Kalymnos fut envahie par les italiens. La résistance de la population de l'île à la décision prise par les italiens de fermer les écoles grecques fut impressionante.

Les maisons de Kalymnos ont été peintes avec les couleurs de la Grèce, le bleu et le blanc. Le bleu, quelque peu délavé, orne aujourd' hui encore les façades de nombreuses maisons.

Le rattachement de Kalymnos à la Grèce intervint en même temps que celui des autres îles du Dodécanèse, en 1948.

Vue d'ensemble de Pothia.

Découverte de l'île

Kalymnos ou Pothia

Le chef lieu de l'île, qui est également son port principal est très pittoresque. Construite en amphithéâtre, sur le versant d'une montagne aride, avec ses maisons aux couleurs vives; Il s'agit d'une grande ville de plus de 10000 habitants. Le soir, la promenade sur la plage ornée de tavernes alignées à la suite les unes des autres, avec ses caïques, ses yachts et la foule qui va et vient, montre à quel point la ville est vivante. Au centre de la plage, on peut admirer l'église de **Christou Sotiros,** avec son iconostase en marbre sculptée par le célèbre sculpteur et peintre de Tinos, Gianouli Chalepas et ses fresques murales peintes par de grands peintres originaires de Kalymnos.

Vue du port.

Les célèbres éponges de Kalymnos

Le **musée archéologique**, se trouve au nord de la plage, dans le quartier d'Aghias Triadas. Parmi les objets exposés, on distingue une statue en marbre d'Asclépios, des vases mycéniens ainsi que d'autres objets datant de l'âge néolithique, jusqu'à l'époque romaine. Au nord est, au pied du mont Flaskias et à proximité de Pothia, se trouve la **Grotte des Sept Vierges ou Grotte des Nymphes.**

Son nom provient, selon la légende, des sept vierges qui, pour échapper aux pirates, s'enfoncèrent dans la grotte et s'y perdirent.

Toujours dans la même direction, mais plus au sud, se trouve le **château de Chryssochéra**, construit par les chevaliers de Rhodes sur les vestiges d'un ancien fort byzantin. A l'intérieur du château, on peut admirer l'église de **Panaghia Chryssochéra.**

EXCURSIONS

1.Kalymnos - Chorio -Myrtiès - Télendos -Emborios (24 km)

A **3km. Chorio ou Chora**. Ancienne capitale de l'île, son église de Notre-Dame (Panaghia) était autrefois la cathédrale de Kalymnos. De nombreuses colonnes qui l'ornent à l'intérieur proviennent du temple antique d'Apollon. A droite de Chorio, on peut apercevoir l'impressionnant Péra Kastro (fort).

A **3,5 km.** Intersection. L'embranchement de gauche conduit, 3 km plus loin, au village **Argos**. L'emplacement exact de la ville antique n'est pas encore connu. A proximité de l'intersection, en direction de Myrtiès, on apercoit les vestiges du **Christ de Jérusalem**, la plus importante église de l'île. Elle fut construite au 6ème s. par l'empereur de Byzance, Arcadius, qui avait échappé à la furieuse tempête qui se déchaîna lorsqu'il rentrait de Jérusalem. Pour sa construction on utilisa comme matériaux les pierres du temple d'Apollon. Les vestiges du temple antique se mêlent à ceux de l'église.

A **4 km.** Nouvelle intersection. L' embranchement de gauche conduit aux jolies plages de **Kandouni**, dominée par le monastère de Stavrou perché sur le rocher, et de **Linaria.** Toute cette région, ainsi que le village rencontré, s'appelle **Panormos.**

A **7,5 km. Myrtiès.** Il s'agit du plus joli hameau de bord de mer de l'île. Il connait un essor touristique important. Bordé d'une mer limpide et de galets, il se trouve en face de l'îlot pittoresque de **Télendos,** dont il n'est séparé que par un petit chenal.

A **8,5 km. Massouri.** Ce village attire lui aussi de nombreux touristes grâce à sa superbe plage de sable.

A **17 km. Arginondas.** Hameau situé au cœur de la baie du même nom. A **19 km. Skalia**. Joli hameau de bord de mer à proximité duquel se trouve la grotte de Skalion qui est l'une des plus belles de l'île.

Kéfala constitue une autre grotte intéressante. Elle est située à la pointe sud ouest de l'île.

A **24 km. Emborios**. Il s'agit du dernier hameau côtier. Il possède peu d'habitants et d'immenses plages, c'est un véritable havre de paix.

2.Kalymnos-Vathy (12,5 km)

Le village de **Vathi** se situe à 12,5 km à l'est de Kalymnos, dans une vallée verdoyante plantée d'arbres à agrumes et principalement de mandariniers.

Son petit port, **Rina**, se trouve au cœur d'un superbe fjord entouré de part et d'autre par des falaises abruptes qui dominent une mer calme, bleue indigo. Le visiteur saura apprécier la baignade dans ses eaux cristallines.

Rina, le petit port situé dans la baie profonde de Vathi.

Le joli village de Myrtiès et au large l'îlot de Télendos.

Telendos

Cette petite île, qui resplendit comme un immense rocher, était reliée à Kalymnos et en fut séparée à la suite d'un violent séisme qui eut lieu au 6ème s. ap. J.-C..

Il existe des liaisons régulières en caïque depuis Myrtiès. La visite de l'île constitue une agréable surprise. Ses tavernes pittoresques, ses quelques chambres à louer et sa superbe plage de sable noir, située de l'autre côté de l' île, appellent le visiteur à y prolonger son séjour et à apprécier des vacances paisibles et hospitalières.

Pserimos

Petite île possédant une magnifique plage de sable, des tavernes et quelques chambres à louer. Située entre Kos et Kalymnos, elle est reliée quotidiennement avec cette dernière durant l'été et deux fois par semaine pendant l'hiver. La traversée dure 40΄.

Léros

Située entre Patmos et Kalymnos, Léros est l'île aux multiples et superbes baies. L'une d'elles, qui abrite le port principal de l'île, Lakki, est également la plus vaste et la plus sûre de l'archipel du Dodécanèse.

Ile peu montagneuse, noyée dans la verdure et principalement plantée de pins, Léros a une surface de 53 km^2 et un littoral qui s'étend sur 71 km. Sa population dépasse les 8000 habitants, qui sont pour la plupart rassemblés à Lakki et dans les trois hameaux qui sont reliés l'un avec l'autre. Platanos, qui est le chef lieu, Aghia Marina, le deuxième port de l'île, et Panteli. Ces trois villages, ainsi que celui de Lakki sont les plus intéressants. L'imposante forteresse située au sommet de la colline surplombant Platanos, offre un spectacle unique. Du haut de cet édifice, on peut admirer les côtes dentelées, bordées de belles plages de sable et la mer turquoise qui brille sous les rayons du soleil.

Léros est une île charmante qui en dépit de son climat agréable et de son pittoresque n'est pas touchée par la vague touristique qui sévit dans les îles voisines. Elle s'adresse principalement aux visiteurs souhaitant passer des vacances paisibles.

Léros est accessible en avion depuis Athènes et en ferry-boat au départ du Pirée, des îles du nord et de l'est de la mer Egée, de Kavala, de Rhodes et des autres îles de l'archipel du Dodécanèse.

HISTOIRE

L'île fut habitée dès l'âge préhistorique. Il semble que ses premiers habitants aient été les Pélasges, les Léléges et les Cariens. Par la suite, les Doriens arrivèrent sur l'île, puis furent chassés par les Ioniens. A partir de ce moment, Léros fut liée trés étroitement avec les villes d'Ionie, et particulièrement avec Milet. Ce sont ensuite les Perses qui occupèrent l'île jusqu'à leur défaite face à la Grèce. Durant la guerre du Péloponnèse, l'île prit le parti de Sparte. Pendant la période byzantine, l'île appartenait au "thème" de Samos. En 1316, les chevaliers de l'ordre de Saint-Jean devinrent souverains de l'île, puis en 1522 les turcs leur succédèrent jusqu'en 1912, où les italiens s'emparèrent de Léros et en firent une base navale. Ceci eut pour résultat de transformer l'île en un terrain d'hostilités durant la deuxième Guerre Mondiale et d'aboutir au bombardement cruel de Lakki.

Le rattachement de Léros à la Grèce eut lieu en 1948.

Découverte de l'île

Lakki. Port principal de l'île, situé dans une baie encastrée du même nom. Ses grands édifices, ses larges rues, et l'abondance de verdure lui donnent une image tout à fait différente de celle des autres villages de l'île. Il se trouve à 3,5 km du chef lieu de l'île, Platanos.

Platanos. Il s'agit du chef lieu de l'île, construit en amphithéâtre, en contrebas de l'imposante forteresse, avec ses maisons traditionnelles, ses ruelles typiques, sa petite place ornée d'un platane en son centre, de la mairie d'un côté et d'une cafétéria de l'autre. Lieu idéal pour se reposer et faire des projets pour de futures excursions. La mairie abrite le musée archéologique et en haut du village, au pied de la forteresse, on peut admirer l'église ancienne **d'Aghia Paraskevi.** La visite de la forteresse s'impose. Cette dernière est accessible à pied ou en voiture.

C' est à cet endroit que se trouvait l'ancienne acropole (on y a découvert un tombeau datant du 7ème s. av. J.-C.). Par la suite, un fort byzantin fut construit et prolongé par les Chevaliers de l'ordre de Saint-Jean, pour acquérir l'aspect que nous en connaissons aujourd'hui.

Dans son mur d'enceinte restauré, se trouve l'église de **Panaghia ou de Kyra tou Kastrou,** datant du 14 ème s. et possédant de belles fresques murales ainsi que la légendaire icône de la vierge.

Aghia Marina. Depuis la place de Platanos, une route pentue mène, environ 500 mètres plus loin, à Aghia Marina, deuxième port de l' île, situé plus au nord. On trouve ici quelques vestiges de l'ancienne ville. Les deux hameaux sont reliés.

Pantéli. Au sud de Platanos se trouve le troisième hameau, Pantéli, au cœur de la baie du même nom.

Alinta. Joli hameau de bord de mer doté d'une vaste plage et d'une mer limpide, situé à 3 km au nord ouest de la baie d'Alinta (ou Aghia Marina).

A l'ouest de la baie d'Aghia Marina, et à seulement quelques kilomètres (l'île forme ici un goulot d'étranglement), se **trouve la baie de Gourna** possédant deux plages de sables notables, **Kokkali et Drimona**. Dans cette région on peut également admirer la charmante petite église **d'Aghios Isidoros,** située sur une petite île reliée à Léros par une route cimentée.

Parthéni. Petit village possédant un port encastré, sur la côte nord de l'île, à 9 km de Platanos. De là il existe des liaisons en caïques pour l'ile de **Lipsi** située à proximité. Tout près de Parthéni se trouve également **l'aéroport de Léros.**

Xérokambos. Hameau de bord de mer situé à la pointe sud de l'île, à 8 km de Platanos, au cœur d'une crique sablonneuse étroite du même nom. Sur la colline voisine de Paléokastro se trouvent les vestiges de l'ancienne acropole datant du 4ème s. av. J.-C.

En haut: l'imposant fort et les maisons traditionnelles.

A gauche: la chapelle de Prophiti Ilia.

Leros

Lipsi

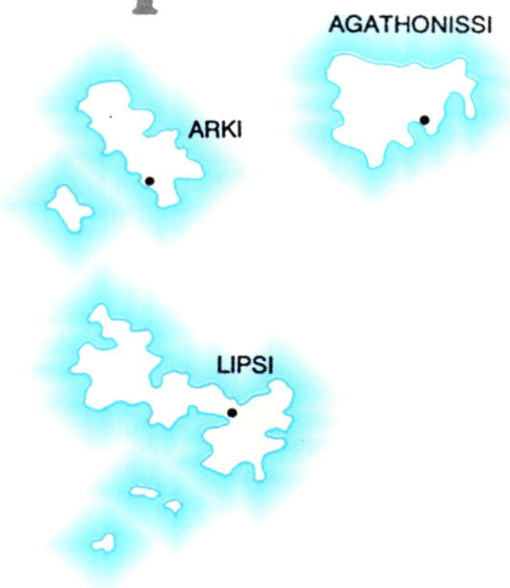

Petite île paisible située à 11 milles marins à l'est de Patmos et à 8 milles au nord de Léros, qui se trouve encore loin de la grande vague touristique. Elle occupe une surface de 16 km^2 et ses habitants, dont les principales activités sont la culture et la pêche, ne dépassent pas les 600. Ses collines ont des courbes souples et la plus élevée, située dans la région est de l'île, n'atteint que 300m de haut. De jolies criques entourent l'île et dans l'une d' entre elles, la plus grande et la plus encastrée, se trouve le port et l'unique village de l'île. Sur la place pittoresque ornée de maisons blanches aux portes et fenêtres peintes en bleu, vous trouverez des petites tavernes ainsi que des cafés. Demandez que l'on vous serve le vin rouge local, gorgé de soleil, au fantastique arôme. Autrefois, il était très abondant.

Si vous souhaitez vous promener, vous pouvez aller visiter l' église de **Panaghia Harou,** qui fut construite au début du 17ème s. et qui est la plus importante de l'île.

Vous pouvez vous rendre à Lipsi en bateau, au départ de Rhodes et des autres îles de l'archipel du Dodécanèse. La traversée en caïque depuis Patmos ou Léros est toutefois plus rapide. L'île ne possède aucune voiture, en dehors de celles utilisées à des fins agricoles.

Arki

Elle se trouve à 11 milles de Patmos. Son port, qui compte environ 70 habitants, se trouve au fond d'une baie profonde faisant penser à un fjord et dont l'entrée est protégée par d'autres îles plus petites. Les maisons de l'unique village sont construites en pierres sèches, sans crépi. Il n'y a que quelques chambres à louer et peu de bistrots. Sur le petit îlot situé en face, **Marathi** ou **Marathonissi**, il existe une belle plage bordée d' une petite pension et d'un restaurant. En été, Arki est reliée quotidiennement à Patmos.

Agathonissi

Ile située à l'extrémité nord de l' archipel du Dodécanèse, à 36 milles marins de Patmos. Elle compte 130 habitants qui sont pour la plupart pêcheurs ou éleveurs. En été l'île est reliée deux fois par semaine à Patmos.

Le port de Lipsi.

Patmos

La silhouette de l'impressionnant monastère d'Aghios Ioannis Théologos resplendit au sommet de la colline qui surplombe le port.

Si vous arrivez de nuit dans le port de Patmos, une grande croix lumineuse située à droite, tout en haut de la colline, vous prévient que cette île est sacrée. Des bateaux amènent chaque jour les touristes pressés. Les bus les attendent pour les emmener en haut de Chora où ils visiteront le célèbre monastère et se promèneront dans les ruelles typiques, pour repartir rapidement.

Belle, bordée de nombreuses criques, Patmos enchante le visiteur dès le premier instant. On a envie de tout voir, mais on veut surtout visiter le monastère et la grotte d'Aghios Ioannis (Saint Jean) où il écrivit l'Apocalypse. En apercevant le gigantesque rocher et la crevasse qui d'après la légende aurait été formée par un séisme peu de temps avant que l'Apocalypse ne soit rédigée, on ne peut pas ne pas ressentir une certaine crainte devant ce spectacle et à l'écoute de ce récit.

Patmos se trouve à l'extrême pointe nord de l'archipel du Dodécanèse, entre Icarie et Léros. Elle occupe une superficie de 34 km², possède un littoral de 63 km et une population de 2500 habitants. Elle se situe à 163 milles de Pirée et constitue la première escale des ferry-boat de la ligne desservant Rhodes.

Patmos est accessible en ferry boat depuis le Pirée, les îles du nord et de l'est de la mer Egée, Kavala, les Cyclades, Rhodes et les autres îles du Dodécanèse.

HISTOIRE

On ne sait que peu de choses sur les premiers habitants de l'île. La seule chose sûre est que les Doriens succédèrent aux Ioniens et que l'ancien nom de l'île était Patnos, comme le révèle une inscription datant du 5ème s. av. J.-C.. Des fouilles effectuées sur la colline de Kastelli indiquent l'existence d'une acropole du 4ème s. av.J.-C. et d'une ville importante du 6ème au 4 ème s. av. J.-C. dans la zone environnante. Les Romains utilisèrent Patmos comme lieu de déportation. L'empereur Domitien y exhila en 95 ap. J.-C. Saint Jean l' Evangéliste, appelé le théologien (Théologos) d'Ephèse, où il prêchait le christianisme. Saint Jean, menant une vie ascétique dans une grotte, y écrivit, sous l'emprise d'un rêve, l'Apolcalypse puis quitta l'île environ deux ans plus tard. Patmos devint dès lors un lieu de pélerinage, pour ensuite être abandonnée à la merci des pirates.

En 1088, Aghios Christodoulos construisit, avec l'aide de l'empereur de Byzance Alexis Ier Komnino, le monastère de Saint Jean à l'emplacement d'un temple d'Artémis. Environ 50 années plus tard, le monastère, qui détenait l'ensemble de l'île, donna l'autorisation de construire des maisons autour de son mur d'enceinte, créant ainsi progressivement le village de Chora.

En 1207, Patmos fut dominée par les Vénitiens et plus précisemment par le Duché de Naxos, qui donna cependant une indépendance presque totale au monastère et au reste de l'île. En 1537, la longue domination turque débuta. La fondation de "l'école de Patmos", en 1713, constitua la seule note lumineuse de cette période sombre. Durant cette période (16ème-19ème s.), l'île connut un essor dans les domaines du commerce et de la navigation. L' occupation turque dura jusqu' en 1912, puis l' île fut envahie par les italiens, avec seulement une brève période d'indépendance.

Le rattachement de Patmos à la Grèce eut lieu en 1948.

Sain Jean, dictant l'Apocalypse à son disciple Prochoro. Icône du monastère de Dionysos au mont Athos.

Découverte de l'île

Les principales curiosités de l'île sont sans aucun doute le monastère de Saint Jean, à Chora, le village même de Chora et la grotte de l'Apocalypse.

La **grotte de l'Apocalypse**, se trouve à une demi-heure de route de Skala, à Chora. Il s'agit d'un monastère datant du 17ème s., qui fut construit autour de la grotte dans laquelle vécut pendant environ deux ans (95-97 ap. J.-C.) Aghios Ioannis Théologos et où il écrivit l'Apocalypse qu'il dicta à son disciple, Prochoros. A proximité de la grotte se trouve l'église **d'Aghia Anna,** qui fut construite par Aghios Christodoulos.

Chora et le monastère de Saint - Jean.

En surplomb du monastère de l'Apocalypse se trouvent les bâtiments de l'école théologique de Patmos.

Chora. Il n'existe pas d'image de Chora (=chef lieu) plus impressionnante dans la Grèce entière. La sombre silhouette de l'immense **monastère d'Aghios Ioannis** resplendit au sommet de la colline, entourée des maisons immaculées à deux ou trois étages qui sont pour la plupart de style néoclassique. Les ruelles étroites sont surmontées d'arcades et au centre du village il y a une place typique. A l'entrée du village, les bistrots et tavernes et sur les hauteurs, l'entrée du monastère qui est entouré de murs épais et hauts ornés de créneaux. De style byzantin, il fut construit en 1088 par Aghios Christodoulos et appartient au Patriarcat de Constantinople. Sa catholique est constituée par une église en forme de croix dotée d'un dôme, d'une magnifique iconostase et de fresques murales. A proximité de la catholique, se trouve une trésorerie renfermant de nombreuses reliques, des objets précieux d'une très grande valeur, ainsi que d'onéreuses dédicaces (ex-voto). En dehors de la catholique, on peut aussi admirer 8 chapelles, dont celle d'Aghios Christodoulos qui abrite ses reliques. La **bibliothèque du monastère** est également d'importance. Elle comprend 3000 ouvrages, dont la plupart sont des pièces rares, 900 codes et 1300 écrits, dont le diplôme doté du sceau en or d'Alexis Ier Komnino. La vue depuis les terrasses du monastère sur presque toute l'île de Patmos et les autres îles, est unique. Au sud est de Chora se trouve le **couvent de l'Evanghelismo,** construit en 1937 autour d'une salle d'exercice (lieu d'ermitage) datant de 1613.

Skala. Il s'agit de l'unique port de Patmos, situé au centre de l'île, dans une baie étroite. A cet endroit l'île forme une sorte de goulot qui semble la partager en deux. Skala a connu un fort développement touristique durant les dernières années, afin de pouvoir répondre aux besoins de ses nombreux visiteurs. Elle possède également un terrain de camping à **Meloi.**

Grigos. Pittoresque hameau de bord de mer (à 4 km au sud est de Skala) se trouvant au cœur de la crique sablonneuse du même nom, qui est protégée du vent par l'îlot de **Tragonissi.** A proximité, se trouve la belle plage de **Kalikatzous** ornée d'un rocher conique à l'extrémité de son cap, et plus au sud la plage de **Diakofti,** aux eaux limpides. La fameuse **Psili Ammos**, dont les arbres bordent la plage, se situe encore plus loin, au sud de Diakofti. Il est préférable de s'y rendre en caïque, depuis Skala.

Kambos. Dans la région nord de l'île, à 6 km de Skala, il s'agit de la zone la plus fertile et la plus verdoyante de l'île. A proximité se trouve la plage de Kambos. A l'est de celle-ci, relativement loin, on peut admirer le monastère de **Panaghia Apollou** et l'église de **Panaghia Geranou.**

Images du monastère de Saint J

L'impressionnant chef lieu (Chora) de Patmos, avec son monastère. En arrière plan, Skala.

Karpathos

Lorsqu'on pense à Karpathos, c'est toujours l'image d'une jeune fille vêtue du costume traditonnel multicolore et les cheveux tressés, qui nous vient à l'esprit. Probablement parce que sur l'île et principalement à Olympos, les femmes, en dépit du progrès et du temps qui passe, continuent à porter avec fierté ce magnifique costume aux couleurs vives.

Deuxième île du Dodécanèse par sa superficie, Karpathos, occupe 301 km² et a un littoral de 160 km. Elle se trouve entre Rhodes et la Crète et se situe à 227 milles marins du Pirée.

Ile montagneuse étroite et tout en longueur, elle resplendit avec ses villages accrochés aux versants des montagnes verdoyantes et ses beaux hameaux de pêcheurs bordés de plages de sable. La plus haute de ses montagnes, Kali Limni, se trouve presque au centre de l'île et à une altitude de 1214 m. Ses habitants qui ne dépassent pas le nombre de 5000, ont pour principales activités l'agriculture, l'élevage et la pêche, et durant les mois d'été, une grande partie d'entre eux est employée dans le tourisme. Karpathos s'adresse d'ailleurs à ceux qui recherchent des vacances paisibles et sont intéressés par la richesse de ses éléments folkloriques. Karpathos est accessible en avion au départ d'Athènes (via Rhodes), de Kassos, et de Sitia (en Crète) ou en ferry-boat depuis le Pirée, les Cyclades, la Crète, Rhodes et les autres îles du Dodécanèse.

HISTOIRE

Située relativement près de la Crète, Karpathos semble avoir été habitée à l'origine par les Minoens.

Plus tard, les Doriens arrivèrent sur l'île, qui connut son heure de gloire au 5ème s. av. J.-C. A cette époque, Karpathos possédait quatre villes majeures (Posidio ou Potidaio, Arkessia, Vroukounda et Nisyros) et appartenait à la Confédération Athénienne. Les Romains furent ensuite souverains de l'île et après la chute de l'empire romain, ce fut le début de la longue période byzantine, durant laquelle l'île fut le théâtre d'attaques répétées de la part des pirates. En 1206 elle passa sous la domination de Léonta Gavala puis par la suite sous celle des Gênois, des Chevaliers de Rhodes et des Vénitiens. Les turcs envahirent Karpathos en 1538 et l'occupèrent durant presque quatre siècles. L'île prit part au mouvement de révolution contre les turcs et parvint à obtenir son indépendance durant sept ans. Cependant, en 1832, avec la convention de Londres, elle passa de nouveau sous la domination des turcs jusqu'en 1912, où elle fut envahie par les italiens. Elle fut finalement rattachée à la Grèce en même temps que les autres îles du Dodécanèse, en 1948.

Découverte de l'île

Karpathos (Pigadia)

Il s'agit du chef lieu de l'île et du port principal, construit entre une colline et une vaste plage de sable. C'est sur cette colline que se trouvait l'acropole de la ville antique de Poseidio (Poséidon).

Ce village se situe sur la côte sud est, au pied de la montagne de **Kali Limni.** Ses maisons sont récentes, la plupart ayant été construites par des Grecs qui vivent aux Etats Unis et viennent passer leurs vacances sur l'île. La promenade, au coucher du soleil, sur le port et sur la route qui surplombe la mer est très agréable.

1. Pigadia - Apéri - Othos - Arkassa - Menetès - Pigadia (39km)

Cette excursion constitue le tour des principaux villages de l'île (à l'exception d'Olympos). Nous nous dirigeons vers le nord, en suivant la plage.
A **1,5 km. Basilique d'Aghia Fotini**. A droite de la route, se détachant sur le bleu profond de la mer, on peut apercevoir les colonnes restaurées, d'une blancheur immaculée, de cette basilique datant du 5ème-6ème s., qui fut découverte en 1972.
A **8 km. Apéri.** Ancien chef lieu de l'île, village bourgeois orné de belles demeures qui appartiennent pour la plupart à des Grecs résidant aux Etats Unis. C'est également ici que se trouve le siège du métropolite de Karpathos. Le village se situe dans une région très verdoyante, à une altitude de 320m. Depuis Apéri, on peut, en suivant les chemins de terre, se rendre sur les sîtes superbes de **Mertonas** et **Katodio**, aux abondantes sources d'eau, ou encore descendre jusqu' aux fameuses plages **d'Achata** et de **Kyra Panaghia.**
A **10 km. Volada.** Joli village de montagne (à 440 m. d'altitude) possédant une vue superbe sur la mer et de nombreuses maisons traditionnelles.
A **12 km. Othos**. Village le plus élevé (510 m) et offrant la vue la plus magnifique sur la mer et sur toute la région sud est de l'île. Il convient ici de visiter une maison, qui fait office de musée folklorique, ainsi que l'église de **Panaghia** datant du 17ème s. A 3 km du village, se trouve **Stès**, un beau site possédant des sources d'eau.
A **15 km. Pylès**. Pittoresque village offrant un panorama sur les côtes ouest de l'île. D'ici un embranchement à droite conduit 16 km plus loin à **Mesochori,** l'un des plus anciens et plus typiques villages de l'île, puis, 4 km plus loin, au village de **Spoa**. Ces deux villages conservent de manière intacte l'architecture traditionnelle, l'aménagement et la décoration de l'intérieur des maisons ainsi que les us et les coutumes. Il est également possible de se rendre à Spoa depuis Apéri qui se trouve plus près.

La célèbre plage de Kyra Panaghia.

La route se poursuit vers le nord, en direction d'Olympos. Entre **Pylès** et **Mesochori**, une petite déviation en direction de la mer mène à **Lefko**, petit hameau doté d'une belle plage de sable. Dans toute cette région , ainsi que sur la petite île de **Sokastro** située en face, on trouve des traces de vestiges de l'antiquité, mais les fouilles n'ont pas encore été effectuées. Depuis Pylès, nous poursuivons sur la gauche.
A **21 km. Finiki**. Petit hameau de bord de mer bordé d'une plage, d'un petit port et de tavernes.
A **23 km. Arkassa.** Village balnéaire construit dans une région fertile dotée d'une plage de sable. Son nom provient de la ville antique d'Arkessia, dont quelques vestiges ont été sauvegardés sur la colline voisine de **Palaiokastro**. C'est également là que se trouvent les vestiges du temple de **Sainte Anastasie**, dont les superbes mosaïques ont été transférées au musée de Rhodes. Il se situe à 17 km de Pigadia. A **31 km. Menetès.** Village construit en amphithéâtre sur les versants de la montagne qui culmine à 350 m. Ses maisons anciennes sont restées intactes. Deux églises sont à visiter, celles **d'Aghia Mama** et de **Panaghia.**
A **34 km**. Croisement avec la route qui relie Pigadia et l'aéroport se trouvant à l'extrême pointe sud de l'île. De là, une bifurcation à 1 km sur la droite, puis à 2,5 km sur la gauche, conduit à la belle plage **d'Amopi** qui est accessible en eté depuis Pigadia.
A **39 km. Pigadia.** C'est ici que s'achève notre excursion.

2. Pigadia-Diafani-Olympos (16 milles marins et 9 km)

Cette excursion comprend le passage en caïque à Diafani puis ensuite la montée en bus jusqu'à

Olympos. **Diafani.** Deuxième port de l'île, point d'ancrage d'Olympos, c'est ici que le bateau amarre.

Olympos. Les autochtones l'appellent Elympo. Il s'agit d'un village jusqu'à hier isolé, construit sur les montagnes accidentées de la région nord de l'île; le village où le temps semble s'être arrêté. Il fut fondé il y a au moins cinq siècles, lorsque la ville balnéaire de Vroukounda fut ravagée par un séisme. Là bas, tout en haut, protégés des pirates, les habitants essayaient de rester autant que possible à l'écart du reste du monde. Au début, on construisit même des murs tout autour des maisons, pour une plus grande sécurité. Mais plus tard, lorsque le village grandit et que les maisons ne tenaient plus à l'intérieur de ces murs d'enceinte, le village se dévellopa également à l'extérieur des murs. En raison de cet isolement, quasiement rien ne changea, le village resta intact au passage du temps. L'architecture traditionnelle des maisons reste authentique. Il en va de même pour l'aménagement et la décoration intérieure. Le village dans son ensemble est un musée. Les mœurs et coutumes, les chansons et le comportement des gens se sont très peu modifiés. Même leur langue a très peu changé. Ils parlent le grec en utilisant des éléments du dialecte dorique; chose rare en Grèce.

Nous avons au début évoqué le village "jusqu'à hier" isolé. En effet, il a maintenant été découvert par la foule, et de plus en plus de visiteurs se rendent aujourd'hui à Olympos. Au début, les habitants furent surpris, et peut être même de façon désagréable, mais par la suite ils comprirent que leur village devait probablement avoir quelque chose de particulier pour attirer tant d'étrangers. Ils ne devraient donc rien modifier. Les femmes doivent porter le costume local coloré. Le visiteur est troublé lorsqu'il les aperçoit en passant. Il leur demande souvent timidement la permission de les prendre en photo, mais ces dernières acceptent simplement et fièrement, et avant même que l'objectif de l'appareil ne se soit ouvert, elles ont déjà pris la pose, la tête haute et un sourire retenu mais posé, sur les lèvres. C'est cela Olympos. Avant de prendre le chemin du retour, ne manquez pas de visiter l'église de **Panaghia**, à la splendide iconostase en bois sculpté et l'atmosphère post-byzantine. Vous pouvez également visiter les églises d'Aghia Triada et d'Aghios Onoufriou. Rendez vous aussi aux anciens moulins à vent, construits en ligne, qui contemplent le large. Si la meunière se trouve là et si vous le lui demandez, elle se fera un plaisir d'ouvrir les voiles du moulin, de le mettre en marche et de vous montrer comment il fonctionne; de la même manière qu'il le faisait dans le passé.

A Olympos vous pourrez également goûter aux "Makarounès", la spécialité de Karpathos.

3. Excursions en caïque

Ces excursions sont organisées par des agences de voyage et ont pour but de faire connaître au visiteur les superbes, mais inaccessibles plages de l'île.

Depuis Pigadia, en se dirigeant vers le nord, on rencontre dans l'ordre:

Achata. Une petite crique sabloneuse entourée de rochers abruptes. **Kyra-Panaghia.** Superbe plage de sable ornée de la petite église de Panaghia.

Apella. Baie pittoresque entourée de sable et d'une eau turquoise, accessible uniquement par la mer. La région alentour est très verdoyante. C'est également là que se trouve la petite église tombant en ruine **d' Aghios Loukas** qui possède des traces d'anciennes fresques murales.

Palatia. Il s'agit des vestiges qui proviennent probablement de l'ancienne ville de **Nysiros** sur l'îlot de **Saria**, à l'extrémité nord de Karpathos. **Tristomo**. Port encastré situé sur la côte est de Karpathos, à proximité du chenal qui sépare de l'île de Saria.

Vroukounda. Au sud ouest de Tristomo. Région remplie de vestiges de l'ancienne ville de Vroukounda. En haut de la montagne on aperçoit un fort et un peu plus bas la petite église **d'Aghios Ioannis**.

L'impressionnant village d'Olympos, avec les anciens moulins à vent.

Kassos

Il existe un jour de l'année, le 7 juin, pendant lequel en se promenant dans les ruelles de Kassos, on rencontre une foule de visiteurs dont la plupart sont des Grecs expatriés à New-York. Ils ont tous effectué le grand voyage afin de fêter en compagnie de leurs compatriotes de l'île, peu nombreux maintenant, la plus importante célébration de Kassos, celle de l'holocauste.

Ile de grande tradition maritime, Kassos est petite et rocheuse et a été abandonnée par la plus grande partie de sa population qui est allée tenter sa chance à l'étranger et surtout aux Etats-Unis. De nombreux habitants de Kassos sont marins, principalement armateurs ou capitaines et sillonent toutes les mers du monde.

Kassos est située à l'extrémité sud du Dodécanèse et se trouve entre Karpathos et la Crète. Elle couvre une surface de 66km^2 et sa population, dont les activités principales sont l'agriculture, l'élevage et la pêche, ne dépasse pas les 1100 habitants.

Les éléments folkloriques existants à Karpathos sont également très présents à Kassos, mais cette dernière est en outre très influencée par la Crète qui se trouve à proximité. Kassos est accessible en avion depuis Athènes (via Rhodes), Karpathos et Sitia (Crète) ou en ferry-boat, au départ du Pirée, des Cyclades, de la Crète, de Rhodes et des autres îles de l'archipel du Dodécanèse.

HISTOIRE

Les premiers habitants de Kassos étaient les Phéniciens. Par la suite le sort de l'île fut dans l'ensemble semblable à celui des autres îles du Dodécanèse et de l'île voisine de Karpathos.

Il faut souligner que Kassos possède une force navale qui était déjà notable en 1779, lorsque le voyageur français, Savari, s'y rendit. Ce dernier la décrivait comme "une petite cité navale, qui subsiste grâce à la marine et au commerce, tout particulièrement avec la Syrie".

Lorsque la Grèce s'engagea dans la révolution contre les Turcs, en 1821, Kassos disposait de 22 navires de guerre à 3 mats et 60 navires marchands qui étaient pour la plupart munis d'armes. Cet arsenal qui était amarré durant l'été au large de l'îlot d'Armathia et en hiver dans la baie de Tristomo, à Karpathos, commençait à sérieusement gêner le Sultan ainsi qu'Ibrahim, qui, après une tentative qui échoua, parvinrent à envahir l'île, le 7 juin 1824. Peu d'habitants survécurent au massacre et toute l'île de Kassos fut incendiée. Ce fut l'holocauste, dont l'anniversaire est aujourd´hui célébré chaque année par l'ensemble de la population de l'île. Par la suite, l'histoire de Kassos ressemble à celle des autres îles du Dodécanèse. Son rattachement à la Grèce eut lieu en 1948.

Découverte de l'île

Fry. Chef lieu et unique port de l'île. Les bateaux jettent l'ancre sur la jetée, à proximité du petit **port de Boukas**, qui contient de nombreuses barques et caïques de pêche. Plages se prêtant à la baignade: les plages de Fry, d'Aghios Constantinos (à 2 km de Fry) et les fameuses plages de sable de l'île voisine **d'Armathia.**

Aghia Marina. Joli hameau possédant de belles églises et des maisons traditionnelles à environ 1 km de Fry. A 1,5 km, se trouve la **grotte d'Ellinokamara** qui présente un intérêt archéologique et historique certain. Elle servit de refuge aux habitants durant les attaques des pirates.

La **grotte de Selai**, se situe à 3 km.

Fry, le petit port de Kassos.

Arvanitochori. Hameau se trouvant presque au centre de l'île.

Emborios. L'ancien port marchand de l'île.

C'est ici que se trouve le temple de la vierge, la plus grande église de l'île. A proximité du **temple se trouve** le baptistère ainsi que des colonnes antiques en marbre.

Panaghia. A 1km à l'est de Fry. L'église de Panaghia Giorgi, datant de 1770.

Poli. L'ancien chef lieu de l'île, situé à 2 km au sud est de Fry. Sur la colline voisine, on peut voir les restes de l'ancien fort. Il faut également visiter l'église **d'Aghios Triados,** aux murs bleus et aux dômes oranges.

Chadiès. Région située à l' extrémité sud ouest de l'île, à 12 km de Fry. C'est ici que se trouve le **monastère d'Aghios Georgios** disposant d'un important hospice, et plus au sud, la **baie de Chelandros**, idéale pour la baignade.

Kastellorizo

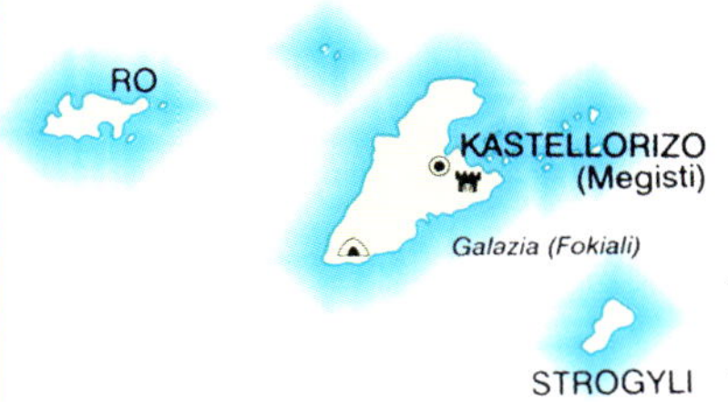

Il s'agit de l'extrémité est de la Grèce, à 72 milles marins du port de Rhodes. Kastellorizo se trouve à seulement 1 mille du sud des côtes turques et à 150 milles de Chypre. C'est une petite île rocheuse dont le port comptait pourtant 15000 habitants au début du 20ème s! De cette cité entière, il ne reste aujourd'hui que les vestiges des maisons qui furent incendiées et bombardées. Cependant, celles se trouvant sur le port ont été restaurées et resplendissent d'une blancheur immaculée sur laquelle contrastent les portes et fenêtres aux couleurs vives. Aujourd'hui, la population de l'île, dont l'activité principale est la pêche, ne dépasse pas les 200 habitants. Kastellorizo est accessible depuis Rhodes, en bateau ou en avion.

HISTOIRE

Kastellorizo fut habitée dès l'époque néolithique. Son ancien nom, qui est encore employé aujourd'hui, est Megisti. La présence des Mycéniens sur l'île a été révélée par la découverte de tombes mycéniennes. Les Doriens qui vinrent par la suite, construisirent l'acropole se trouvant sur la petite colline à proximité du port et la forteresse, à l'emplacement de Palaiokastro, à l'ouest du port. En 1306, elle passa sous l'autorité des Chevaliers de l'ordre de Saint Jean, pour finalement être occupée en 1440 par le Sultan d'Egypte, et en 1450 par le roi de Naples, Alphonse 1er roi d'Aragon. La longue période d'occupation turque débuta en 1512 et s'acheva en 1920, lorsque les italiens devinrent souverains de l'île. C'est à ce moment que l'exode de la population commença de manière progressive.Kastellorizo fut bombardée durant la première guerre mondiale. La nouvelle vague de bombardements de la seconde guerre mondiale et la mise à feu de l'île eurent pour résultat la réduction de façon encore plus importante la population.

Kastellorizo, l'un des ports les plus pittoresques de l'archipel du Dodécanèse.

Découverte de l'île

Kastellorizo. Avec ses maisons (de deux étages pour la plupart) construites en amphithéâtre tout autour, il s'agit probablement du plus joli port de l'archipel du Dodécanèse. Sur la gauche, en entrant dans le port, on peut voir la **forteresse des Chevaliers de l'ordre de Saint Jean,** construite au 14ème s. sur la colline aux rochers rouges, **Kastello Rosso,** ce qui signifie fort rouge. C'est de là que provient le nouveau nom de l'île, Kastellorizo. Derrière le port, sur le versant de la colline, on peut apercevoir le sentier immaculé qui monte en zig-zag et mène au monastère **d'Aghios Georgios.** A l'est, on distingue un deuxième petit port, Mandraki, qui est dominé par un terre-plein sur lequel est érigée la fameuse église **d'Aghios Constantinos**, la métropole, construite en 1833. Sa toiture est soutenue par 12 colonnes en granit, qui furent transférées du temple d'Apollon de la ville de Patara située dans la région de Lycie, sur les côtes d'en face. Le **musée archéologique** est abrité depuis 1984 dans l'un des remparts de la forteresse des Chevaliers qui fut arrangé à cette fin. A proximité du musée et environ 20m au dessus de la mer, taillé dans la roche, on peut admirer un superbe tombeau lycien datant du 3ème-4ème s. av. J.-C., semblable à ceux qui furent **découverts en Lycie**. Il faut également visiter les églises **d'Aghios Nikolaos,** datant du 11ème siècle, tombant en ruine et se trouvant en contrebas de la forteresse, celles de **Panaghia ton Chorafion** et **d'Aghios Mercurios.** Tous les habitants de l'île sont rassemblés à Kastellorizo.

Galazia Spilia (grotte bleue) - **Fokiali.** On dit que cette grotte est plus belle que celle de Capri. Elle se trouve sur la côte sud est de l'île et on peut y accéder en barque uniquement lorsque la mer est calme. **Monastère d'Aghios Georgios.** Il fut construit en 1759 et comprend une catacombe. La vue sur le port, depuis le sentier escarpé, est unique.

Palaiokastro. Acropole de style dorique, située à l'ouest du port. Certaines portions de ses murs ont été conservées. Murs cyclopéens **(Kyklopia Tichi)**. Il en existe dans plusieurs endroits de l'île. Les plus impressionnants se trouvent près de **Kambos,** entre Palaiokastro et la colline de Mounda.

Ilots voisins. Au sud est, se trouve l'îlot rocheux de **Strongili**, qui a pour seuls habitants les gardiens du phare. A proximité de Kastellorizo, on peut voir l'îlot de **Ro** qui, il y a quelques années ne possédait qu'un seul habitant qui gardait l'île et chaque matin levait le drapeau grec. Il s'agissait de mademoiselle Achladioti, que l'on appelait la Dame de Ro. Cette dernière décéda en 1982, à l'âge de 92 ans.

Vue du port de Kastellorizo.

Le village de Mandraki, avec l'église d'Aghios Constantinos.

LES ÎLES ET ÎLOTS DU DODÉCANÈSE

RHODES

- **Prassonissi** .... *S. Rhodes*
- **Makry** .... *O. Rhodes*
- **Strongili** .... *O. Rhodes*
- **Chténiès** .... *S.O. Rhodes*
- **Karavolas** .... *S.O. Rhodes*
- **Strongilo** .... *O. Rhodes*

SYMI

- **Nimos** .... *N. Symi*
- **Chondro** .... *N. Symi*
- **Platy** .... *N. Symi*
- **Oxya** .... *N.O. Symi*
- **Diabatès** .... *O. Symi*
  - **Didyma** .... *O. Symi*
  - **Gi** .... *O. Symi*
  - **Mégalonissi** .... *O. Symi*
  - **Karavonissi** .... *O.Symi*
  - **Marmaras** .... *O. Symi*
- **Seskli** .... *S. Symi*
- **Troubeto** .... *S. Symi*
- **Strongilo** .... *S. Symi*
- **Aghia Marina** *E. du port*

CHALKI

- **Nissa** .... *E. du port*
- **Krevatia** .... *S.E. du port*
- **Alimia** .... *N.E. Halki*
- **Aghios Théodoros** ..... *N.E. Halki*
- **Tragoussa** .... *E. Halki*

TYLOS

- **Antitylos** .... *S.E. Tylos*
- **Gaïdaros** .... *N.E. Livadia*
- **Nissi** .... *N.O. Tylos*

KOS

- **Kastri** .... *Au large d'Aghios Stéphanos*
- **Prasso** .... *N. Kéfalos*

NISYROS

- **Giali** .... *N.E. Nisyros*
- **Aghios Antonios** .... *E. Giali*
- **Strongili** .... *E. Giali*
- **Pachia** .... *O. Nisyros*
- **Pergoussa** .... *O. Nisyros*
- **Kandelioussa** .... *S. O. Nisyros*

ASTYPALÉA

- **Diaporia** .... *Baie de Maltezana*
- **Ligno** .... *Baie de Maltezana*
- **Hondro** .... *Baie de Maltezana*
- **Iles d'Aghia Kyriaki** .. *S. Maltezana*
- **Koutsomyti** .... *S.E. Maltezana*
- **Kounoupi** .... *S.E. Maltezana*
- **Fokionissia** .... *N. Astypaléa*
- **Panormos** .... *N.O. Astypaléa*
- **Katsagréli** .... *N.O. Astypaléa*
- **Pontikoussa** .... *E. Astypaléa*
- **Ofidoussa** .... *E. Astypaléa*

KALYMNOS

- **Karavros** .... *S. Emborio*
- **Aghios Andréas** ..... *S. Kalymnos*
- **Néra** .... *S. Kalymnos*
- **Safonidi** .... *S. Kalymnos*
- **Kalymnos** .... *N.E. Kalymnos*
- **Pitta** .... *N.E. Kalymnos*
- **Prassolo** .... *N.E. Kalymnos*
- **Limnia (Imia)** ...... *S.E. Kalymnos*
- **Saronissi** .... *E. Kalymnos*

TÉLENDOS

- **Apano Nissi** .... *N.O. Télendos*
- **Aghia Kyriaki** .... *S. Télendos*

PSÉRIMOS

- **Plati** .... *O. Psérimos*
- **Zouka** .... *N. Psérimos*

LÉROS

- **Archangelos** .... *N.O. Léros*
- **Faradonissia** .... *N.O. Léros*
- **Strongili** .... *N. Léros*
- **Plakoussa** .... *N. Léros*
- **Trypiti** .... *N. Léros*
- **Pétali** .... *N. Léros*
- **Aghia Kyriaki** .... *S.E. Pantéli*
- **Piganoussa** .... *S.E. Léros*
- **Glaronissia** .... *S. Léros*
  - **Velona** .... *S. Léros*
  - **Gaviani** .... *S. Léros*
  - **Diapori** .... *S. Léros*

PATMOS

- **Kentronissi** .... *Baie de Kambos*
- **Aghios Georgios** .. *Baie de Kambos*
- **Aghia Thékla** ..... *Baie de Kambos*
- **Sklava** .... *E. Skala*
- **Sklavopoula** .... *E. Skala*
- **Xéropouli** .... *E. Skala*
- **Pilafi** .... *E. Sapsilon*
- **Tragonissi** .... *Baie de Grigos*
- **Prassonissi** .... *S. Patmos*
- **Mersini** .... *Baie de Lefki*
- **Anydro** .... *N.O. Patmos*
- **Petrokaravo** .... *N.O. Patmos*

LIPSI

- **Arefoussa** .... *N.O. Lipsi*
- **Aspronissia Nord** ...... *N.E. Lipsi*
- **Aspronissia Sud** .... *E. Lipsi*
- **Kalapodia** .... *N.E. Lipsi*
- **Kyra** .... *Baie de Katsadia*
- **Makri** .... *S. Lipsi*
- **Kalavrès** .... *S. Lipsi*
- **Frangos** .... *S. Lipsi*
- **Sarakianos** .... *S. Lipsi*

ARKI

- **Marathi** .... *S.O. Arki*
- **Stongilo** .... *S.O. Arki*
- **Marathos** .... *S.O. Arki*
- **Makronissi** .... *S.O. Arki*
- **Komaros** .... *N. Arki*

AGATHONISSI

- **Psathonissi** .... *N. Agathonissi*
- **Strongili** .... *N. Agathonissi*
- **Méra** .... *N. Agathonissi*
- **Glaros** .... *N.E. Agathonissi*
- **Kounéli** .... *S. Agathonissi*

KARPATHOS

- **Saria** .... *N. Karpathos*
- **Prassonissi** .... *N. Karpathos*
- **Sokastro** .... *O. Karpathos*
- **Diakoftis** .... *S.O. Karpathos*
- **Prassonissi** .... *S.E. Karpathos*
- **Mira** .... *S.E. Karpathos*

KASSOS

- **Armathia** .... *N.O. Kassos*
- **Litra** .... *N.O. Kassos*
- **Pontikonissia** .... *N.O. Kassos*
- **Makronissi** .... *N. Kassos*
- **Koufonissi** .... *N. Kassos*
- **Koskino** .... *N. Kassos*
- **Kalofonas** .... *N.E. Kassos*
- **Strongili** .... *E. Kassos*
- **Platy** .... *O. Kassos*
- **Kouroukia** .... *O. Kassos*

KASTELLORIZO

- **Ro** .... *O. Kastellorizo*
- **Strongili** .... *S.E. Kastellorizo*
- **Psoradia** .... *E. du port*
- **Aghios Georgios** .... *E. du port*
- **Polyfados** .... *E. du port*
- **Psomi** .... *E. du port*

AUTRES ILES

- **Farmakonissi** .... *N.E. Léros*
- **Mégalo Livadi** .... *E. Amorgos*
- **Mikro Livadi** .... *E. Amorgos*
- **Kinaros** .... *S.O. Léros*
- **Glaros** .... *S.O. Léros*
- **Mavra** .... *S.O. Léros*
- **Levida** .... *S.O. Léros*
- **Syrna** .... *S.E. Astypaléa*
- **Katsikoulia** .... *S.E. Astypaléa*
- **Tria Nissia** .... *S.E. Astypaléa*
  - **Plakia** .... *S.E. Astypaléa*
  - **Mésso** .... *S.E. Astypaléa*
  - **Stéfania** .... *S.E. Astypaléa*
- **Nissia Zafora** .... *S.E. Astypaléa*
  - **Megalo Sofrano** ...... *S. Astypaléa*
  - **Mikro Sofrano** .... *S. Astypaléa*
  - **Karavonissia** .... *S. Astypaléa*
  - **Avgonissi** .... *N.O. Karpathos*
  - **Adelfès** .... *O. Karpathos*
- **Chamilonissi** .... *O. Karpathos*
- **Astakida** .... *N.O. Karpathos*
- **Astakidopoula** .... *N.O. Karpathos*
- **Divounia** .... *O. Karpathos*

4 EUBEE - SPORADES

SKYROS (GIOURA, SKIATHO KYRA PANAGIA

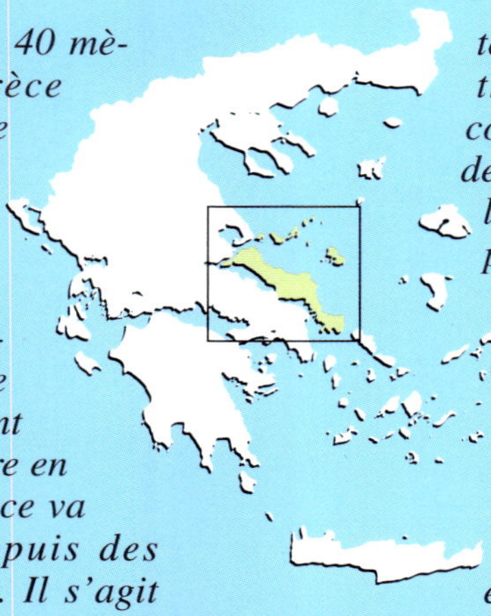

Un mince détroit de tout juste 40 mètres sépare Eubée de la Grèce continentale. Dans ce détroit le courant marin peut atteindre très souvent la vitesse de 8 milles marins à l'heure. Pourtant ce n'est pas tellement sa vitesse qui est étonnante mais plutôt le fait que toutes les six heures ce courant s'apaise un peu, puis redémarre en sens inverse à chaque fois. Et ce va et vient perpétuel dure depuis des milliers d'années maintenant. Il s'agit du fameux détroit d'Euripe, situé à 80 kilomètres au nord d'Athènes et dont les sages de l'antiquité, ainsi que ceux du monde contemporain se sont beaucoup préoccupés, pour finalement arriver à la conclusion qu'il s'agit d'un phénomène de marée qui est dû à l'attraction de la lune. L'Euripe est enjambé par un pont levant, permettant le passage des bateaux, qui relie par la route l'île avec la Grèce continentale et au-delà du pont, à la belle ville de Chalkida, chef lieu d'Eubée, qui donne sa note particulière au site. De part et d'autre, au-delà du champ de vision, s'étend la grande et étroite île d'Eubée, dont la longueur dépasse les 175 kilomètres.

Ile montagneuse et verdoyante, Eubée présente un paysage varié. En son centre on peut voir des montagnes couvertes de sapins et de pins et des villages typiques accrochés à leurs versants; des ravins remplis de platanes et de châtaigniers au cœur desquels coulent des rivières aux eaux limpides, des vallées fertiles recouvertes d'arbres fruitiers. Des plages à l'abri du vent, au superbe sable fin, mais également des rochers abrupts balayés par les vagues de la mer Egée. Des villages de pêcheurs pittoresques mais égale-

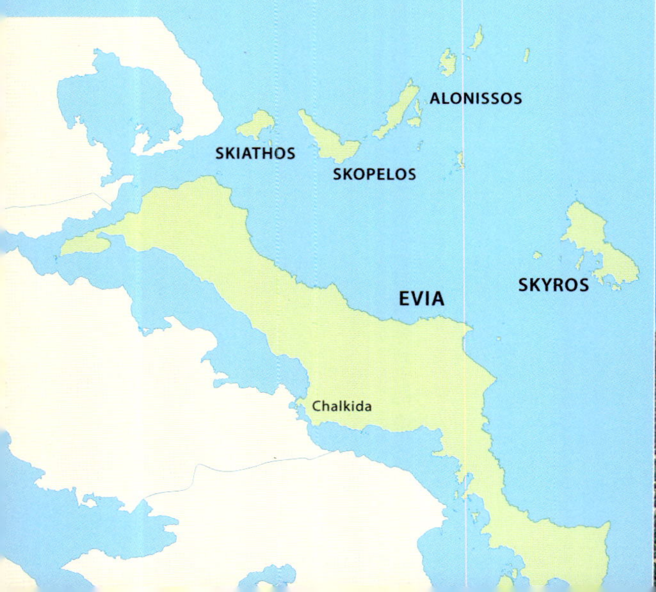

ment des infrastructures touristiques modernes permettant de répondre à tous les désirs du visiteur. Au nord d'Eubée, s'étalent les Sporades, l'archipel que nous mentionnerons plus bas. Au sud d'Eubée, se trouvent les ravissantes îles de Pétali. On les aperçoit depuis la route s'étendant à proximité de la côte, parsemées dans la mer qui brille sous les rayons du soleil. En s'en approchant, on peut admirer leur superbe sable blanc.
Aux environs d'Eubée, en dehors des îles de Pétali, il existe une foule d'îlots et d'îles-rochers, dont nous mentionnerons 55 au total, en indiquant leur localisation. Parmi toutes ces îles, Eubée y compris, seules 9 sont habitées.

Le îlots de Pétali, au sud d'Eubée.

Eubée

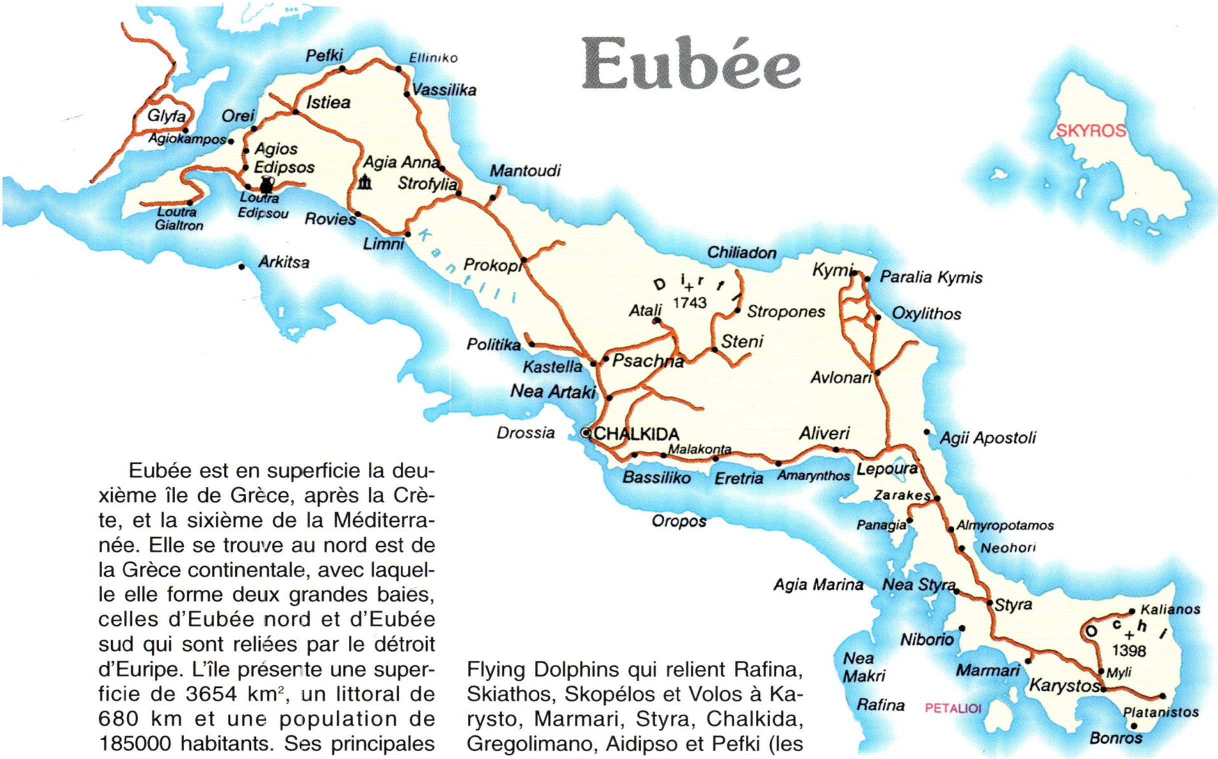

Eubée est en superficie la deuxième île de Grèce, après la Crète, et la sixième de la Méditerranée. Elle se trouve au nord est de la Grèce continentale, avec laquelle elle forme deux grandes baies, celles d'Eubée nord et d'Eubée sud qui sont reliées par le détroit d'Euripe. L'île présente une superficie de 3654 km^2, un littoral de 680 km et une population de 185000 habitants. Ses principales montagnes sont Kandili (1246 m), littéralement suspendue au dessus des eaux de la baie d'Eubée nord, l'imposant mont Difri (1743 m), au centre de l'île, le mont Olympos d'Eubée (1172 m), un peu plus au sud et le mont Ochi (1398 m) à la pointe sud est.

Les principaux produits de l'île d'Eubée sont l'huile, les céréales et les figues. Elle produit également des minéraux et principalement de la magnésite qui est l'une des sources les plus importantes de magnésium. L'élevage et l'aviculture occupent une place importante dans l'île.

Eubée est accessible en bus ou avec votre propre véhicule, en empruntant l'ancien pont d'Euripe ou le nouveau pont suspendu. Vous vous y rendrez également en ferry-boat, qui effectuent des liaisons quotidiennes:

Au départ d'Oropos, pour Erétrie (à Eubée), de Rafina pour Karysto et Marmari, d'Aghia Marina (en Attique) pour Styra et Almyropotamo, d'Akritsa pour Aidipso, de Glyfa (à Fthiotida) pour Agio-kambo, des îles des Sporades et principalement de Skyros et Kymi.

En été, aux liaisons en ferry boat viennent s'ajouter celles des Flying Dolphins qui relient Rafina, Skiathos, Skopélos et Volos à Karysto, Marmari, Styra, Chalkida, Gregolimano, Aidipso et Pefki (les sept dernières villes sont des ports de l'île d'Eubée).Vous pouvez également vous rendre à Chalkida en train, depuis Athènes.

HISTOIRE

Eubée fut habitée dès la fin de l'ère néolithique. Des trouvailles qui remontent au 3ème millénaire av. J.-C. montrent que la plupart de ses hameaux étaient à l'époque regroupés au centre de l'île et sur sa côte ouest. A cette époque Eubée avait développé le commerce avec les Cyclades. Au 2ème millénaire av. J.-C. de nombreuses cités mycéniennes apparurent.

Homère fait référence à Eubée par son nom, bien que l'île ait eu dans le passé d'autres noms, tels que Makri et Dolichi. Il mentionne également le fait qu'elle prit part à la guerre de Troie (12ème s. av. J.-C.). A la fin du 2ème millénaire, les Thessaliens et les Dryopes arrivèrent sur l'île et s'installèrent res-pectivement dans les régions nord et sud d'Eubée. Les Ioniens et les Doriens leur succédèrent.

Eubée connut son heure de gloire au 8ème et au 7ème s. av. J.-C. A cette époque, parmi les nombreuses villes indépendantes, on distinguait celles de Chalkida et d'Erétrie. Toutes deux riches grâce au commerce qu'elles avaient développé avec presque l'ensemble du monde antique et puissantes grâce à leur arsenal de guerre, elles fondèrent des colonies à Chalcidique, en Thrace, dans les Sporades, en Sicile et dans le sud de l'Italie. Entre ces deux villes qui sont séparées par à peine 20 km, s'étendait et s'étend toujours la vallée la plus fertile de l'île, la célèbre plaine de Lilandio, qui était traversée par le fleuve Lilas. Cette vallée fut non seulement la cause des conflits fréquents qui opposaient les deux villes pour son occupation, mais également celle de la déclaration de guerre entre

En haut: La plage d'Erétrie et la presqu'île de "l'île des rêves" (Nissi ton Oniron).

En bas: L'impressionnante passerelle suspendue de Chalkida qui relie l'île à la Grèce continentale.

Athènes et Chalkida. C'est Athènes qui remporta cette guerre (506 av. J.-C.) et les athéniens installèrent sur la vallée, objet du litige, des milliers de colons auxquels ils attribuèrent un de ces lopins de terre. La région subit ensuite les guerres médiques et la ville d'Erétrie fut pillée par Darius, roi de Perse. Les athéniens revinrent ensuite, une fois que les Perses eurent été chassés.

A la fin de la guerre du Péloponnèse, Eubée fut envahie par Sparte, mais en 378 av. J.-C. elle devint membre de la Confédération Athénienne. En 371 av. J.-C. l'île repassa sous la tutelle des Thebiens et en 350 av. J.-C. sous celle des Macédoniens. En 194 av. J.-C., les Romains devinrent souverains d'Eubée. La longue période byzantine suivit jusqu'en 1205 ap. J.-C., période à laquelle les Francs firent leur apparition. Le roi de Thessalonique, Boniface de Montferrat devint alors souverain de l'île et la dirigea selon les règles du système féodal, la divisant à cette fin en trois baronnies. Les Vénitiens dominèrent l'île en 1336. Ce sont eux qui en se référant au célèbre pont d'Euripe, appelèrent l'île Negremonte (pont noir). En 1470, elle fut envahie par les Turcs qui y restèrent pendant plus de 350 ans. Ses habitants prirent part à la révolution de 1821 et l'île fut l'objet de nombreuses batailles, pour finalement être libérée en 1829.

Chalkida

Il s'agit du chef lieu d'Eubée. Une belle ville moderne de 45000 habitants, construite à l'emplacement de l'ancienne Chalkida, dont seuls quelques vestiges ont été conservés. Tout comme pour la ville de Chalkida de l'antiquité, la situation stratégique de la ville actuelle sur le détroit d'Euripe a joué un rôle déterminant dans son développement. La ville s'étend principalement à l'est du pont, sur la partie supérieure de l'île. Cependant, une petite partie de la ville se développe durant les dernières années sur la côte située en face, celle de Béotie. A proximité de celle ci, au sommet d'une colline, se trouve le fort turc de **Karababa,** construit en 1686 sur les vestiges de fortifications datant du 5ème s. av. J.-C.

La vue depuis la forteresse sur la ville et sur le golfe d'Eubée est unique. En face, et au sud est du pont, se trouve le quartier de **Kastro,** à l'entrée duquel on peut admirer la mosquée **d'Emir Zadé** ornée d'une fontaine en marbre sur le devant. A proximité de la mosquée qui abrite un musée regroupant des objets datant de l'époque byzantine et de l'époque médiévale, se trouve l'église **d'Aghia Paraskevi**, la plus ancienne de Chalkida. Il s'agit d'une basilique datant probablement du 5ème siècle et à laquelle les Francs puis par la suite les Vénitiens apportèrent de nombreuses modifications. La décoration intérieure est impressionnante.

Dans l'avenue El.Venizelou, on trouve le **musée archéologique** qui abrite de nombreux objets de valeur trouvés dans l'île entière d'Eubée et plus particulièrement à Erétrie. On distingue également une partie du fronton du temple d'Apollon d'Erétrie.

A Chalkida, on peut visiter le **musée folklorique**, la pinacothèque municipale ainsi que l'aqueduc médiéval. On ne doit surtout pas manquer la promenade sur la plage pittoresque ornée de bistrots et de restaurants qui se succèdent, ainsi que sur le célèbre **pont d'Euripe**, qui fut construit pour la première fois en 441 av. J.-C. pour être ensuite reconstruit à trois reprises, la dernière des constructions remontant à 1962.

Le visiteur observant depuis ce pont, le courant marin qui s'engouffre avec force dans le canal sera probablement interpellé, tout comme le furent les nombreux chercheurs qui étudièrent ce phénomène curieux que nous avons déjà mentionné en début de chapitre.

La ville de Chalkida et le détroit d'Euripe.

La statue d'Antinoüs (Musée Archéologique de Chalkida).

EXCURSIONS

1. Chalkida-Strofylia-Istiaia-Aidipsos (155 km)

Cet itinéraire va vous permettre de découvrir la région du centre d' Eubée et principalement le nord d' Eubée aux superbes forêts de pins et aux immenses plages de sable. Vous suivrez la route de bord de mer menant au nord de Chalkida.

A 8 km Néa Artaki. Important hameau de bord de mer disposant de restaurants et de tavernes offrant du poisson. D'ici, un embranchement à droite conduit au village pittoresque de **Sténi** que nous étudierons à la page 149.

A 15 km Psachna. Bourg situé au centre d'une vallée fertile. A 8 km au nord est, se trouve le **couvent** de **Panaghia tis Makrymallis**.

Depuis le croisement de Psachna, une bifurcation à gauche mène, 9 km plus loin, à Politika, une bourgade de bord de mer. En été, la plage de **Politika** présente une fréquentation importante, en raison de son immense plage de sable.

A 52 km Prokopi. Petit hameau noyé dans la verdure et doté de la jolie église de **Saint-Jean** (Aghios Ioannis) le **Russe** qui abrite la relique du saint. Nous arrivons à ce village après avoir emprunté un itinéraire splendide longeant un ravin rempli de platanes. Depuis Prokopi, un embranchement à droite conduit, 11 km plus loin, au hameau de bord de mer de **Pili.** Depuis Prokopi, la route allant en direction de Mantoudi longe la rivière de Kiréa qui est bordée de platanes centenaires. Le plus haut de ces arbres atteint 27 mètres.

A 60 km Mantoudi. Important village disposant de mines de magnésite situées à proximité. Son port d'ancrage est celui de **Kymassi.**

A 64 km Intersection. L'embranchement de droite conduit, 5 km plus loin, à l'immense plage de sable brun de **Krya Vrissi** aux curieux rochers qui forment à un certain endroit une petite passerelle au-dessus du sable. **A 68 km Strofylia.** Village méditerranéen à partir duquel la bifurcation de gauche mène au village de **Limni.**

A 75 km Aghia Anna. Depuis le village, un embranchement conduit, 4 km plus loin, au hameau de bord de mer d'Angali qui possède une vaste plage de sable.

A 86 km. D'ici, un embranchement à droite mène au bout de 6 km à la fameuse plage de **Kotsikia** qui borde une mer aux couleurs splendides.

A 98 km. Vassilika. Village verdoyant situé à 10 km de **Papadès.** La plage de **Psaropouli** constitue son port d'ancrage.

A 122 km Pefki. Site touristique situé dans une splendide crique de sable fin entourée de pins. On arrive à Pefki après avoir franchi les villages verdoyants d'**Agribotano**, **Gouvès** et **Artemisio**, qui dominent de très haut la mer.

L'église d'Aghios Ioannis tou Rossou.

A 133 km Istiaia. Chef lieu de l'une des trois régions d'Eubée (les deux autres sont celles de Chalkida et de Karystos) qui compte plus de 5000 habitants. Homère s'y réfère sous le nom de Polystafili (raisins abondants) en raison de sa production de raisins dont la qualité est aujourd'hui encore renommée. Istiaia dispose d'un petit musée du comité local de chasse qui expose différents animaux et volatiles de la région, empaillés, ainsi qu'une collection archéologique et qu'un musée d'art populaire.

A 139 km Oraioi. Il s'agit du port d'Istiaia situé dans le chenal qui sépare Eubée de la Magnésie et de Phtiotide. En été il est relié à Volos et à Trikeri. Dans les criques avoisinantes on peut admirer les vestiges de deux acropoles et d'un fort médiéval.

A 144 km. Intersection. L'embranchement de droite conduit 1 km plus loin à **Aghiokambos,** pittoresque hameau de bord de mer entouré d'une mer limpide. Depuis Aghiokambos, il existe des liaisons quotidiennes en transbordeurs pour la ville de **Glyfa**, située sur le rivage d'en face, en Phtiotide.

Vues de la ville thermale cosmopolite d'Aidipsos.

A 155 km Aidipsos. La plus grande ville thermale de Grèce, qui se développa grâce à ses sources thermales qui sont recommandées aux personnes souffrant d'arthrite et de douleurs lombaires. La mythologie grecque fait référence à ses thermes, qui étaient connues depuis l'antiquité, en tant que lieu où Hercule venait puiser des forces. Durant l'époque romaine, les empereurs romains s'y rendaient également ainsi que le général Sylla qui venait y soigner sa goutte. Des vestiges des "Thermes de Sylla" avec leurs arcades ont été sauvegardés jusqu' à aujourd'hui. Ceux qui n'ont pas besoin des qualités thérapeutiques des thermes, peuvent bien entendu apprécier la mer et en même temps la vie mondaine qu'offre cette ville thermale. Aidipsos est reliée en ferry-boat au port **d' Akritsas** situé en face, qui permet d'écourter de façon sensible le voyage pour Athènes.

Depuis le village d'Aidipsos (à 3 km au nord), une route longeant le littoral mène à l'ouest de l'île, en passant par **Loutra Gialtron** (à 15 km) et par le superbe site de **Gregolimano,** pour finalement aboutir à la plage d'Aghios Georgios (à 25 km) et au village de **Lichada.**

2. Chalkida-Strofylia-Limni-Aidipsos (117 km)

A 68 km Strofylia. Suivez l'itinéraire 1 et à Strofylia tournez à gauche.
A 87 km Limni. Bourgade pittoresque construite en amphithéâtre au-dessus de la mer et entourée d'une dense forêt de pins. A 8 km au sud est de Limni se trouve le couvent de **Moni Galataki** et à proximité de celui-ci une superbe plage de sable. La nef du couvent abrite des fresques murales datant du 16ème s.

Depuis Limni vous emprunterez la route menant vers le nord ouest et longeant la mer.
A 97 km Roviès. Village de bord de mer planté de pins et d'arbres fruitiers et entouré d'une mer limpide.
A 117 km Aidipsos.

Fontaine en pierre, à Sténi.

3. Chalkida-Sténi-Stroponès (46 km)

Cet itinéraire va vous permettre de découvrir la bourgade pittoresque et verdoyante de Sténi et d'approcher du refuge de Difris, le plus haut sommet d'Eubée.
A 8 km Néa Artaki. D'ici vous prendrez à droite.
A 23 km Katheni. Village ayant vue sur l'impressionnante montagne de Difris. C'est ici que l'on rencontre la route venant des villages **d'Attali, Triada** et **Psachna.**
A 31 km Sténi. Village construit dans un ravin verdoyant d'où coulent les eaux des sources qui se trouvent à proximité. Il dispose d'hôtels, de tavernes pittoresques et de restaurants à l'ombre des platanes. La promenade sur la route escarpée qui mène au mont Difri, au milieu des châtaigniers et des sapins, est très agréable.

Cette même route passe par le col de Difri qui se trouve à moins de 1 km du refuge (1150 m) depuis lequel l'ascension au sommet du mont Difri (1743 m) s'effectue en environ deux heures. La vue sur la mer et sur le sommet généralement enneigé de la montagne est splendide. La route, dont l'accès n'est pas toujours facile, descend depuis le col jusqu'à la mer en traversant une forêt dense.
A 46 km Stoponès. Village isolé, sur la façade nord de Difri. D'ici, une route mène jusqu'à la plage de sable entourée d'eaux cristallines et d'impressionnants rochers. A proximité de la plage se trouve l'ancien **monastère de Chiliadous.**

Aidipsos conjugue la montagne et la mer, les sources thermales et les bains de mer.

4. Chalkida-Erétria-Kymi (91 km)

Suivez la route qui conduit au sud est de l'île en direction d'Erétrie. **A 10 km Vassiliko.** Vaste hameau situé dans la plaine fertile de Lila. D'ici, la route conduit 2 km plus loin à **Lefkandi,** un hameau de bord de mer, lieu de villégiature très fréquenté. **A 18 km Malakonda.** Région possédant de grands hôtels, un camping et une plage de sable.
A 22 km Erétrie. Bourgade connaissant un essor touristique important qui est dû à sa belle plage, ses vestiges antiques et son emplacement (c'est ici qu'amarrent les transbordeurs venant d'Oropos en Attique). Dans l'antiquité, ce fut l'une des deux villes majeures d'Eubée. Parmi les vestiges de l'antique Erétrie, on distingue les ruines du théâtre, du temple de Dionysos, du Gymnase, des parcelles des murs de l'acropole et du temple d'Apollon Daphniphorou.

Il convient également de visiter le **musée archéologique** et la petite presqu'île **Nissi ton Oneiron** (île des rêves), qui se trouve à proximité du port.

A 31 km Amarynthos. Pittoresque petite ville de bord de mer, située à 7 km du village **Gymno,** au pied de l'Euboïkou Olympou. **A 48 km Alivéri.** Hameau de 5000 habitants, situé à 2 km de la mer. **A 56 km Lépoura.** En arrivant à ce village, vous continuerez à gauche en direction du nord. L'embranchement de droite, vers le sud-est, conduit au sud d´Eubée.
A 67 km Intersection. La route de droite conduit, 1 km plus loin, au village typique **d'Avlonari** qui possède un fort médiéval et l'église byzantine d'Aghios Dimitris (11ème s.), puis 7 km plus loin au village **d'Ochthonia** (420 m d'altitude). Un peu avant d'arriver à Ochthonia, sur la droite, se trouve le monastère de **Moni Lefkon**, sur un site superbe, rempli de peupliers. Il s'agit de l'un des plus anciens monastères d'Eubée. **A 91 km Kymi**. Bourgade de 2700 habitants. Connue depuis l'antiquité, elle a su conserver sa tradition navale jusqu'à aujourd'hui. Toute la région alentour est verdoyante et la vue sur la mer est sublime. C'est depuis la **plage de Kymi**, située à 4 km, que partent les transbordeurs à destination de Skyros. A proximité de Kymi se trouve le site de Choneftiko orné de platanes et doté de la fameuse source, dont l'eau est recommandée aux malades des reins et aux personnes souffrant de calculs biliaires. Au sud de Kymi, s'étendent les belles plages de Platanas et le village Oxylithos en contrebas du sommet pointu de la montagne du même nom.

5. Chalkida-Karystos (129 km)

Suivez l'itinéraire 4 et au 56ème km, à Lépoura, prenez à droite, en direction du sud-est.
A 59 km Krieza. Depuis ce village, un embranchement à gauche conduit 5 km plus loin à **Pétriès** puis au bout de 4 km, à la superbe plage de sable **d'Aghios Apostolos.**
A 79 km Almyropotamos. Panaghia, le port de ce village, est relié en ferry boat avec Aghia Marina, en Attique. **A 87 km** Intersection. Quittez la route principale et prenez à droite, en direction de Néa Styra.
A 92 km Néa Styra. Joli centre touristique situé dans une crique protégée du vent par la petite île de **Styra.**

Erétrie, avec ses sites archéologiques et l'île des rêves, sur la droite.

Son essor rapide est dû à sa superbe plage de sable et à sa proximité de la ville d'Athènes. C' est dans son port que les bateaux venant d'Aghia Marina (sur la côte située en face) jettent l'ancre.

A 97 km Styra. Ce village se situe sur la route principale que nous rejoignons en nous dirigeant vers le sud.

A 100 km Kapsala. D'ici, un embranchement à droite conduit à la crique pittoresque de **Niborio** entourée d'eaux cristallines et dotée d'un petit hameau.

A 116 km. La route s'engageant sur la droite mène, au bout de 6 km, à **Marmari,** hameau de bord de mer possédant de belles plages de sable. En été il est très fréquenté. Il est fréquemment relié en ferry boat avec Rafina (en Attique). Au large de Marmari, se trouvent les petites îles privées de **Petali.**

A 129 km Karystos. Hameau pittoresque situé au cœur d'une baie en forme de fer à cheval, à l' extrémité sud d'Eubée, au pied du mont Ochi (deuxième plus haute montagne d'Eubée). Il s'agit de l'un des principaux lieux de villégiature de l'île.

Vue de Karystos, depuis le Fort Rouge.

A proximité du port on peut admirer le fort vénitien Bourtzi et au nord de la ville, sur les pentes verdoyantes du mont Ochi, les villages traditionnels de **Myli** et **Grabia.** Tout près de ce dernier se trouve le fort en ruine de **Kastello Rosso** (Fort Rouge), disposant d'un superbe panorama sur la mer. C'est ici que se trouvait la ville antique de Karystos, célèbre pour son puissant arsenal de guerre et sa flotte commerciale.

Depuis Karystos, on peut se rendre à la belle plage de **Bourou** et visiter les villages qui s'étendent depuis le pittoresque hameau de **Platanisto** jusqu'au cap de Karyféa (Cavo doro) célèbre pour ses tempêtes.

Plages de sable, à Marmari.

SPORADES

Il s'agit des îles les plus charmantes de la mer Egée. Leur verdure abondante et les eaux limpides de leurs côtes rappellent la montagne du Pélion qui se trouve à proximité. ***Skiathos*** *est l'île la plus proche de cette montagne et également la plus développée de ces îles, avec certaines des plus belles plages de Grèce. Plus à l'est, se dresse* ***Skopélos*** *avec ses montagnes fleuries et son port pittoresque. A proximité de celle-ci se trouve* ***Alonissos****, avec sa forêt de pins touffus et ses superbes fonds marins. C' est là et dans les îles avoisinantes que se trouve le dernier refuge du petit phoque de la Méditerranée. Tout près d'Eubée,* ***Skyros*** *avec son chef lieu (Chora) traditionnel accroché à la montagne aride et disposant des produits d'art populaire renommés, les meubles de Skyros et les poteries.*
L'accès à Skiathos, Skopélos et Alonissos s'effectue par des petits ferry-boats ou des transbordeurs rapides au départ d'Aghios Constantinos et de Volos. A Skyros, depuis la ville de Kymi à Eubée. Il existe également une liaison aérienne au départ d'Athènes pour Skiathos et Skyros.
Nous devons enfin souligner qu'autour de ces quatre îles principales des Sporades, il existe une multitude de petites îles, îlots ou îles-rochers dont le nombre dépasse les 700. Nous en décrirons ici(ou situerons en indiquant leur localisation), 73 au total. Parmi celles-ci, seules 9 sont habitées.

La plage de Lanaria a Skiathos: l'une des plus belles plages de Grèce

Skiathos

Skiathos est l'un des premiers "paradis perdus", qui fut découvert. Jusqu'alors, on la connaissait uniquement à travers les récits de l'écrivain Papadiamandis. Les voyageurs qui la virent pour la première fois furent impressionnés et depuis, un nombre croissant de visiteurs envahit l'île. Sur ses superbes plages de sable on a peu à peu commencé à construire des hôtels de luxe et la fréquentation de l'île augmentant parallèlement, Skiathos est devenue l'une des îles les plus cosmopolites de Grèce.

La vie à Skiathos a beaucoup changé depuis que l'île a été "découverte". Cependant, ses fameuses plages demeurent toujours aussi belles et les ruelles de Chora restent pittoresques. Dans l'une de celles-ci, on peut admirer la maison de Papadiamandis qui rappelle d'autres époques que décrivit le grand prosateur.

Elle se trouve à 41 milles marins de Volos et à 44 milles d'Aghios Constantinos. Elle possède des montagnes peu élevées, plantées de pins et de grandes criques ornées de superbes plages de sable. Elle couvre une superficie de 48 km² et son littoral s'étend sur 44 km. Sa population atteint le nombre de 4200 habitants.

Skiathos est accessible en avion depuis Athènes. Vous pouvez également vous y rendre en transbordeur ou en hydroglisseur au départ d'Aghios Constantinos, de Volos, d'Alonissos et de Skopélos. En été l'île est également accessible depuis la ville de Kymi à Eubée, depuis Skyros et les autres îles.

La maison de Papadiamantis.

HISTOIRE

Skiathos prit part aux guerres médiques et en 478 av. J.-C. elle devint membre de l´Alliance Athénienne. Par la suite, elle fut envahie par les macédoniens puis par les Romains.

En 1204, les Vénitiens devinrent souverains de l'île et les Turcs leur succédèrent en 1538. C'est à cette époque que les habitants de la vieille ville, construite à l'emplacement de l'actuelle Skiathos, l'abandonnèrent et construisirent dans la partie nord de l'île, sur un rocher inaccessible, la fameuse forteresse. Durant la révolution de 1821, de nombreux combattants de la région de Thessalie, située en face, trouvèrent refuge sur l'île. Skiathos fut libérée en 1823. En 1830, les habitants de l'île abandonnèrent leur forteresse historique et construisirent la nouvelle Chora qui est celle que l'on peut visiter aujourd'hui.

Le grand narrateur Alexandros Papadiamandis (1851-1911) qui naquit à Skiathos, fait renaître les intéressantes pages d'histoire de l'île à travers ses récits.

A droite: le pittoresque hameau de Bourtzi et en bas, vue d'ensemble du port de Skiathos.

Découverte de l'île

Skiathos et Chora

Chora fut construite aux environs de 1830, à l'emplacement de l'ancienne ville. Ses ruelles pittoresques présentent une fréquentation importante durant l'été. C'est ici que se trouve la demeure du grand écrivain **Alexandre Papadiamandis**, qui est transformée en musée et comprend de nombreux meubles et objets personnels qui lui ont appartenu.

Entre les deux ports de Skiathos, se trouve la petite péninsule de **Bourtzi** remplie de pins et de vestiges de la muraille de l'ancienne forteresse. Chora possède encore quelques églises intéressantes, parmi lesquelles on distingue celle de **Tris Ierarchès** (la métropole qui se situe dans la partie supérieure de la ville).

A proximité de Chora se trouve le hameau de **Ftélia** et la plage de **Megali Ammos**.

Achladiès. (4 km). Petite baie dotée de l'une des plus belles plages de l'île et qui est devenue un lieu de villégiature touristique.

Tzaneriès. (4,5 km). Baie plus encastrée qu'Achladiès et qui subit elle aussi un essor touristique important.

Kanapitsa (4,5km). Hameau situé au sud de la baie de Tzaneriès.

Troullos (8 km). Hameau situé à l'intersection de la route qui conduit au monastère de **Panaghia tis Kounistras.**

Koukounariès (11 km). C'est ici que débute la plus belle plage de Grèce, en forme de fer à cheval, bordée de sable dorée et d'immenses pins parasols verdoyants. Une petite rivière coule à la lisière du sable et une passerelle permet d'accéder à cette belle plage. Derrière la forêt de pins parasols, un étang vient compléter ce paysage d'une beauté rare.

A l'est, on trouve les plages de **Banana, Krassa** et **Aghia Eleni** et au nord, au-delà d'une dense forêt de pins, la plage exotique de **Mandraki** aux immenses dunes qui aboutissent par une pente abrupte à la mer.

Excursions en Caique

En effectuant le tour de l'île en caïque, vous pourrez découvrir les curiosités suivantes:

Galazia Spilia (grotte bleue). Au nord de l'île. A proximité de Galazia Spilia se trouve **Skotini Spilia** (grotte sombre). Ici les yeux s'habituent à l'obscurité, le spectacle est saisissant.

Lalaria et Trypia Pétra. Plage impressionnante aux galets ronds immaculés de tailles différentes. A son extrémité, un rocher forme une passerelle au-dessus de la mer couleur émeraude.

Kastro (Forteresse). Imposant Rocher situé au nord de l'île, à proximité de Lalaria. C'est au sommet de celui-ci que les habitants de Skiathos construisirent au 16ème s. ap. J.-C. la forteresse qui abritait leurs 300 habitations et leurs 30 églises. C'est là qu'eurent lieu les combats avec les Turcs et les pirates dont parle Papadiamandis dans ses récits. Il ne reste malheureusement que deux églises. L'une est celle de **Christou,** dotée d'une iconostase en bois sculpté datant de 1695 et de nombreuses fresques murales. Après la visite de Kastro, le caïque poursuit sa route en direction du sud ouest et passe par **Assélino** et **Mandraki** (ou par le port de Xerxi), pour revenir à Chora, par **Koukounariès**.

Tsougrias. Joli petite île noyée dans la verdure, plantée de peupliers et bordée de sable blanc.

Monastères

Monastère d'Aghios Charalambos. Situé à environ 5 km au nord de Chora, entre le monastère d'Evangelistria et Lalaria. C'est ici qu'a passé les dernières années de sa vie le narrateur originaire de Skiathos, Alexandros Moraïtidis.

Monastère d'Evangelistria. Situé à 4 km au nord de Chora. Il s'agit du monastère historique de Skiathos où en 1807 le drapeau grec fut élevé pour la première fois, dans la version que nous lui connaissons, avec la croix blanche et ses couleurs actuelles. Le 15 août se déroule dans ce monastère la cérémonie de la **sépulture de la Vierge**, une coutume unique en Grèce.

Monastère de Kechrias. Monastère isolé et oublié, situé dans la baie du même nom, au nord ouest de l'île. Il se situe à environ 8 km de Chora.

Monastère de Panaghia tis Kounistras. Un embranchement à droite, au 8ème kilomètre de la route Chora-Koukounarion (à Troullo), conduit au bout de 9 km à ce monastère byzantin à la belle iconostase en bois sculpté.

En haut à gauche: Skiathos.
Au centre: La forteresse historique, à l'extrémité nord de l'île.
A droite: Le monastère d'Evangelistria et en bas, la fameuse plage de Koukounariès.

Skopelos

Deuxième île des Sporades, en surface, après Skyros, il s'agit d'un paradis vert qui renferme dans son golfe le port pittoresque du chef lieu (Chora) de Skopélos. On est charmé dès le premier coup d'œil, lorsqu'on aperçoit depuis le bateau cette cité aux maisons immaculées accrochées au sommet des collines. On est pris d'envie de débarquer et de flâner sur sa belle plage et de se promener dans ses ruelles étroites. En arrivant finalement à Chora et en faisant tout le tour, on souhaitera ensuite également découvrir le reste de l'île; aller à Stafylo, la baie qui tient son nom du général mythique de l'époque minoenne, qui construisit Skopélos et en devint son premier roi.

C'est ici que l'on trouva son tombeau qui renfermait un sceptre en or ainsi que d'autres objets précieux. Depuis Stafylo, vous vous rendrez à Agnonda et au village idyllique de Panormos qui possède à son entrée une petite île verdoyante. Derrière Panormos, on peut apercevoir le fameux village de Milia, à l'immense plage de sable. La route goudronnée vous conduira ensuite à Elios puis à Glossa, pour finalement aboutir à Loutraki qui est le deuxième port de l'île. Vous aurez ainsi un aperçu de toute la côte sud ouest de Skopélos et il vous restera encore à visiter la partie nord-est aux ravins abrupts et aux rochers dans lesquels s'engouffre le vent. Cette côte est accessible en caïque uniquement. Il vous faudra également visiter les célèbres monastères de Skopélos, aux rares fresques murales, aux icônes et aux iconostases en bois.

Skopélos se trouve entre Skiathos et Alonissos et est à 58 milles marins de Volos. Ile verdoyante dont la montagne la plus élevée, Delfi, atteint 680 m. Sa superficie s'élève à 95 km^2, son littoral s'étend sur 67 km et sa population compte 4500 habitants.

L'essor touristique connu par l'île durant les dernières années n'a cependant pas modifié son fort caractère traditionnel.

L'île est renommée pour ses produits d'art folklorique et principalement pour les poteries ainsi que pour la qualité de ses pruneaux.

Skopélos est accessible en ferry boat ou en hydroglisseur au départ de Volos, Aghios Constantinos, Skiathos et Alonissos. En été, vous pouvez vous y rendre depuis Kymi, Skyros et d'autres îles.

HISTOIRE

Skopélos était connue dans l'antiquité sous le nom étrange de Péparithos. Elle fut colonisée par le roi Minos et on dit que son premier habitant fut le roi légendaire Stafylos, fils de Dionysos et d'Ariane. On pense que le tombeau qui fut découvert en 1927 dans la baie de Stafylo est le sien. Parmi les divers objets précieux que renfermait son tombeau, on a trouvé un sceptre en or massif, qui se trouve au musée archéologique de Volos, et un grand manche d'épée en or qui est conservé au musée d'Athènes.

L'île prit son nom à l'époque hellénistique. A la fin de l'époque romaine, le protecteur Aghios Riginos qui était également le premier évêque de l'île, en fut le martyr.

Durant l'époque byzantine, Skopélos était utilisée comme lieu d'exil. En 1204, elle fut envahie par les Vénitiens, pour repasser plus tard sous l'égide du chevalier Likario de l'empereur byzantin Michael VII tou Palaiologou et rester grecque jusqu'en 1453, date à laquelle Constantinople tomba aux mains des Turcs. L'occupation vénitienne lui succéda de nouveau, jusqu'en 1538, date à laquelle l'amiral turc Barbarossa envahit l'île et tua tous ses habitants.

Skopélos fut désertée pendant de nombreuses années et c'est seulement aux 17ème et 18ème siècles qu'elle recommença à être habitée et à s'organiser, pour finalement prendre part à la lutte de 1821 et être libérée en 1832, en même temps que les autres îles des Sporades.

Découverte de l'île

Skopélos ou Chora

Les maisons immaculées construites en amphithéâtre sur les versants des collines avaient, il y a de nombreuses années, des toits formés par des plaques en pierre. Seules se démarquaient de ces toits leurs conques blanchies, faisant ainsi ressembler Chora à un village de légende. Aujourd'hui, les plaques de pierre ont été remplacées par des tuiles et les conques blanches sur la crête des toits se font de plus en plus rares. Malgré ce changement, Chora demeure l'une des villes les plus pittoresques de la mer Egée. Sa beauté est complétée par la riche végétation qui l'entoure et par ses célèbres églises qui dépassent le nombre de 100. Parmi celles ci, on distingue celles de Zoodochos Pigi, d'Archangelos Michael et de Christos; et parmi les vestiges de la forteresse, celle d'Aghios Athanassios. Il convient de visiter une maison de Skopélos afin de voir l' architecture et la décoration intérieure qui se compose de tissus, de broderies, de poteries et d'autres objets de l'art populaire local.

A gauche: La superbe ville de Skopélos et en haut, deux des nombreuses et pittoresques églises de l'île.

Excursions en voiture

Stafylos. Depuis l'axe principal, un petit embranchement à gauche conduit, au bout de 5 km, à cette jolie baie sablonneuse qui est liée à l'histoire de l'île.

Agnondas. Baie abritée du vent, située à 8 km au sud de Chora. Lorsque le meltem souffle avec force, les hydroglisseurs s'en servent comme port d'ancrage. Une route prenant sur la gauche, après Agnondas, conduit à **Limnonari,** une crique encastrée bordée de sable et à la beauté sauvage.

Panormos. Il s'agit de la plus belle crique de l'île. Elle se trouve à 16 km de Chora. Le site est idyllique, il possède une immense plage de sable au large de laquelle se trouve une petite île noyée dans la verdure.

Milia. C'est la plus jolie et la plus vaste plage de Skopélos et certainement l'une des plus belles de la mer Egée. Elle borde une mer d'une couleur magnifique et charme le visiteur dès qu'il l' aperçoit depuis la forêt de pins. Depuis la route principale, on va jusqu'à Milia, en effectuant une petite déviation. Au large de Milia se trouve la petite île verdoyante en forme de cône de **Dessa. Elios.** Autre plage de sable située au sud ouest, à 21 km de Chora.

Klima. Village situé à proximité de Glossa, tout près de la mer. Il se trouve à 24 km de Chora.

Glossa. Important hameau verdoyant construit sur les hauteurs et disposant d'une superbe vue sur la mer, situé à 26 km de Chora. Ses habitants conservent encore les us et coutumes traditionnels et de nombreuses femmes portent encore leurs costumes locaux.

A 28 km Loutraki. Port d'ancrage de Glossa. Il s'agit du deuxième port de l' île et en été il est assez fréquenté.

Excursions en Caique

Vous pouvez également découvrir en caïque toutes les plages citées précédemment ainsi que les plages désertes de la côte nord est qui ne sont pas accessibles en voiture. Il convient de visiter la grotte de **Trypiti,** située à 30´ environ de Chora.

Monastères

Il existe de nombreux monastères à Skopélos, construits sur de beaux sites verdoyants et disposant d'églises intéressantes, de fresques murales et d'icônes anciennes. Les principaux d'entre eux sont:

Le monastère d'Aghios Riginos. Il se situe à 3 km au sud de Chora et est en général peu visité, bien qu'il constitue un intérêt historique et religieux non négligeable. Il abrite en effet le tombeau d'Aghios Riginos, le saint protecteur de l'île qui fut martyr à Skopélos, en 362 ap. J.-C.

Le monastère d'Episkopi. Il s'appelle tout simplement Episkopi et ne se trouve qu'à 10´ de Chora. Il constituait le siège de l'évêque.

Le monastère d'Evangelistria. Il s'agit de l'un des principaux monastères de l'île, à environ 3 km à l'est de Chora. Il fut construit au 18ème s. par l'homme de lettres de Skopélos, Daponté. Sa partie centrale renferme une superbe iconostase en bois sculpté.

Le monastère de Métamorphosseos. Il se trouve lui aussi à l'est de Chora. Sa nef abrite des fresques murales ainsi qu'une iconostase en bois sculpté.

Le monastère de Prodromou. Situé à 6 km au nord est de Chora, il fut construit au 17ème s.

La plage d'Elios, sur la côte ouest de l'île.

L'église de Panaghitsa tou Pyrgou, à l'extrémité du port.

Alonissos

Alonissos possède les plus beaux fonds marins de toutes les îles de la mer Egée. Imaginez un rocher blanc comme le marbre avec des sillons rouges, s'enfonçant dans une mer turquoise en formant des sortes de piliers et surmonté d'une dense forêt de pins. C'est l'image que vous rencontrerez sur la plupart des plages de l'île. La plus belle étant cependant celle de Votsi, au nord du port (Patitiri). L'ancienne capitale de l'île (Chorio ou Liadromia, comme l'appellent les autochtones) qui est construite au sommet de la colline reste encore éloignée de la vague touristique. Là haut, certaines des anciennes habitations traditionnelles ont survécu aux ravages du séisme de 1965 mais ont bien sûr été restaurées par leurs nouveaux propriétaires. D'autres, sont tombées à l'abandon, soumises à l'impitoyable usure du temps. La plupart des habitants du village l'ont quitté à la suite du séisme. Ils ont vendu leurs maisons à des étrangers et ont construit un nouveau hameau plus bas, près de la mer.

Alonissos est entourée de nombreuses jolies petites îles contenant des grottes sous-marines qui constituent le refuge des derniers phoques de la Méditerranée. C'est ici que l'on a enfin érigé un parc marin visant à leur protection. Ces derniers phoques de la Méditerranée parviendront-ils d'ailleurs à échapper à la disparition de la race?

Alonissos se trouve tout près de Skopélos et à 62 milles marins de Volos. L'île est couverte de pins, qui sont souvent suspendus au-dessus de la mer. Elle couvre une superficie de 64 km^2 et son littoral s'étend sur 64 km. Sa population s'élève à 1500 habitants. Ses montagnes ne dépassent pas les 500 m d'altitude. Son réseau routier dessert principalement le sud de l'île où se trouve également le port, tandis que la partie nord est presque déserte.

Alonissos est accessible en transbordeur ou en hydroglisseur depuis Aghios Constantinos, Volos, Skopélos et Skiathos. L'été vous pouvez également vous y rendre depuis la ville de Kymi, à Eubée.

HISTOIRE

Il semble que dans l'antiquité la ville d'Alonissos se trouvait sur l'îlot de Kyria Panaghia ou plus probablement sur l'île de Psathoura où il reste des vestiges de la ville antique au fond de la mer. Ces deux îles se trouvaient alors au nord d'Alonissos avec laquelle elles étaient reliées. L'île fut habitée dès l'âge préhistorique. La ville antique d'Ikos était importante. Elle se trouvait à l'emplacement de Kokkinokastro (château rouge), dont des parcelles de la muraille de l'acropole classique sont encore visibles.

L'occupation d'Alonissos, au 4ème s.av. J.-C., fut l'objet de nombreux litiges entre les Athéniens et Philippe de Macédoine. L'île était plus grande que Skiathos, mais de moindre importance que sa voisine, Alonissos. Elle dépendait d'ailleurs de cette dernière et c'est pourquoi son sort fut presque similaire. Au 2ème s. ap. J.-C. elle fut envahie par les romains. Ce fut ensuite la période byzantine, durant laquelle fut construite la muraille du fort du village, puis en 1207 l'occupation vénitienne par les Gizi. Les Turcs furent souverains de l'île en 1538 et le rattachement à la Grèce intervint en 1830.

Jeunes filles portant le costume traditionnel.

Patitiri. Port de l'île et port d'ancrage de Chora. Ses maisons sont construites en amphithéâtre sur les rochers et sont entourées d'une dense forêt de pins.

Alonissos. (Palio Chorio ou Liadromia). Village situé à environ 4 km du port, au sommet d'une falaise abrupte.

Le séisme de 1965 a détruit la plupart de ses maisons. Au bord de cette falaise on trouve encore des parcelles de l'ancienne muraille byzantine qui fut ensuite restaurée par les Gizi, les conquérants vénitiens.

Votsi. A 1km au nord est de Patitiri. Hameau accroché en surplomb de la baie la plus pittoresque de l'île et disposant d'un petit port en contrebas.

Chrissi Milia. Il s'agit de l'une des plus belles plages de sable d'Alonissos, à 4 km au nord est de Patitiri. Elle est également accessible en caïque (depuis Patitiri) en 20΄ environ.

Kokkinokastro (Fort rouge). Plage de sable située en contrebas de gorges escarpées, de couleur rouge, qui sont bordées de pins à leur sommet. A proximité, se trouvent les vestiges d'une ville antique que l'on croit être la célèbre **Ikos.** Elle se situe au nord est de Patitiri.

Kokkinonissi ou Vrachos. Petite île située au large de Kokkinokastro. C'est ici que l'on a trouvé des outils datant de l'âge paléolithique, qui semblent être les traces les plus anciennes de la présence humaine en mer Egée.

Tzortzi Gialos. Belle plage de sable située juste après Kokkinokastro. On pense que c'est ici que se trouvait le port de la ville antique d'Ikos.

Leptos Gialos. Petite crique pittoresque de sable blanc, bordée d' eaux limpides, à 30΄ de caïque et située à 6 km au nord est de Patitiri.

Sténi Vala. Hameau construit dans une crique étroite qui ressemble à un petit fjord,à 12 km au nord est de Patitiri.

Marpounda. Hameau de bord de mer possédant deux splendides plages de sable bordées de rochers.

Coin pittoresque de Marpounda.

ILOTS SITUÉS À PROXIMITÉ D'ALONISSOS

Gioura. Ilot montagneux et difficile d'accès, connu pour sa célèbre **grotte du Cyclope**, remplie de stalactites et de stalagmites, qui se trouve à l'ouest de l'île. L'accès à la grotte nécessite un guide. Une race étrange de chamois, qui ressemble au fameux "kri-kri" de Crète, vit sur l'île. L'îlot de Gioura se trouve au nord est d'Alonissos, entre Kyra-Panaghia et Psathoura.

Dyo Adelfia. Il s'agit de deux petites îles que l'on aperçoit à l'est de Patitiri. Elles se trouvent entre Alonissos et Skantzoura.

Kyra-Panaghia (Pelagonissi). C'est le plus intéressant et le plus grand des îlots entourant Alonissos. C'est ici que se serait trouvée la ville antique d'Alonissos. L'îlot possède trois criques: Au sud-ouest, celle **d'Aghios Petros** à la belle plage de sable; au nord, celle de **Planiti** qui est superbe et encastrée constituant ainsi un port naturel; et une plus petite, à l'est, où se trouve également le monastère **Moni Panaghia**, édifice datant vraisemblablement du 16ème s. et dont la nef centrale est constiuée par une basilique, des cellules, un réfectoire et un hospice. Le monastère est la propriété du monastère Moni Megistis Lavras du mont Athos. L'îlot de Kyra-Panaghia compte peu d'habitants, dont la principale activité est l'élevage. L'accès à l'île, qui se trouve à 12 milles marins au nord est d'Alonissos, s'effectue par des petits caïques au départ de Patitiri.

Peristéra (Xéro). C'est l'île la plus proche d'Alonissos et la deuxième, en superficie, après Kyra-Panaghia. Elle possède de nombreuses criques de sable et très peu d' habitants. Elle dispose de deux ports naturels, ceux de Vassiliko et de Péristéri.

Pipéri. Ilot verdoyant situé au milieu de la mer Egée.
L'île abrite encore une race rare de vache naine, de couleur cannelle et noir, qui appartient à la famille des bovidés à petites cornes.

Pappous. Il s'agit d'un ilôt orné d' une charmante petite église ancienne. Il se trouve entre Kyra-Panaghia et Gioura.

Skantzoura. L'île est connue des pêcheurs et principalement des adeptes de la pêche sous-marine. Elle se trouve à 13km au nord-est d'Alonissos, dispose de belles plages et d'un monastère doté d'une maison d'hôtes. Ses seuls habitants sont des bergers.

Psathoura. Ile la plus au nord d'Alonissos et de l'archipel des Sporades. Ses reliefs sont si bas que de loin on l'aperçoit à peine. Cependant, durant la nuit, son phare, construit sur des rochers volcaniques, signale fermement sa présence aux bateaux qui passent au large.

Dans la partie sud de l'île, à proximité du port et entre **Psathoura** et la petite île de Psathouropoula, se trouve immergée la ville antique qui serait, selon certaines interprétations, l'ancienne ville d' Alonissos.

C'est dans les grottes marines des îlots entourant Alonissos que vient se nicher le phoque méditerranéen "Monachous Monachous".

Skyros

Il s'agit de la plus grande île des Sporades. Son imposant chef lieu (Chora) est accroché au rocher. Elle possède un monastère byzantin (celui de Saint Georges) et un fort antique. C'est l'île où, selon la mythologie, le roi Lykomède cachait le jeune Achille, déguisé avec des vêtements de petite fille, pour le garder à l'écart de la guerre de Troie. Mais celui ci fut finalement découvert par Ulysse qui l'emmena avec lui. Skyros reste encore loin de la vague touristique, gardant ainsi sa beauté originelle. Une immense plage de sable s'étend en contrebas de Chora et une dense forêt de pins borde ses criques pittoresques.

Mais c'est principalement son art folklorique traditionnel qui distingue Skyros du reste des îles des Sporades: les poteries, les broderies aux superbes motifs et les célèbres meubles sculptés. Ce sont également les traditions et les coutumes, qui demeurent inchangées jusqu'à nos jours.

L'île abrite encore une race rare de chevaux nains, dont la taille ne dépasse pas 1m. Il y a 30 ans, ces chevaux étaient environ 2000. Aujourd'hui il n'en reste plus que 150. La municipalité de Skyros ainsi que le gouvernement essaient de les protéger.

Skyros se trouve presque au centre de la mer Egée, à 22 milles marins de la ville de Kymi à Eubée. La région nord de l'île est couverte de pins alors que la partie sud est aride. C'est dans cette dernière que se trouve la plus haute montagne de Skyros, le mont Kochilas (792 m). Elle couvre une superficie de 209 km^2 et un littoral de 130 km. Sa population s'élève à 2800 habitants.

Une route goudronnée traverse la partie nord de l'île et des liaisons locales de bus relient le port de Linaria à Chora.

Skyros, avec son ensoleillement important et son climat agréable constitue le lieu idéal pour des vacances paisibles. Elle est accessible en ferry boat depuis la ville de Kymi à Eubée et (en été) depuis Skiathos. Vous pouvez également vous y rendre en avion depuis Athènes, ou en hydroglisseur au départ de Volos, de Skiathos, de Skopélos et d'Alonissos.

HISTOIRE

Il s'agit de l'une des îles les plus intéressantes de la mythologie grecque. Selon celle-ci, Thésée serait allé chercher refuge dans la cour de Lykomède. Mais ce dernier l'entraîna dans une promenade et le poussant d'une falaise, le tua. Le général athénien, Cimon, envahit l'île de Skyros en 468 ap. J.-C. et on dit qu'il y trouva la tombe de Thésée dont il ramena les ossements à Athènes pour les mettre à Thissio.

En 322 ap. J.-C. les Macédoniens envahirent Skyros et en 196 ap. J.-C. les Romains en firent cadeau aux athéniens. La période byzantine succéda, puis en 1204 ce fut le tour de l'occupation vénitienne. L'île fut finalement envahie par les Turcs en 1538 et retrouva son indépendance en 1832.

Le village de Chora, le fort et la vaste plage.

Découverte de l'île

Chorio ou Chora. Situé dans la région nord de l'île, à 11 km du port de Linaria, ce village est construit en amphithéâtre sur le versant d'un immense rocher au sommet duquel se trouve le **château** du roi homérique, Lykomède. On peut voir des parcelles de la muraille de l'acropole datant des années classiques (5ème s. av. J.-C.). On a également retrouvé des traces de civilisations beaucoup plus anciennes, débutant à l'âge du bronze. Mais aujourd'hui, le visiteur peut surtout admirer les édifices byzantins et post-byzantins.

Il convient de visiter l'église de l'Assomption **(Kimisséos tis Théotokou),** construite en 895 à l'intérieur de la forteresse et le célèbre monastère **d'Aghios Georgios tou Skyrianou** qui fut fondé selon la tradition de 960, par Saint Athanase (ou Nikiforos Fokas). Depuis le monastère, la vue sur Chora est unique. On est impressionné par ses maisons qui ressemblent à des cubes dont les toitures (pour autant qu'elles n' aient pas été remplacées par du ciment) sont recouvertes d'une peinture couleur gris-bleue.

A l'extérieur du fort, les autres églises intéressantes sont celles **d'Archontopanaghia** et **d'Aghios Giannis.** A l'extrémité nord de Chora, se trouve une place spacieuse depuis laquelle la vue sur la mer et le village de **Magazia** est superbe. A son extrémité se situe la petite église pittoresque d'Aghia Triada ainsi que la statue en bronze du poète anglais, **Robert Brooke**, qui mourut à Skyros en 1915 et fut enterré sur le site de Tris Boukès. En contrebas de cette place se trouve le **musée folklorique** et **historique** de Faltaits, qui porte le nom du sage et chercheur de l'histoire et du folklore de l'île **Manou Faltaits.**

A proximité de la place Brooke et du chemin qui descend vers le village de Magazia, se trouve le **Musée Archéologique**. En dehors de la visite des musées, il faut absolument aller admirer une maison de Chora, dont l'intérieur est décoré exclusivement avec des objets de l'art traditionnel folklorique (meubles en bois sculpté, objets en terre cuite, broderies, canevas).

Aspous. Hameau bordé d'une plage de sable et de tavernes, situé à 4 km de Chora, à proximité de la baie **Achilli. Atsitsa.** Baie pittoresque ornée de pins se trouvant sur la côte nord ouest de l'île, accessible en voiture.

Kalamitsa. Grande baie sablonneuse en forme de fer à cheval, à l'est de Linaria. Au-delà de Kalamitsa, le chemin de terre se poursuit jusqu'à **Aghia Mama, Nifi** (avec sa source et ses platanes) et **Tris Boukès**.

Linaria. Le port de Skyros, où amarrent les ferry boat, à 11km au sud de Chora, dans une baie protégée du meltem. Au large, se trouve l'îlot de **Balaxa** et plus à l'ouest, celui de **Skyropoula.** Tous deux sont inhabités. A proximité de Linaria se trouve le hameau **d'Acherounès. Magazia.** Premier village qui fut construit en contrebas de Chora, face à une superbe plage de sable étendue.

Molos. Situé dans le prolongement de Magazia, ce hameau dispose d'un petit port de pêche.

Pefkos. Baie pittoresque, bordée d'une plage de sable et de tavernes, située à l'est de Linaria. L'accès s'y effectue en voiture ou en caïque (de nombreuses excursions sont organisées depuis Chora, pour Pefko).

Spiliès (grottes). Elles se trouvent dans les falaises de **Kochila,** au sud est de Chora. L'accès s'effectue en caïque depuis Molos, uniquement par temps calme.

Tris Boukès. Baie pittoresque située dans la région sud de l'île. Son entrée est obstruée par deux petites îles qui laissent uniquement trois passages possibles. Sur l'un de ses sites agréables se trouve la tombe du poète anglais Brooke. Une petite crique (Glyfada) ornée d'une magnifique plage de sable se trouve sur l'un des deux petits îlots **(Sarakiniko).**
On peut accéder à la stèle funéraire de Brooke en voiture, mais il est préférable d'effectuer le trajet en caïque afin de pouvoir réellement l'apprécier.

En haut: Broderie typique de Skyros.

En bas: Vue de Magazia depuis le musée de Faltaits.

ÎLOTS SITUÉS AUX ALENTOURS D'EUBÉE

GOLFE NORD D'EUBÉE

Monolia	*O. Aghios Georgios*
Lichadès	*O. Aghios Georgios*
Strongili	*O. Aghios Georgios*
Atalandis	*Golfe d'Atalandis*
Aghios Nikolaos	*Golfe d'Atalandis*
Gaïdouronissi	*Golfe d'Atalandis*
Aghios Georgios	*N.E. Larymnas*
Chtyponissi	*E. Chalia*

GOLFE SUD D'EUBÉE

Passadassi	*S. Chalkida*
Kolonna	*S. Chalkida*
Griniarou	*S. Chalkida*
Patsi	*S. Erétrie*
Pezonissi	*S. Erétrie*
Aghia Triada	*S.E. Erétrie*
Aspronissi	*S.E. Erétrie*
Fidonissi	*S. Aliveriou Boufos*
Fodonissi	*Baie de Boufalo*
Kavaliani	*Baie d'Almyropotamo*
Aghios Dimitris	*Baie d'Almyropotamo*
Batherista	*Baie d'Almyropotamo*
Dimakos	*Baie d'Almyropotamo*
Styra	*O. Styra*
Kounéli	*N. Stouronissi*
Fonias	*N. Stouronissi*
Tigani	*N. Stouronissi*
Aghios Andréas	*O. Stouronissi*
Bergoudi	*O. Stouronissi*
Petoussa	*S. Stouronissi*
Akio	*S.E. Niborios*
Elafonissi	*E. Marmarios*
Petali	*S.E. Marmarios*
Megalo Nissi	*S.E. Marmarios*
Chersonissi	*S.E. Marmarios*
Tragos	*S.E. Marmarios*
Founti	*S.E. Marmarios*
Lamberoussa	*E. Marmarios*
Avgo	*E. Marmarios*
Makronissi	*E. Marmarios*
Prasso	*S.E. Marmarios*
Louloudi	*S.E. Marmarios*
Paximadi	*S. Karystos*
Aghia Paraskevi	*S. Karystos*
Mandilou	*S.E. Karystos*
Raftis	*E. Porto Rafti*
Dipsa	*O. Niborios*

COTES DE LA MER EGEE

Pontikonissi	*N.E. Agriobotanos*
Mirmigonissi	*E. Agriobotanos*
Lefkonissi	*E. Kotsikias*
Tria Nissia	*N. Chiliadous*
Chiliadonissi	*N. Chiliadous*
Chili	*N. Kymi*
Platy	*N. Kymi*
Prassouda	*E. Kymi*
Karvouno	*E. Ochthonia*
Doros	*E. Kavo Doro*

ÎLES ET ÎLOTS DES SPORADES

SKIATHOS

Daskalio	*E. du port*
Marangos	*S.E. du port*
Argos	*S.E. du port*
Répi	*S.E. du port*
Tsougrias	*S.E. Achladiès*
Tsougriaki	*S.E. Achladiès*
Prassou	*E. Kanapitsa*
Marines	*S. Troulos*
Tourlonissia	*S. Troulos*
Leftéris	*E. Koukounariès*
Eleni	*E. Koukounariès*
Kastronissia	*N. Kastro*
Ano Myrmigonissia	*E. Skiathos*
Aspronissos	*E. Skiathos*
Myrmigonissia	*S.E. du port*

SKOPELOS

Aghios Georgios	*E. Skopélos*
Mikro	*E. Skopélos*
Déssa	*O. Milia*
Strongilo	*O. Milia*
Plevro	*O. Elios*
Kassidas	*O. Elios*
Paximada	*O. Loutraki*

ALONISSOS

Skopélos	*S.E. Patitiri*
Vrachos	*S. Kokkinokastros*
Péristéra	*E. Alonissos*
Lykorréma	*E. Alonissos*
Pédimoulès	*N. Alonissos*
Moromoulès	*N. Alonissos*
Manolas	*O. Alonissos*
Stavros	*O. Alonissos*
Kyra Panaghia	*N.E. Alonissos*
Pélérissa	*O. Kyra Panaghia*
Prasso	*N.E. Kyra Panaghia*
Koubi	*N.E. Kyra Panaghia*
Pappous	*N.E. Kyra Panaghia*
Gioura	*N.E. Kyra Panaghia*
Psathoura	*N. Gioura*
Psathouropoula	*N. Gioura*
Pipéri	*E. Kyra Panaghia*
Dyo Adelfia	*E. Patitiri*
Adelfia	*E. Patitiri*
Adelfopoulo	*E. Patitiri*
Kabria	*E. Patitiri*
Polyrichos	*N.E. Patitiri*
Gaïdaros	*N.E. Patitiri*
Skantzoura	*N.E. Patitiri*
Lazofitonissia	*N.O. Skantzoura*
Strongilo	*O. Skantzoura*
Prasso	*O. Skantzoura*
Skandili	*N.O. Skantzoura*
Korakas	*N.O. Skantzoura*

SKYROS

Bala	*S.O. Linoria*
Erinia	*O. Skyros*
Skyropoula	*O. Skyros*
Lakkonissi	*O. Skyros*
Aghios Fokas	*O. Skyros*
Thalia	*O. Skyros*
Salangui	*O. Skyros*
Koulouri	*O. Skyros*
Myrmigonissia	*N.O. Skyros*
Atsitsa	*N.O. Skyros*
Katsouli	*N.O. Skyros*
Notio Podi	*N. Skyros*
Vorio Podi	*N. Skyros*
Vrikolakonissia	*N.E. Chora*
Sarakiniko	*S. Skyros*
Platy	*S. Skyros*
Exo Diavatis	*S. Linaria*
Plaka	*S. Linaria*
Messa Diavatis	*S. Linaria lorizo*

5 NORD - EST DE LA MER EGÉE

Onze îles majeures, réelles perles de la mer Egée, et une foule de petites îles alignées les unes à la suite des autres, formant un zigzag, qui commence à Kavala (en Macédoine) et se prolonge jusqu'à l'archipel du Dodécanèse. Certaines de ces îles et particulièrement Mytilène, Chios et Samos, se trouvent tout près des côtes d'Asie Mineure. Si près que souvent on aperçoit dans le passage qui les sépare, les routes, les maisons et les champs de l'Orient. ***Thassos*** *qui est l'île située le plus au nord, est plantée de pins immenses et se trouve en bordure des côtes de Macédoine; tandis qu'au sud de la Thrace se trouve* ***Samothraki****, l'île où l'on découvrit la célèbre statue de La Victoire, qui orne aujourd' hui le musée du Louvre. Encore plus au sud,* ***Limnos****, l'île d' Héphaïstos (Vulcain) puis au milieu de la mer Egée,* ***Aghios Efstratios****.*

THASSOS SAMOTRAKI LIMNOS AGHIOS EFSTRATIOS
LESBOS CHIOS INOUSSES PSARA SAMOS IKARIA FOURNI

Dans le prolongement se trouve ***Lesbos****, la grande île verdoyante aux belles criques et aux forêts pétrifiées, puis* ***Chios****, l'île aux lentisques (arbres à gomme) odorants et aux villages médiévaux. En face de Chios se trouvent les petites îles d'****Inousses*** *avec leurs belles plages, puis un peu plus loin l'île de* ***Psara****. Au sud, la superbe* ***Samos****, l'île de Pythagore, aux forêts immenses et aux plages de sable blanc. A l'ouest,* ***Icarie****, l'île montagneuse couverte de verdure et entre Samos et Icarie, les petites îles de* ***Fourni****, avec leurs pittoresques villages de pêcheurs. Vous pouvez vous rendre à Limnos et à Mytilène (Lesbos) en avion depuis Athènes et Thessalonique et à Chios et Samos, uniquement depuis Athènes. Les principales liaisons de ferry boat desservant ces îles seront mentionnées au début de la présentation de chacune d'entre elles.*

Nous avons parlé en introduction d'une foule de petites îles qui entourent les principales îles du nord et de l'est de la mer Egée. Dans ce chapitre, nous décrirons (ou simplement localiserons) 82 d'entre elles, en incluant les îlots et îles-rochers de la presqu'île Chalcidique et de la baie Pagacitique. Parmi celles-ci, seules 20 sont habitées.

Thassos

Il s'agit de la grande île aux pins immenses. Des pins d'une famille particulière, dont le tronc blanc et très droit est utilisé pour la fabrication des mats de bateaux. Elle se trouve à 17 milles marins de Kavala, en Macédoine, et à seulement 4 milles de Kéramoti. Superbe île dotée en son centre d'une montagne au sommet élevé, le mont Ypsario ou Psario (1203 m), et tout autour de côtes dentelées ornées de sable blanc et de pins qui sont très souvent littéralement suspendus au-dessus de la mer. Thassos a connu un essor touristique rapide. Une route goudronnée d'assez bonne qualité fait le tour de l'île. Ce réseau routier est également employé par les bus locaux qui relient les villages à la plage et au chef lieu, Liménas ou Thassos. Tout est là pour offrir au visiteur un séjour agréable et pour lui permettre de choisir entre la vie mondaine des grands centres touristiques et le calme d'un coin isolé, sur l'une des plages immenses de l'île.

Thassos est l'île la plus au nord de la mer Egée, elle couvre une superficie de 379 km² et son littoral s'étend sur 95km. Sa population atteint le nombre de 13000 habitants. Vous pouvez vous rendre à Liménas en ferry boat depuis Kavala ou Keramoti, alors que Prino, le deuxième port de Thassos, qui se trouve en face de forages de pétrole, n'est accessible que depuis Kavala.

Liménas, le chef lieu de Thassos .

HISTOIRE

Thassos fut habitée dès la fin de l'ère néolithique, probablement par des habitants de la Thrace. Au début du 7ème s. av. J.-C. les habitants de Paros entamèrent une campagne afin d'envahir l'île. Son objectif était d'acquérir la richesse minérale de Thassos. Cette campagne, à laquelle prit également part le célèbre poète de Paros Archiloque (qui la décrivit dans l'un de ses poèmes), fut couronnée par la réussite des habitants de Paros, qui devinrent souverains de Thassos. L'île connut alors une période de gloire. On fonda une colonie sur les côtes situées en face, la ville de Thassos fut fortifiée et les liens commerciaux avec Athènes, Corinthe, les Cyclades et la région d'Ionie se développèrent. Cet essor fut momentanément interrompu par l'ouragan perse qui s'abattit sur l'île à deux reprises: en 490 av. J.-C. avec Darius, qui détruisit les murs de fortification de la ville et en 480 av. J.-C. avec Xerxès. Durant la guerre du Péloponnèse la souveraineté de l'île se partageait alternativement entre Athènes et Sparte. En 477 av. J.-C. elle devint membre de l'Alliance de Délos et en 340 av. J.-C. elle fut envahie par le roi de Macédoine Philippe II. Au 2ème et au 1er s. av. J.-C., lors de l'occupation romaine, l'île connut une certaine prospérité. Les gisements d'or étaient bien entendu épuisés, mais Thassos exportait alors du marbre et du vin. La longue période byzantine succéda jusqu'en 1204, où elle fut interrompue par l'appariton des Francs pendant environ 50 ans pour se poursuivre ensuite jusqu' au 15ème siècle, lorsque les Gateluzzi devinrent souverains de Thassos et restèrent sur l'île pendant presque 40 ans. L'occupation turque, qui ne fut interrompue que par une intervention russe d'une durée de 4 ans (1770-1774), dura de 1460 à 1912, où Thassos retrouva son indépendance et fut par la suite rattachée à la Grèce.

Découverte de l'île

Liménas ou Thassos

Il s'agit du chef lieu de l'île et il compte 2400 habitants. Construit à l'emplacement de la ville antique, dans une crique idyllique très verdoyante. En été, cette ville attire tout naturellement la plupart des visiteurs de l'île. C'est en fin d'après-midi qu'il y a le plus d'agitation, à l'heure où les vacanciers effectuent leur promenade sur la plage ou s'assoient à la terrasse des cafés pour apprécier le superbe coucher de soleil.

Le site archéologique se trouve à coté du port, qui dans l'antiquité était utilisé en tant que base navale, et tout près des habitations de la ville. A l'est de ce port se trouvent les vestiges des temples de Poséidon et de Dionyssos (tous deux datant du 4ème s. av. J.-C.) et de l'Agora. Encore plus à l'est, sur le versant d'une colline plantée de pins, on peut observer les ruines du **théâtre** (3ème s. av. J.-C.). Ce théâtre, dans lequel ont lieu aujourd'hui encore des représentations durant l'été, a été modifié par les Romains. Au sommet de la colline resplendit l'acropole. Les murs d'enceinte existants datent de l'époque médiévale et ont été construits à l'emplacement des murailles anciennes. La descente depuis **l'acropole** peut également s'effectuer par la façade sud ouest, en longeant le mur d'enceinte. Dans ce cas le visiteur devra passer successivement par la porte de Silinou, celle d'Héraclès (Hercule) et de Dionysos et enfin par la porte de Zeus et d'Héra (Junon). Les vestiges du temple d'Héraclès, le protecteur de l'île, se trouvent au nord de la porte d' Hercule et de Dionysos.

Le **musée archéologique** se situe à proximité du port antique et il abrite d'intéressants vestiges trouvés sur l'île.

Le théâtre antique de Thassos.

Le pittoresque et la grande plage de sable caractérisent Liménaria.

EXCURSIONS

1. Liménas-Panaghia-Potamia-Liménaria (54 km)

A 3km. A l'est du port se trouve la merveilleuse crique de **Makryammou** qui dispose d'un grand complexe touristique au large duquel on aperçoit, un îlot rocheux. Un peu plus loin, se situent les côtes idylliques d'Aghios Giannis ornées de pins suspendus au-dessus de la mer et de marbre blanc.
A 7 km Panaghia. Village dont les maisons conservent le style traditionnel macédonien. Parmi ses curiosités, on distingue l'église de Panaghia et la Grotte du dragon (Drakospilia). Depuis le village un embranchement conduit à la fameuse plage de **Chrissi Amoudia** (escale de Panaghia).
A 9 km Potamia. Village situé en contrebas du mont Psariou -la plus haute montagne de Thassos (1203 m) - et entouré d'une superbe forêt de pins.
A 12 km. Intersection. D'ici, un embranchement à gauche conduit à **Chrissi Akti** (escale de Potamias), lieu de villégiature bordé de sable.
A 20 km. Kinyra. Petit village connaissant un essor touristique, situé dans une région calme et idyllique et au large duquel se trouve la petite île du même nom.**A 31 km. Alyki.** C'est à proximité d'ici que se trouvaient les anciennes carrières de marbre. Plus loin, tout près de **Thymonia,** sur le versant isolé de la montagne, se trouve le monastère de **l'Archa-nge Michel,** Saint protecteur de l'île. **A 45 km. Psili Ammos, Astrida.** Deux jolis hameaux de bord de mer, situés à proximité l'un de l'autre.
A 50 km. Potos. Village de bord de mer. D'ici une déviation à droite conduit, au bout de 10 km, à **Theologo,** l'un des plus jolis villages de Thassos, possédant des demeures anciennes et des églises intéressantes.
A 54 km. Liménaria. Il s'agit de l'un des plus grands villages touristiques de Thassos.

2. Liménas-Prinos-Skala Marion-Liménaria (41 km)

A 4 km. Glyfada. Pittoresque baie sablonneuse. Elle attire beaucoup de monde en raison de la proximité de Liménas.
A 12 km. Skala Rachoniou. Village de bord de mer doté d'une plage de sable.
A 16 km. Prinos. Il s'agit du port des villages de **Mikros** et **Mégalos Prinos** qui se trouvent à l'intérieur de l'île. Prinos s'est développé de façon importante après la découverte du pétrole et l'installation de forages pétroliers dans sa zone marine. Il possède en outre une superbe plage de sable bordée d'arbres.
A 21 km. Skala Sotira. Port du village de Sotira, possédant des eaux cristallines. Tout près, se trouve **Skala Kallirachis**.
A 30 km. Skala Marion. Situé sur la côte sud ouest de Thassos, il s'agit du port d'ancrage du village de Marion, situé à 13 km.
A 41 km. Liménaria.

Samothrace

Lorsqu'on entre au musée du Louvre la première chose que l'on peut admirer est la célèbre statue de la Victoire, aux larges ailes déployées. Cette **statue fut trouvée à Samothrace**. Cela laisse supposer de l'intérêt archéologique de l'île. C'est effectivement ce à quoi s'attend le visiteur et ses espérances se confirment lorsqu'il se promène parmi les vestiges de la ville antique et du célèbre temple des Grands Dieux. Cependant ce à quoi on ne s'attend pas et qui surprend, c'est la beauté sauvage et unique de l'île.

En commençant par cette montagne imposante, le mont Fengari (= lune) également appelé Saos par les grecs anciens, qui atteint 1611 m d'altitude et est le plus élevé de la mer Egée. Homère raconte que le dieu Poséidon s'asseyait à son sommet pour observer le déroulement de la guerre de Troie, située à 200 kilomètres de là.

Depuis le sommet abrupt et rocheux de cette imposante montagne débutent des ravins verdoyants qui descendent à pic jusqu'à la mer et forment des cascades. Parfois, à la source de ces cascades se forment des petits lacs qui sont bordés de platanes, de framboisiers et de baies de myrte. Le plus beau spectacle que la nature puisse offrir. Samothrace est réputée tant pour les eaux limpides et cristallines de la mer qui l'entoure, que pour ses sources thermales. En dépit de l'intérêt archéologique et des beautés naturelles qu'elle présente, l'île reste encore éloignée de la grande vague touristique.

Samothrace se trouve à 29 milles marins au sud ouest d'Alexandroupoli, avec laquelle elle est reliée quotidiennement par des ferry boat. Il existe également des liaisons (moins fréquentes) avec la ville de Kavala. Elle occupe une superficie de 178 km^2 et son littoral s'étend sur 58 km. Sa population s'élève à 2900 habitants, dont les principales occupations sont l'agriculture, l'élevage, le tourisme et la pêche. L'île est réputée comme étant l'un des endroits les plus poissonneux de Grèce.

HISTOIRE

Samothrace fut habitée dès la fin de l'époque néolithique. Au 11ème s. av. J.-C. des habitants de la Thrace (située sur le rivage opposé), en collaboration avec les autochtones, consacrèrent l'adoration des Grands Dieux et les mystères tant discutés des Cabires. Il existe certaines similitudes entre ces mystères et ceux d' Eleusis, tout comme entre les Grands Dieux et les divinités grecques. C'est ainsi que la grande déesse Axiéros présente des ressemblances avec la déesse Déméter (Cérès) tandis que l'on fait le parallèle entre Axiokersos et Axiokersa (les dieux qui aidèrent la grande déesse) avec Hadès et Perséphone, les divinités grecques du monde sous terrain. On remarque enfin certaines similitudes entre les deux Cabires et les Dioscures grecs. Cependant, en ce qui concerne les mystères des Cabires, quelles que soient les suppositions que nous fassions, nous n'en connaissons pas le déroulement, car tous ceux qui y furent initiés (et on prétend que les grecs illustres de l'époque qui y furent initiés sont nombreux) gardèrent le silence. La légende raconte également que le roi Philippe II de Macédoine rencontra la princesse épirote Olympias durant le déroulement de l'un de ces mystères. C'est de ce mariage que naquit Alexandre le Grand. Parallèlement aux séances de mystères, des cérémonies avaient lieu annuellement. Durant cellesci, les pèlerins firent don au temple d'édifices impressionnants tels que l'Arsinoio, le Ptolémaio et également la célèbre statue ailée de la Victoire de Samothrace.

La Victoire de Samothrace.

Ces célébrations très anciennes consacrèrent l'île en tant que centre religieux du nord de la mer Egée et lui offrirent richesse et prospérité. Les Eolides originaires de Mytilène ou d'Asie Mineure arrivèrent à Samothrace à la fin du 8ème s. av. J.-C.. Dès lors, une période de croissance commença pour l'île, qui connut un essor important au 5ème s. av. J.-C. et atteignit son apogée durant la période hellénistique (3ème s. av. J.-C.). Cette heure de gloire se poursuivit durant l'occupation romaine. Samothrace tomba finalement dans l'oubli au 4ème s. av. J.-C., lorsque l'empereur de Byzance, Théodose, interdisit les célébrations d'idolâtrie dans le temple des Cabires.

Durant la période byzantine, la ville antique fut abandonnée. Le génois Gateluzzo devint souverain de l'île en 1430, il fit construire des remparts autour du fort et resta sur l'île jusqu'en 1457, date à laquelle les Turcs envahirent l'île. La libération de l'île et son rattachement à la Grèce eurent finalement lieu en 1912.

Découverte de l'île

Kamariotissa. Le port de Samothrace.

Chora. Le chef lieu pittoresque, construit en amphithéâtre en contrebas du fort. Toutes ses maisons sont construites de manière traditionnelle, avec des tuiles. Il se trouve à 6km du port. **Paléopoli.** (A 7 km au nord est de Kamariotissa). Le long de l'hôtel "Xénia", s'étend le site archéologique de l'ancienne Samothrace, qui fut fondée au 7ème s. av. J.-C. Parmi les vestiges, on distingue le **temple** des **Cabires** (ou des Grands Dieux) situé sur un beau site rempli de pins et offrant une vue admirable sur la mer. Il s'agit du temple possédant 5 colonnes redressées. A proximité de là se trouvent les vestiges du théâtre ainsi que l'emplacement où se trouvait la statue de la **Victoire** de **Samothrace.** Le **musée archéologique** recèle d'importants objets trouvés autour du temple, des représentations d'édifices ainsi qu'une effigie en plâtre de la Victoire de Samothrace.

Therma. Hameau situé à 15 km de Kamariotissa, dans une région possédant des sources d'eau et beaucoup de verdure. Il se trouve à 1 km de la mer et doit son essor, principalement à ses sources thermales.

Chutes de Gria Vathra (Fonias). Elles sont formées par un cours d'eau dont l'embouchure se trouve à proximité de Pyrgos tou Fonia (Tour de l'assassin), à 4 km à l'est de Therma. Elles prennent leur source dans un petit lac qui est entouré de platanes. Il s' agit probablement du plus beau site de l'île. On y accède en voiture, jusqu'à l'embouchure de la rivière, puis en longeant cette dernière à pied, durant 30´ environ.

Prophitis Ilias. Pittoresque village possédant des maisons de style traditionnel et un superbe panorama sur la mer. Il se trouve à 15 km au sud est de Kamariotissa. Avant d'y arriver, on rencontre le village de **Lakkoma,** à 11 km.

Pachia Ammos. Il s'agit certainement de la plus belle plage de l'île.

On y accède en empruntant un chemin de terre de plusieurs kilomètres, qui débute après Lakkoma et passe à coté de la charmante église de **Panaghia** tis **Krimniotissa,** qui est construite au sommet d'un rocher escarpé qui domine la mer et la vallée.

A l'est de Pachia Ammos se trouve la fameuse plage de sable de **Vatos** bordée d'eaux cristallines, d'imposants rochers et de grottes. Encore plus à l'est on peut admirer la **cascade** de **Kremastos** qui descend depuis le sommet du mont Saos, coule sur le rocher nu et escarpé et se jette directement dans la mer. Vous vous rendrez à ces deux endroits en caïque, depuis Kamariotissa.

La plage de Kipos, située à l' extrémité sud est de l'île est également impressionnante.

Le temple des Cabires.

Les chutes de Fonias.

Limnos

Durant l'antiquité, l'île était recouverte d'un épais nuage de fumée dont s'échappaient des langues de feu brûlantes. Il s'agissait des flammes des deux volcans situés au sommet de ces montagnes. C'est sur l'une d'entre elles, le mont Mosychlos, que Zeus aurait, selon la mythologie, jeté Héphaïstos (Vulcain) pour qu'il y vive, loin du mont Olympe qui constituait la résidence des autres dieux.

Les siècles s'écoulèrent, les volcans cessèrent leur activité et c'est alors qu'au milieu de la fumée qui s'atténuait apparut une île qui ressemblait à une vaste vallée. Une vallée aride de couleur blanchâtre, qui avait besoin d'eau. Rien ne faisait plus penser à la cosmogonie qui avait eu lieu. C' est uniquement dans l'ouest de l'île que l'on pouvait apercevoir quelque chose d' étrange, que l'on peut voir aujourd' hui encore: les immenses rochers noirs amassés en de grands monceaux de pierres au bord de la plage de sable blanc. Des collines abruptes qui émergent de manière impressionnante de la mer turquoise. A cet endroit, la plaine régulière se mêle à la montagne accidentée. La jolie plage de Myrinas (abritée du vent) se confond avec le rocher escarpé sur lequel se trouve son château génois et impressionne le visiteur. Ce dernier admirera également le littoral dentelé, les criques au superbe sable fin, le climat sec, l'important ensoleillement, le bon vin et la chaleur des habitants.

Limnos, qui se trouve au nord de Mytilène, est accessible en avion depuis Athènes, Thessalonique et Mytilène ou en ferry boat au départ du Pirée, de Rafina, Chios, Mytilène, Thessalonique et Kavala.

Limnos occupe une surface de 477 km^2 et a un littoral de 259 km. Sa population s'élève à 16000 habitants. Elle se trouve à 186 milles marins du Pirée. Son chef lieu est la bourgade de Myrinas.

La forteresse et les plages de sable de Myrina.

HISTOIRE

Homère fait référence aux légendaires Sintiès comme étant les premiers habitants de Limnos. Ce sont eux qui s'occupèrent du dieu du feu, exilé et handicapé, Héphaïstos, que Zeus avait jeté sur leur île. En témoignage de reconnaissance, Hépaïstos leur inculqua l'art du forgeron. Selon la mythologie, le premier roi de Limnos était Thoas, qui épousa la fille du roi d' Iolcos, Myrina. Durant le règne du roi Thoas, les femmes de Limnos, avec à leur tête la fille du roi, Hypsipyle, afin de se venger de leurs maris qui les négligeaient, saoulèrent ces derniers et les tuèrent tous, à l'exception du roi Thoas. Par la suite elles épousèrent les Argonautes qui arrivèrent sur l'île en revenant de Colchide. Hypsipyle se maria d' ailleurs avec leur chef, Jason. De l'union des femmes de Limnos et des Argonautes, naquirent les Minyès.

Des fouilles ayant eu lieu dans la région sud est de l'île ont révélé la ville antique de Poliochni, dont la chronologie remonte au 4ème millénaire av. J.-C. et l'existence s'est poursuivie jusqu'aux environs de 1600 av. J.-C..

Vers l'an 1000 av. J.-C., l'île fut habitée par les Pélasges ou les personnes originaires de Tyr. C'est alors que furent créées les deux autres villes antiques de l'île, tout d'abord celle d'Héphaistia puis celle de Myrina. Durant les guerres médiques Limnos était dominée par les Perses puis, après la défaite des Perses, elle devint membre de l'Alliance Athénienne, qui envoyèrent sur l'île leurs propres colons.

L'île fut ensuite envahie par les Macédoniens, les Romains et les Byzantins, pour finalement tomber sous la domination des Vénitiens et des Génois. Au 15ème siècle les Turcs arrivèrent sur l'île. Lors de l'une de leurs offensives, aux environs de 1475, les habitants de Limnos, encouragés par la résistance téméraire de la jeune Marie, repoussèrent avec succès leurs attaques. Elle tomba finalement sous la domination des Turcs en 1479 et fut libérée par l' arsenal grec en 1912.

La forteresse et les plages de sable de Myrina.

Découverte de l'île

Myrina. Il s'agit du port et du chef lieu de l'île, construit à l'emplacement de la ville antique du même nom. Elle est bordée par deux plages qui sont séparées par une péninsule rocheuse et escarpée possédant à son sommet l'imposante forteresse. La promenade sur le port et sur les belles plages de Myrina est très agréable, tout comme l'ascension jusqu'à la forteresse génoise, depuis laquelle on possède une vue superbe sur la ville et la mer. Vous ne devez pas omettre de visiter le **musée archéologique** qui abrite des objets superbes.

Platy. Jolie crique encastrée dotée de sable fin, en contrebas du village du même nom. Elle se trouve à 2 km de Myrina.

Thanos. Village verdoyant situé à 2 km au sud est de Platy. La baie de Thanos, qui se trouve à environ 1 km du village, dispose d'une belle plage et de restaurants.

Kontias. C'est l'un des plus importants villages de Limnos, avec de vieilles demeures bourgeoises, de belles rues et la jolie église de Christos. Il se trouve à 7 km de Thanos et à 11 km de Myrina. La baie de Kontias abrite la plage probablement la plus protégée du vent de Limnos.

Kaspakas. Village situé à 6 km au nord de Myrinas. Kaspakas surplombe une immense plage de sable. Sur l'un des segments de cette plage, se dressent de grands rochers abrupts qui font penser aux Météores en miniature.

Kotsinas. Village de pêcheurs situé au cœur du golfe de Bournia, sur la côte nord de l'île, à 25 km de Myrina et disposant d'un fort médiéval. A proximité de Kotsina se trouve le mont Despotis, dont on pense qu'il était le mont Mosychlos avec son volcan.

Héphaistia. Il s'agit de la plus grande ville antique de Limnos. Sa construction débuta aux alentours de l'an 1000 av. J.-C. et la ville exista durant plus de 2000 ans. Depuis Héphaistia (à 35 km de Myrina) vous pouvez vous rendre au village de **Kontopouli** qui se trouve à proximité des deux lacs de l'île.

Temple des Cabires (Chloi). Vestiges d'un ensemble d'édifices datant du 7ème au 6ème s. av. J.-C. et qui constituaient le lieu de culte des Cabires. C'est à l'intérieur de salles particulièrement vastes appelées Télestiria (salles de cérémonie) qu'avaient lieu les mystères Cabires, tout comme à Samothrace. On accède au temple des Cabires, situé à 36 km de Myrina, en empruntant un embranchement prenant à gauche qui mène de Kontopouli à Plaka.

Poliochni. C'est le site le plus intéressant de Limnos. Il s'agit de la plus ancienne ville néolithique de la mer Egée. Sa construction débuta aux environs de l'an 4000 av. J.-C (voir la partie histoire). Le site de Poliochni se trouve au sud est de Limnos, à 33 km de Myrina et à 9 km de Moudros.

Moudros. Deuxième port et autrefois chef lieu de l'île. On peut y admirer la belle église d'Evangelismou tis Theotokou. Il se situe à 27 km de Myrina.

Aghios Efstratios

Petite île située en plein cœur de la mer Egée, entre Limnos, Skyros et Mytilène. Elle est très peu fréquentée. Elle semble avoir été découverte par des naufragés qui vinrent s'y installer. Ils cultivèrent la terre, se consacrèrent aux activités de la pêche...

Les années s'écoulèrent ainsi. Au 9ème siècle, Aghios Efstratios (qui donna son nom à l'île) y vécut exilé et y mourut. En 1968, un séisme ravagea l'île. Plus de la moitié des maisons fut détruite. Nombreux sont les habitants qui quittèrent l' île, mais la majorité d'entre eux resta. Ils construisirent de nouvelles maisons, retournèrent aux champs et repartirent en mer. Aghios Efstratios se situe à 16 milles marins de Limnos, couvre une superficie de 43 km^2 et compte une population de 296 habitants. Vous pouvez vous y rendre en transbordeur depuis le Pirée, Rafina, Chios, Mytilène, Kavala et Thessalonique (via Limnos).

HISTOIRE

Les vestiges mycéniens de la ville antique de Néai, qui était construite sur un promontoire, prouvent que l'île était habitée depuis très longtemps. Durant le moyen-âge elle fut désertée pendant un laps de temps.

Découverte de l'île

Le petit port **d'Aghios Strati** se trouve au nord ouest de l'île. Le village, construit en amphithéâtre, est escarpé. Aghios Efstratios est une île volcanique possédant des rivages déserts, de nombreuses grottes marines et de belles plages. Administrativement, elle dépend de la province de Limnos appartenant au département de Mytilène.

Mytilene (Lesbos)

Il est difficile de décrire en quelques mots une île aussi grande et superbe que celle de Mytilène. On ne saurait quoi mentionner en priorité: les criques magiques de Géras et de Kallonis? Ses immenses plages de sable et ses châteaux? Le village de Sigri et la forêt pétrifiée? La bourgade pittoresque de Molyvos, le hameau d'Agiassos et le peintre populaire Théophile? Les célèbres fêtes dont l'origine remonte à l'antiquité? Peut-on se contenter du spectacle qu'elle offre aujourd'hui, sans remonter aux années de Sappho et d'Alkaios? Comment peut-on ne pas se référer à ceux qui récitaient alors à Mytilène leurs célèbres poèmes et laissèrent derrière eux un tel héritage culturel? Cet héritage se perpétua durant des siècles sur l'île et fut transmis jusqu'à aujourd'hui. Il fut transmis à Eftaliotis, Myrivilis et Vénézi; ainsi qu'au prix nobel contemporain, Ulysse Elitis.

Le saut de la mort de Sappho, sur les rochers de Leucade (gravure).

Mytilène se situe entre Chios et Limnos, à proximité des côtes turques. Il s'agit, en superficie, de la troisième île grecque. Elle couvre 1630 km², son littoral s'étend sur 370 km et sa population s'élève à 89000 habitants. Elle se trouve à 188 km du Pirée. Il existe des liaisons en ferry-boat depuis le Pirée mais également depuis Thessalonique, Kavala, Limnos, Chios, Samos et les îles du Dodécanèse. Mytilène est également reliée en avion depuis Athènes et Thessalonique.

L'île est plantée de pins et d'oliviers qui recouvrent ses montagnes aux reliefs souples. Ses sommets ne dépassent pas 1000m d'altitude. Elle dispose d'un bon réseau routier et d'infrastructures touristiques satisfaisantes. Mytilène est réputée pour la qualité de son huile, de ses olives et de ses fromages ainsi que pour son ouzo, ses sardines (qui sont pêchées dans le golfe de Kallonis) et ses produits d'art populaire, tels que les poteries, les objets sculptés dans le bois et les tissus.

HISTOIRE

L'île fut habitée pour la première fois aux environs de l'an 3000 av. J.-C., par un peuple de l'Anatolie voisine qui était originaire de Troie. Les Eolides arrivèrent sur l'île vers l'an 1000. C'est à cette époque que commencèrent à se développer les 6 villes antiques de l'île: Mytilène, Mithymna, Arisvi, Antissa, Eréssos et Pyrra. L'essor culturel commença un peu plus tard. A la fin du 8ème s. av. J.-C. et au début du 7ème s., l'île révéla trois personnages importants de l'art et de la culture. Le guitariste Arion, le poète Alkaio et la célèbre poétesse lyrique Sappho. Cet élan culturel fut interrompu au milieu du 6ème s. av. J.-C., par l'invasion perse. En 479 av. J.-C., après la défaite des Perses, l'île fut intégrée à la Confédération athénienne. Mais avec le déclenchement de la guerre du Péloponnèse et jusqu'au 4ème s. av. J.-C. elle fut occupée alternativement par Athènes ou par Sparte. En 84 av. J.-C. les Romains devinrent souverains de l'île mais ils lui accordèrent cependant une certaine autonomie. Cela eut pour résultat de permettre à l'île de jouir de nouveau d'une certaine croissance.

Durant la période byzantine, le point déterminant pour l'île fut la cession de l'île par l'empereur Jean Paléologue à son gendre génois Francesco Gateluzzo, en guise de dot pour le mariage de sa fille Marie. Par le biais de cette donation l'hégémonie des Gateluzzi s'instaura donc et dura jusqu'en 1462, date à laquelle l'île fut envahie par la puissante armée de Mehmed II et fut l'objet de massacres et de pillages.

La population grecque fut cruellement éprouvée durant l'occupation turque. C'est seulement après la guerre entre la Turquie et la Russie, en 1774, qu'elle put jouir d'une certaine liberté de culte. Au cours de la lutte de 1821, l'île se souleva mais sa tentative échoua et elle dut subir les dures représailles de la part des Turcs. Sa libération eut finalement lieu en 1912.

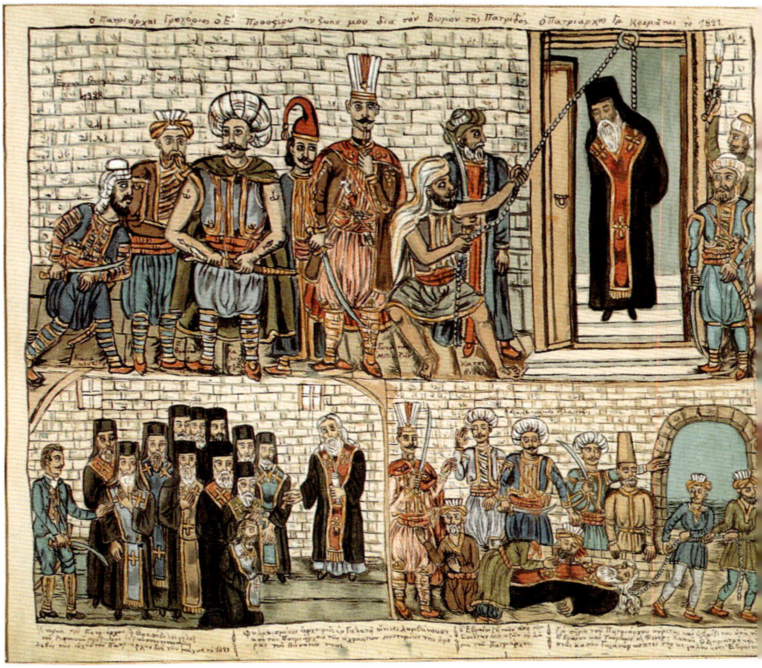

Oeuvre du peintre populaire Théophile.

Découverte de l'île

Mytilène

Jolie ville possédant un charme particulier. Elle compte aujourd'hui près de 30000 habitants et est le chef lieu de la préfecture de Mytilène qui comprend Mytilène, Limnos et Aghios Efstratios. En l'apercevant depuis le bateau, on peut distinguer la forteresse historique, sur les hauteurs à droite en haut de la forêt de pins, et au premier plan, le port principal et sa jetée, les caïques colorés, les grands voiliers, les boutiques et les hôtels. L'église d'Aghios Theraponda resplendit avec son architecture impressionnante et ses dômes élevés. Derrière la ville on aperçoit les montagnes plantées de pins et d'oliviers. Le **musée archéologique** se situe à proximité de l'endroit où amarrent les transbordeurs. Au nord du musée se trouve le quartier de **Kioski,** avec ses belles demeures anciennes, qui s' étend vers la colline de la forteresse.

L'imposante **forteresse** de **Mytilène** était autrefois de style byzantin, mais elle fut remaniée par le génois Francisco Gateluzzo, en 1373. Au nord ouest de la forteresse se trouve l'ancien port de la ville, le port du nord, comme l'appellent les habitants. Entre les deux ports se trouve l'église **d'Aghios Athanassios,** datant du 17ème s. Dans la première rue parallèle à la jetée, la rue du marché, on peut admirer l'importante église **d'Aghios Théraponda** datant du 19ème s. et à proximité, le **musée byzantin.** Sur la jetée se **trouve** le **musée** d'art. En dehors de l'exposition de ces objets, le musée possède également certains morceaux des arbres provenant de la forêt pétrifiée.

Au nord ouest de l'île, sur le versant d'une colline se trouvent les vestiges du **théâtre antique** qui était l'un des plus importants de la Grèce antique.

Quartiers sud.

Varia (à 4km). C'était la patrie du peintre populaire Théophile. C'est donc pour cela que le **musée Théophile** se trouve ici. A proximité de celui-ci on peut également visiter le **musée d'art moderne** d' Eleftheriadi-Tériand.

Vigla (à 5 km). Il s'agit de la plus belle plage de cette région.

Aéroport (8 km).

Kratigos (12 km). Plage bordée d'eaux limpides.

Koudouriouda (11km). A 1 km après **Skala Loutron**. D'ici, vous pouvez traverser le canal de l'entrée du **golfe** de **Géras** et passer sur le rivage d'en face, à **Pérama.** A cet endroit, les baignades sont très agréables.

Aghios Ermogénis (à 14 km, en passant par Loutra et à 20 km en passant par Kratigos). Jolie crique située à l'entrée du golfe de Géraset possédant une mer turquoise.

Vue d'ensemble de Mytilène. En arrière plan, le fort historique.

EXCURSIONS

1. Apolithoménos Dassos (Forêt Pétrifiée) - Sigri (92km)

Vous allez vers l'ouest, en direction du golfe de Kallonis

A 7 km. Vous arrivez au pittoresque **golfe** de **Géras** qui est si fermé qu'il ressemble à un lac. Le paysage est très verdoyant.

A 12 km. Croisement avec une route qui, sur la gauche se dirige vers Plomari. Vous continuez tout droit.

A 31 km. Vous vous trouvez dans le deuxième et plus important golfe de l'île, le **golfe** de **Kallonis**, avec ses ravissants ports de pêche et ses plages.

A 37 km. D'ici un embranchement à droite conduit au bout de 4 km à la bourgade **d'Aghia Paraskevi.** C'est ici qu'a lieu, fin mai, la célèbre fête du taureau.

A 39 km. Arisvi. En haut du village se trouvent les vestiges de la ville antique d'Arisvi.

A 40 km. Kalloni. Il s'agit du chef lieu de la région de Mithymnis, situé au milieu de l'une des plus vastes vallées de Mytilène. Il jouit d'une activité commerciale importante. **Depuis Kalloni**, un embranchement à gauche conduit, 4 km plus loin, au village de Skala Kalloni qui dispose d'une plage de sable et de tavernes. Depuis l'embranchement de Kalloni, à l'entrée nord, vous suivrez la route allant en direction de Molyvo (Mithymna).

A 41 km. Une déviation à droite mène à Pétra, Molyvo. Vous prenez sur la gauche, vers Sigri.

A 45 km Monastère de **Limonos.** Il s'agit du plus important monastère de Mytilène. Il fut bâti en 1523 et constitua le centre culturel de l'île. Il servit également d'école secrète durant les années d'occupation turque. Son musée et sa bibliothèque recèlent des œuvres inestimables.

A 76 km Antissa. Jolie petite ville qui s'étend sur le versant des collines et surplombe la route. Son port d'ancrage est le village de **Gavathas** (à 9km). La ville antique d'Antissa se trouvait à l'est de Gavvathas, à proximité de la mer.

A 78 km. Intersection. D'ici, un embranchement à gauche conduit, au bout de 10km, à **Eresso** et encore 4 km plus loin à **Skala Eressou**, à la superbe plage de sable immense. A proximité de Skala Eressou on peut voir les vestiges de la ville **antique d'Eresso** ainsi que les ruines de deux églises paléochrétiennes datant du 5ème s.

A 80 km. D'ici, une déviation de 2 km conduit au **monastère d' Ypsilou,** l'ancien monastère byzantin qui fut construit aux alentours du 9ème s., au sommet du mont Ordymnos et fut par la suite restauré. Il renferme de précieux objets ecclésiastiques et possède une vue superbe. Vous regagnez la route principale et continuez en direction de l'ouest.

A 85 km Abords de la Forêt Pétrifiée. Cette terre aride et sauvage qui s'étend à l'infini sur la gauche, constitue la "forêt". Ne pensez pas y voir des troncs d'arbres plantés les uns à côté des autres.

Tronc de la forêt pétrifiée.

Cependant, le spectacle que vous pourrez observer en empruntant le chemin de terre qui s'engage sur la gauche sur plusieurs kilomètres sera toutefois inoubliable. On peut voir des troncs pétrifiés isolés, dont le diamètre dépasse les 3 mètres et la taille peut atteindre 10 mètres. Mais on en verra surtout de plus petits qui ressemblent à des troncs d'arbres et qui ne sont en fait rien d'autre que des rochers, des troncs en pierre qui furent formés il y a peut être plus d'un million d'années par un volcan en activité.

A 92 km Sigri. Il s'agit de l'extrémité ouest de Mytilène. Une petite crique magique en surplomb de laquelle se trouve un fort qui domine une mer calme parsemée de rochers et d'embarcations diverses. Le hameau, qui est assez fréquenté, se situe à côté du fort.

A Nissiopi, la petite île se trouvant en face, tout comme au fond de la mer, on peut apercevoir des arbres pétrifiés.

2. Agiassos-Polichnitos-Vatéra (61 km)

Suivez l'itinéraire précédent sur 14 km, puis tournez à gauche.

A 22km. Intersection d'Agiassos. D'ici, un embranchement à gauche mène au bout de 4km à **Agiassos,** l'un des villages les plus pittoresques de Mytilène, accroché au versant du mont Olympos, à une altitude de 450 m. Toutes les toitures des maisons sont recouvertes de tuiles, les ruelles sont étroites et pavées, les maisons anciennes et la plupart des balcons sont en bois et ornés de fleurs. Au centre du village resplendit l'église de Panaghia avec son dôme élevé. Elle fut construite en 1170 et elle fut remaniée en 1815. Dans ses dépendances, l'église abrite un musée byzantin ainsi qu'un musée d'art populaire qui recèlent des objets de valeur.

L'art populaire est plus développé à Agiassos que dans n' importe quelle autre région de Mytilène. Ses habitants parlent de manière plus prononcée le dialecte de l'île. La poterie et la sculpture constituent une tradition remontant à trois millénaires. A l'occasion des fêtes, il est possible que vous entendiez jouer dans le village de l'ancien Sabtouri par les meilleurs musiciens de l'île qui sont originaires d'Agiassos.

Depuis l'intersection d'Agiassos (à 4 km), vous poursuivez votre route en direction de Polichnitos.

A 45 km. Polichnitos. Petite bourgade réputée pour ses sources thermales. A proximité de Polichnitos se trouve Skala Polichnitou (à 4km) et **Nyfida,** toutes deux bordées d'une plage. Elles se situent dans le golfe de Kallonis.

A 53 km. Vatéra. Il s'agit probablement de la plus belle plage de Mytilène. Elle débute dans le village et s'étend à l'est jusqu'au cap d'Aghios Foka. C'est à proximité de ce cap que se trouvait le temple de Dionysos.

En haut: Sigri possède un charme unique.

En bas: La vaste plage d'Eresso.

3. Thermi-Mantamados-Skala Aykamias (51 km)

Suivez la route de bord de mer en direction du nord.

A 9 km Pyrgi Thermis. Autrefois, il y avait ici de nombreux forts. Il n'en reste plus aujourd'hui que quelques uns. A gauche de la route, sur un promontoire, on peut apercevoir l'église byzantine de Panaghia tis Tourlotis, l'une des plus anciennes églises de l'île. Tout près de la mer, on a découvert un **village préhistorique** qui fut construit pour la première fois vers l'an 3000 av. J.-C.. C'est sur les ruines de ce village que l'on en construisit par la suite d'autres plus récents.

A 11km. Plage de Thermis. Important site touristique bordé d'une mer splendide. Il constitue avec **Thermis** un quartier dont le nom officiel est Loutropoli Thermis. Le nom Thermis provient de ses sources thermales chaudes. A 3 km au sud ouest de Thermi se trouve le **couvent d'Aghios Raphaël.**

A 16 km Mystegna. A proximité de là, sur la droite, se trouve Skala Mystegnon.

A 21 km Skala Neon Kydonion. Le port d'ancrage de Neon Kydonion.

A 23 km Xabélia. Belle plage bordée de tavernes.

A 31 km. Une petite déviation à droite conduit à la plage **d'Asprotamos,** puis 2 km plus loin, à l' une des plus belles églises byzantines de l'île, Aghios Stéfanos.

A 37 km Mantamados. Important village réputé pour ses produits d'élevage. Il convient de visiter le **monastère** des **Taxiarques** qui se trouve à proximité du village.

A 48 km Sykamia. Egalement appelé Sykaminéa. Village pittoresque noyé dans la verdure et offrant une vue superbe sur la mer. C'est d'ici qu'est originaire l'écrivain Stratis Myrivilis.

A 51 km Skala Sykamias. Port de pêche le plus pittoresque de Mytilène, avec la représentation de Panaghia ti Gorgona (la sirène) construite sur un rocher à proximité du port.

4. Pappados-Aghios Isidoros-Plomari (41 km)

Suivez l'itinéraire 1 et au bout de 12 km, tournez à gauche en direction de Plomari.

A 24 km Pappados. Grand village possédant l'intéressante église des Taxiarques.

A 25 km. A 1 km à droite, on peut voir le village pittoresque de **Skopélos** et à gauche, au bout de 5 km, le **Perama** qui se trouve à l' entrée du golfe de Géras. Depuis Pérama, on se rend en barque sur l'autre rive et de là, des bus permettent de revenir à Mytilène (11 km).

A 38 km Aghios Isidoros. Hameau doté d'une plage pittoresque.

A 41 km Plomari. Deuxième ville de l'île. Elle possède un style traditionnel très prononcé mais également des maisons récentes. Elle est construite sur une colline en contrebas de laquelle se trouve le port. Elle dispose d'une vaste place et sa plage se trouve à **Ammoudéli.** Plomari est réputée pour se produce allí son ouzo.

Sykamia. L'un des coins les plus pittoresques de Mytilène.

L' étrange rocher de Pétras.

A proximité de Plomari se trouve le hameau de **Mélinda,** port d' ancrage de **Paléochorio,** qui est doté d'une magnifique plage. **Panaghia I Krifti,** petite église enfoncée au cœur d'une crique étroite parsemée de rochers, se situe également dans un paysage superbe.

5. Kalloni-Pétra-Molyvos (Mithymna) (63 km)

Si vous ne disposez que d'une journée pour visiter Mytilène, vous devrez alors la consacrer au village de Molyvos.

A 41 km après Kalloni, vous tournerez à droite.

A 57 km Pétra . Ce joli port de pêche, qui connaît un essor touristique certain, tient son nom d'un immense rocher que l'on aperçoit de loin, au milieu d'une plaine verdoyante longée par une plage de sable. Au sommet de ce rocher se trouve l' église de Panaghia tis Glykofiloussas, datant du 18ème siècle. L'ascension de plus de 100 marches permet d'accéder à cette église depuis laquelle on a une vue superbe.

Plomari.

MOLYVOS (Mithymna). *Il s'agit probablement du village le plus pittoresque de Mytilène. C'est d'ailleurs pour cela qu'il possède la plus importante fréquentation touristique de l'île. Il possède tous les atouts. L'architecture traditionnelle de ses maisons colorées construites sur une colline escarpée, le célèbre fort au sommet de la colline.*

Parmi les curiosités de l'île que vous pourrez admirer à Molyvos, on distingue la maison du poète Argyris Eftaliotis, la maison de "l'Institutrice aux yeux d'or" (héroïne du roman de Myrivilis), la collection archéologique de la ville, la bibliothèque municipale ainsi que la pinacothèque.

Molyvos a été décrété village traditionnel. Il se trouve à 6 km de Pétras et à 63 km de Mytilène. A environ 4 km à l'est de Molyvos se trouve la plage d'Eftalous. Depuis Molyvos, vous pouvez vous rendre en caïque, par temps calme, à Skala Sykamias, le port de pêche de Panaghia ti Gorgona.

Chios

Il existe à Chios une légende ancienne selon laquelle, lorsque les Romains conduisirent Aghios Isidoros à l'exécution, ce dernier, exténué, mais sans se repentir, pleura durant tout le trajet et ses larmes, qui coulèrent sur la terre, devinrent la gomme odorante.

C'est ainsi que l'on explique ce phénomène étrange. En effet comment se fait-il que le même arbre, le lentisque, qui pousse dans la plupart des régions de la Méditerranée, ne produise de la gomme qu'à Chios, et nulle part ailleurs? Les habitants pensent donc qu'il s' agit là d'un cadeau de leur saint protecteur, Aghios Isidoros. Mais Chios ne possède pas uniquement la gomme. Elle dispose également de villages médiévaux comme Olympous et Mesta; ainsi que Pyrgi, ce village traditionnel aux curieuses décorations sur les murs des maisons, qui n'existent nulle part ailleurs en Grèce. Chios possède également le monastère de Néa Moni, le célèbre monastère byzantin aux superbes mosaïques, ainsi que la fameuse pierre d'Homère, Daskalopétra. Son histoire est liée à tous ces édifices. Depuis les temps les plus anciens jusqu'à une histoire plus récente. Jusqu' en 1822, où l'île lutta pour son indépendance et fut ensuite l'objet d' un massacre de la part des Turcs. Un massacre qui a fait de Chios l'île la plus martyrisée de Grèce.

Chios est facilement accessible. Soit en ferry-boat depuis le Pirée, Thessalonique, Kavala, Limnos, Mytilène et Samos, soit en avion depuis Athènes. Chios se trouve à proximité des côtes turques, entre Samos et Mytilène, et elle constitue avec Inousses et Psara, le département de Chios.

Ile montagneuse (dont la montagne la plus élevée est le mont Pelinaio) et plantée de pins, elle couvre une superficie de 842 km^2 et son littoral s'étend sur 213 km. Sa population s'élève à 50000 habitants qui vivent pour la plupart dans la partie sud de l'île où la récolte de la gomme (l'un des principaux produits de l'île) constitue leur principale occupation.

HISTOIRE

Après des recherches effectuées dans une grotte de la partie nord de Chios, on a pu déduire que l'île avait été habitée dès la fin de l'ère néolithique (4000-3000 av. J.-C.). Selon la légende, Homère, dont l'une des patries éventuelles aurait été Chios, enseignait sur la Daskalopétra, un gros rocher situé à proximité de Vrontados.

Les Ioniens arrivèrent sur l'île depuis Eubée au 9ème s. av. J.-C. L'heure de gloire commence alors à Chios, pour atteindre son apogée au 6ème s. av. J.-C.Dans l'antiquité, elle se plaçait parmi l'une des 12 villes d'Ionie. Le commerce, la marine et les arts y étaient particulièrement développés. Cette période de croissance fut interrompue par l'invasion des Perses en 545 av. J.-C. Après la défaite des Perses, Chios devint membre de la première Alliance athénienne de Délos, en 477 av. J.-C., de la deuxième en 378 av. J.-C. puis en 336 av. J.-C. elle fut envahie par les Macédoniens. Les Romains et les Mithridates leur succédèrent puis ce fut le début de la longue période byzantine. En 1045, on construisit sur l'ordre de l'empereur Constantin IX Monomaque, la célèbre église de Néa Moni.

En 1272, Chios fut envahie par les Vénitiens et en 1436 par les Génois. Ces derniers fondèrent alors la première entreprise, Maora, devant servir à l'exploitation de la gomme. En 1566 les Turcs dominèrent l'île, mais ils lui accordèrent de nombreux privilèges et s' intéressèrent eux aussi au commerce de la gomme. En 1822, Chios se souleva, revendiquant son indépendance. Cette révolte échoua et les Turcs lui firent subir de dures représailles. Le plus grand massacre des années de l' occupation turque eut alors lieu. Un massacre qui émut l'Europe et inspira au grand peintre français Delacroix le célèbre tableau "Les massacres de Scio" et à Victor Hugo, le poème "L'enfant de Chios". L'île fut finalement libérée en 1912. Au cours des années mouvementées de son histoire, Chios révéla de nombreuses personnalités des lettres et des arts.

Découverte de l'île

Chios ou Chora, comme l'appellent les autochtones, se trouve sur la côte est de l'île, en face des rivages de l'Asie Mineure.
C'est le chef lieu de l'île et du département de Chios. Sa population s'élève à 24000 habitants. Elle fut construite à l'emplacement de l'ancienne ville ionique, dont il ne reste que quelques vestiges du théâtre et des parcelles de murs. L'ancien quartier turc se trouve au nord du port, au cœur de la grande forteresse qui fut construite par les Byzantins puis agrandie par les Génois.

En poursuivant notre chemin vers l'intérieur de la ville, nous pouvons visiter le **Musée Archéologique** et un peu plus loin la Bibliothèque Koraï, l'une des plus vastes de Grèce (avec plus de 130000 ouvrages), et le musée d'art populaire Philippou Argendi, tous deux abrités dans le même bâtiment. A proximité se trouve l'église d'Aghion Victorion, construite après 1881.

1. Kambos-Aghios Minas-Nénita (21 km)

Suivez la route qui mène vers le sud de la ville. Au bout de quelques kilomètres, vous vous trouverez dans la région de Kambos qui s'étend sur 6 km au sud, avec ses demeures anciennes entourées de vastes jardins remplis d'arbres fruitiers et d'arbres divers.
A 4 km Un embranchement à gauche conduit, 3 km plus loin à la plage de **Karfa.**
A 5 km Intersection. La route prenant sur la droite conduit à Kallimassia.
A 10 km Aghios Minas. C'est ici qu'en 1822 eut lieu le massacre de 3000 habitants de Chios qui avait cherché refuge dans le monastère.
A 13 km Après Kallimassia, un embranchement conduit à la plage **d'Aghios Emilianos.**
A 17 km Katarraktis. Pittoresque hameau de bord de mer.
A 21 km Nénita. Il s'agit de l'église d'Aghios Tryphon. A proximité de Nénita se trouve le **monastère des Taxiarques.**

2. Pyrgi-Mesta-Port de Mesta (Passa Limani) (41 km)

Au 5ème km de l'itinéraire 1, vous tournerez à droite en direction de Pyrgi.
A 13 km Tholopotami. Hameau situé dans la région des **Mastichochoria.** On appelle Mastichochoria tous les villages qui se trouvent au sud de Kambos. De part et d'autre de la route sont plantés des arbres à gomme (lentisques). Chacun de ces arbres produit environ 200 grammes de gomme par an.
A 21 km Armolia. Village possédant une tradition dans l'art de la poterie. Sur la colline, à 30΄ de marche, se trouve le château génois **Kastro tis Orias ou Kastro ton Apolychnon,** datant du 15ème s.
A 25 km Un embranchement à 5 km à gauche conduit au port pittoresque **d'Emborios**. Au sud du port se trouve la crique de **Mavra Volia**, avec ses impressionnants galets noirs. Il s'agit de l'une des plus belles plages de Chios.

Revenez à la route principale et dirigez-vous vers l'ouest.

Vue du port de Chios.

A **26 km Pyrgi.** Il s'agit d'un village médiéval que l'on commença à construire autour d'un fort déjà existant. C'est ici que se développa par la suite la décoration traditionnelle des murs extérieurs par des motifs géométriques de couleur gris-pâle, que les autochtones appellent **Xista.**

On remarquera l'église byzantine d'Aghion Apostolon avec ses belles fresques murales et la basilique de Kimissis tis Theotokou. Depuis Pyrgi, en poursuivant vers l'ouest en direction **d'Olympous,** vous apercevrez sur la droite, à environ 5 km, la baie de **Fanon** avec sa belle plage de sable.

A 33 km Olympi. Deuxième village médiéval de l'île construit selon le même système que Pyrgi.

A 37 km Mesta. Il s'agit là encore d'un village médiéval. C'est le mieux conservé et le plus impressionnant. Il possède cinq entrées et vous vous orienterez ensuite grâce aux panneaux d'indication, sans lesquels vous risqueriez de vous perdre dans les ruelles étroites en forme de cercle recouvertes d'arcades. A l'emplacement du château central fortifié, on a construit l'église du Grand Taxiarque, une basilique à trois nefs (deux nefs latérales).

A proximité de l'église se trouve la place pittoresque du village. Il convient de visiter l'église de l'ancien Taxiarque (Paliou Taxiarchou) dans la partie nord de l'île.

A 41 km Liménas Meston. Hameau en plein essor. D'ici, le trajet en transbordeur pour Rafina, en Attique, ne dure (par temps calme) que 6 heures.

3. Néa Moni-Anavatos

Suivez la route escarpée qui se dirige vers l'ouest.

A 5 km Karyès. Village possédant une vue superbe sur Chora et sur la mer.

A 13 km, Néa Moni Monastère byzantin construit dans une vallée verdoyante. Il fut construit vers 1045 par l'empereur Constantin IX Monomaque pour abriter la superbe icône de la Vierge qui fut trouvée dans cette région.

Pyrgi. Le village à la traditionnelle décoration murale.

L'impressionnant village d'Anavatos.

L'archange Michel représenté en mosaïque dans le monastère de Néa Moni.

L'architecture de ce monastère est unique en Grèce et on la rencontre seulement à Chios. Ce monastère est de style octogonal; son dôme est soutenu par huit conques qui lui donnent ainsi une impression de hauteur et de volume et le rendent plus majestueux. Le dôme initial fut malheureusement détruit lors du séisme de 1881 et l'actuel a en fait été reconstruit. Des récits de voyageurs racontent que la mosaïque représentant l'image du Christ sur sa coupole est la plus belle du monde. Cependant le reste des mosaïques qui ont été sauvegardées constitue l'un des chefs d'œuvre de l'art byzantin. Le monastère abrite des religieuses. Après avoir effectué la visite du monastère, vous retournerez sur la route principale et continuerez en direction de l'ouest.

A 25 km Avgonima. Depuis Avgonima vous tournerez à droite.

A 30 km Anavatos. Village impressionnant mais abandonné et tombant en ruine, construit sur un énorme rocher qui est entouré de falaises abruptes et qui est accessible uniquement par la façade nord. Par des marches, vous accéderez aux maisons en ruine qui ressemblent de loin à un château de conte de fées. Le village d'Anavatos constitue l'un des abris où des milliers d'habitants de Chios trouvèrent refuge en 1882, pour essayer, en vain, d'échapper au massacre.

4. Moni Aghios Markellas-Aghio Gala (64 km)

A 32 km. Croisement avec la route menant à Sidirounda. Poursuivez sur la droite.

A 42 km, Volissos. Village construit sur le versant d'une colline au sommet de laquelle se trouve un fort médiéval. Depuis Volissos une route conduit au bout de 6 km au

pittoresque **monastère d'Aghia Markella** entouréed'une mer splendide. Une autre route conduit, 2 km plus loin, au port d'ancrage de Volissos, **Limnia,** bordée d'une immense plage de sable. D'ici, les îles de **Psara** ne se situent qu'à 17 milles marins. Depuis Volissos vous continuerez en direction du nord ouest pour contourner le mont **Amani,** en passant par les villages de **Trypès** et de **Mélanios.**

A 64 km, Aghio Gala. Ce petit village isolé, situé à la pointe nord ouest de Chios, est connu pour sa célèbre grotte qui se trouve à proximité.

5. Vrontados-Kardamyla-Kampia (48 km)

Longez la route de bord de mer, en direction du nord.

A 3 km. A proximité de Livadia se trouve la basilique **d'Aghios Isidoros,** le Saint protecteur de l'île. Les premiers édifices de la basilique et certaines des mosaïques datent du 5ème s.

A 6 km, Vrontados. Il s'agit d'une municipalité de 4500 habitants dont la plupart sont des marins.

La **baie de Lo** possède une plage disposant d'infrastructures destinées aux sports nautiques.

A 6,5 km, Daskalopétra. Un peu à l'écart de Vrontado, dans une région de bord de mer très verdoyante appelée **Vrissi tou Passa**, on peut apercevoir un immense rocher sculpté où, selon la légende, Homère s'asseyait et enseignait. C'est pour cette raison qu'on l'appelle également **Rocher d'Homère.**

A 26 km, Kardamyla. Bourgade de 2500 habitants qui constitue la troisième commune de l'île.

A 28 km, Marmaro. Port d'ancrage de Kardamylon situé au cœur de la baie.

A 32 km, Nagos. Baie possédant l' une des plus belles plages de Chios.

A 48 km, Kampia. C'est à partir de ce village (340 m d'altitude), tout comme depuis Spartounda (530 m d'altitude), plus au sud, que s'effectue l'ascension au sommet du mont **Prophiti Ilia** (1297 m d'altitude) de Pélinaios qui constitue la plus haute montagne de Chios. Cette ascension nécessite environ 3 heures de marche.

Inousses

A la tombée du jour, depuis le port de Chios on aperçoit, en direction du nord-est, des lumières lointaines qui se reflètent sur la mer. Il s'agit de la petite île d'Inoussa. On peut la voir depuis le bateau à destination de Mytilène, qui passe à proximité. On aperçoit alors ses jolies maisons qui resplendissent de blancheur.

Cet îlot est très fréquenté en été, car c'est alors l'époque où les marins originaires de l'île (dont la plupart sont des armateurs) reviennent pour passer leurs vacances. En ce qui concerne les visiteurs qui veulent profiter des plages de l'île, les possibilités d'hébergement se limitent à un petit hôtel. Il existe à proximité d'Inoussa d'autres îles plus petites qui sont inhabitées et forment l'archipel d'Inousses dont la superficie s'élève à 14 km^2 et la population compte 500 habitants. Ces îles se trouvent à 9 milles marins du port de Chios depuis lequel il existe une liaison quotidienne.

HISTOIRE

En raison de sa situation dans le détroit séparant Chios de l'Asie mineure, les Vénitiens puis les Turcs se sont intéressés à cette île et en ont fait leur base navale. C'est également ce que firent les pirates à certaines époques.

Découverte de l'île

Son unique hameau constitue une municipalité. Il possède des maisons anciennes et d'autres plus récentes qui constituent les demeures des capitaines. Inoussa dispose d'églises et de chapelles intéressantes. Elle a également un musée de la navigation. A 3 km au nord ouest se trouve le **monastère d'Evangelismo.** Il faut également visiter la chapelle de Zoodochou Pigi située sur la petite île de **Passa.**

Vue de Psara.

Inousses.

Psara

L'île de Psara se trouve à 44 milles marins au nord ouest du port de Chios avec lequel elle est reliée par des petits transbordeurs. Le port le plus proche est celui de Limnia, à Chios (17 milles marins).

Psara est une île aride d'une superficie de 40 km^2 qui compte 460 habitants. Avec la petite île voisine d'**Antipsara** et d'autres îlots déserts, comme **Daskalio**, **Kato Nissi** et **Agios Nikolaos** elles forment un archipel.

HISTOIRE

Durant l'antiquité l'île était connue sous le nom de Psyra. Elle vécut les heures de gloire de son histoire durant la lutte de 1821. Elle fut parmi les premières îles à se soulever contre les Turcs et elle constituait à l'époque la troisième puissance navale de Grèce, après Hydra et Spetsae. Son arsenal, avec les courageux brûlotiers de Psara, Kanari, Papanikoli et Pipino, était devenu la terreur des Turcs. C'est pourquoi ces derniers décidèrent de détruire l'île. Ainsi, en 1824 ils l'attaquèrent avec 140 navires et 14000 janissaires. Une lutte sévère mais inégale s'ensuivit et eut pour résultat la victoire des Turcs qui envahirent l'île. Ceux qui réussirent à s'échapper avec Kanari, construisirent plus tard à Eubée la ville de Néa Psara. Beaucoup préférèrent mourir en dynamitant les poudrières de l'île.

Les autres furent massacrés ou capturés et l'île de Psara fut incendiée. La destruction de Psara eut d'importantes répercussions chez les philhellènes et inspira au poète national Dionysios Solomos, son célèbre poème:

"Psara. Sur le sombre rocher la gloire marche, solitaire..."

L'île de Psara dut finalement attendre 1912 pour être rattachée à la Grèce.

Découverte de l'île

Le visiteur sera enchanté par le calme de l'île et par ses belles plages bordées d'une mer limpide. Sur le petit port de Psara vous trouverez des hôtels et quelques chambres à louer. Vous pourrez visiter le petit musée archéologique et le Fort **(Paleokastro)**, qui fut construit au 15ème siècle.

Dans la partie nord de l'île, sur le versant de la plus haute montagne, le mont Prophiti Ilia (530 m d'altitude), se trouve le monastère de **Kimissis tis Theotokou** qui dispose d'une bibliothèque comprenant de nombreux ouvrages dont certains ont été imprimés à Venise.

Samos

Durant les sombres nuits d'hiver, lorsque les pêcheurs passent au large des versants abrupts, battus par le vent, de Kerki (la plus haute montagne de Samos), on raconte qu'ils voient au sommet de celui-ci une lumière qui les guide tel un phare dans la bonne direction. On dit également que cette lumière constitue l'esprit de Pythagore. Pythagore qui naquit à Samos il y a 2500 ans et apporta sa contribution au monde par ses théories philosophiques et mathématiques, est donc toujours vivant dans l'esprit des pêcheurs de Samos. Cette grande île verdoyante de la mer Egée est superbe avec ses plages de sable blanc, ses villages pittoresques et ses ports de pêche.

La beauté de sa nature, son climat sain et le grand intérêt archéologique qu'elle présente en ont rapidement fait un site touristique remarquable.

Samos est accessible en avion depuis Athènes et en transbordeur au départ du Pirée, de Kavala, d'Icarie, des Cyclades et d'autres îles également. Elle se trouve à l'est d'Icarie et est à seulement 174 milles du Pirée. Elle couvre une superficie de 174 km² et son littoral s'étend sur 159 km. Elle compte une population de 40000 habitants.

L'île est réputée pour la qualité de ses vins parmi lesquels on distingue le vin muscat qui jouit d'une renommée internationale.

HISTOIRE

Samos est l'île la plus proche des côtes d'Asie Mineure et elle constitue la passerelle entre la Grèce et l'Orient. Elle a acquis cette place en raison de sa capacité à être à plusieurs reprises (et pendant de nombreuses années) indépendante, tout en jouissant d'une prospérité certaine et cela en dépit des luttes qui eurent lieu pour son occupation. Cela est probablement l'une des raisons pour lesquelles Samos a révélé tant d'érudits et d'artistes célèbres.

Pythagore (580-490 av. J.-C.), le célèbre philosophe et mathématicien; Roïkos et Théodoros (6-ème-5ème s. av. J.-C.), architectes du temple d'Héra et premiers fabricants des statues en bronze avec modèles; Mandroklis, qui construisit pour Darius en 513 av. J.-C. le pont flottant du Bosphore; Eupalinos originaire de Mégare, qui construisit le célèbre aqueduc du Pythagorio, le Tunnel d'Eupalinos, en creusant dans la monta-

La statue de Pythagore.

gne des deux côtés simultanément; le sculpteur Pythagore qui compte parmi ses œuvres l'Aurige de Delphes et enfin Aristarque, le grand astronome de l'antiquité. Ils naquirent et ou vécurent tous à Samos.

Des vestiges trouvés à proximité du Pythagorio révèlent que l'île fut habitée dès le 3ème millénaire av. J.-C.. Les Ioniens arrivèrent à Samos aux environs de l'an 1000 av. J.-C.. Depuis les temps anciens, les habitants de l'île vouaient une réelle adoration à Héra dont ils pensaient qu'elle était née à Samos.

Les Ioniens fidèles à la tradition ancienne construisirent, au 7ème s. av. J.-C., à proximité de Pythagorio le célèbre temple d'Héra, sur les vestiges du premier temple préhistorique. Samos connut son plus grand essor à l'époque où le tyran Polycrate (532-522 av. J.-C.) était souverain de l'île. C'est à cette période que l'île devint une grande puissance navale et qu'elle fonda ses propres colonies. On construisit dans les chantiers navals de l'île le nouveau modèle de bateau à 50 rames, la célèbre Samaina. La mort de Polycrate marqua le commencement de la fin d'une époque florissante. Le tyran tout puissant fut attiré de manière rusée par un satrape perse qui l'assassina.Le régime tyrannique se perpétua à Samos cette fois avec l' aide perse, jusqu' à la défaite des Perses à Salamine et l'intervention des athéniens qui instituèrent un régime démocratique et insérèrent l'île à la Confédération de Délos (478 av. J.-C.). Plus tard, elle passa sous la domination des Macédoniens puis sous celle des Romains.

La période byzantine succéda. La souveraineté de Byzance était cependant si souple que l'île resta exposée aux attaques des Goths, des Huns et des pirates. En 1204, les Francs devinrent souverains de l'île, puis après la chute de Constantinople elle passa sous la domination des Turcs. En 1475, elle fut détruite par de violents séismes et fut désertée. Une centaine d'années s'écoulèrent avant qu'elle ne soit de nouveau colonisée. C'est ainsi, qu'après que les Turcs aient accordé aux chrétiens de nombreux privilèges, les anciens habitants de l'île revinrent s'y installer, en même temps que des Grecs originaires de différentes régions de Grèce qui y fondèrent des villages portant les noms de leur patrie d'origine.

Les années s'écoulèrent et en 1821 les Grecs se soulevèrent face à l'envahisseur turc. Avec à leur tête Lykourgo Logotheti et pour compagnon d'armes le courageux Capitaine Stamatis, ils parvinrent à chasser les Turcs de l'île et à les tenir éloignés durant de nombreuses années. En dépit de la victoire de Samos, les grandes puissances décidèrent de céder l'île à la Turquie, lui accordant pour seule consolation le maintien d'une certaine autonomie.

C'est ainsi que débuta à Samos la période de l'hégémonie. Le souverain était chrétien mais il était nommé par le Sultan. Cette période dura jusqu'en 1912, date à laquelle Themistoklis Sofoulis débarqua sur l'île avec un groupe de volontaires, s'allia avec les résistants locaux et chassa définitivement les Turcs de l'île. Le rattachement officiel à la Grèce eut lieu en 1913.

Héraio. Sur la droite en arrière plan, l'unique colonne du temple d'Héra.

Vathi, le joli chef lieu de Samos.

Découverte de l'île

Samos ou Vathi

C'est au cœur d'une baie pittoresque et verdoyante que se trouve la ville (et le port) de Samos, qui compte aujourd'hui environ 5000 habitants. On l'appelle également Vathi, nom de l'ancien hameau qui était construit sur les hauteurs, en surplomb de la mer. A l'époque, en bas, sur le port ne se trouvaient que quelques hangars. Mais petit à petit, le port s'est développé en une jolie petite ville qui a rejoint Vathi et est aujourd'hui le chef lieu de l'île.

En descendant du bateau et en vous promenant sur la route qui longe la mer, vous rencontrerez sur votre gauche la grande **place de Pythagora** avec son lion en marbre. Plus bas, en tournant à gauche vous apercevrez l'église historique d'Aghios Spyridonas, l'ancien palais de la chambre des députés **(Vouleftirio)** qui abrite aujourd'hui la mairie et la pinacothèque municipale, et à coté de la mairie, vous pourrez visiter le **Musée archéologique** renfermant des pièces de valeur, provenant de tous les coins de l'île et principalement de l'Héraion.

A proximité du quartier du musée archéologique se trouve également le terminal des bus qui vous emmèneront dans les principaux villages et sur les plus belles plages de l'île. Le **Musée byzantin** se situe en face de la jetée où amarrent les bateaux. Il renferme de superbes icônes du Christ, de la Vierge et de la Crucifixion, datant du 17ème siècle, ainsi que des reliques de saints, de vieux évangiles et des habits saints parmi lesquels on distingue la soutane du Patriarche Grégoire V.

A proximité de la ville, vous pourrez vous baigner sur la plage de **Gaggou,** qui se trouve en direction du nord, à environ 1,5 km.

Kokkari, le célèbre port de pêche de Samos.

1. Tour de l'île (Samos-Karlovasi-Pythagorio-Samos (84km)

Cette excursion, qui comprend un trajet de 84 km de l'itinéraire principal, une baignade et un arrêt pour déjeuner, s'effectue en une journée. Mais cette dernière n'est en aucun cas suffisante pour emprunter les déviations (itinéraire secondaire) qui sont mentionnées dans la présente excursion.

Suivez la route de bord de mer en direction de Karlovassi.

A 10 km, Kokkari. Il s'agit du port de pêche le plus pittoresque de Samos, qui est devenu un important lieu de villégiature. Une petite presqu'île couverte de maisons qui s'étendent jusqu'au sommet d'une colline bordée d'un coté, par un petit port de pêche et de l'autre coté, par une superbe plage de sable. Les tavernes, les bistrots et les boutiques complètent cette image originale.

A 12 km, Lemonakia. L'une des plus jolies criques de Samos, verdoyante et dotée d'une superbe plage de sable.

A 12,5 km, Tsamadou. Sublime plage de sable, à proximité de Lemonakia. **A 16 km, Avlakia.** Plage de sable possédant des infrastructures touristiques.

A 17 km. D'ici un embranchement à gauche conduit, 5 km plus loin, au village de **Vourliotès,** réel balcon sur la mer, situé à 340 m d'altitude. A 2 km du village se trouve le **monastère de Panaghia tis Vrontianis** (480 m d'altitude), le plus ancien de Samos. Il fut construit au 16ème siècle. D'ici, le sommet du mont **Karvouniou** (1.153m) se situe à environ trois heures de marche. **A 20 km, Platanakia.** Belle plage bordée de platanes. D'ici, un embranchement à gauche conduit au bout d'1 km au versant abrupt et verdoyant d'Aïdonia. La promenade sous les immenses platanes et en bordure des cascades d'eau est très agréable. La route monte et au bout de 3 km on arrive au village de **Manolatès**.

A 20,5 km, Aghios Constantinos. Village de bord de mer assez fréquenté en été.

D'ici, un embranchement à gauche mène au bout de 4 km au village pittoresque **d'Ambelos** et 1 km plus loin au hameau de **Stavrinidès.** Ils sont tous deux noyés dans la verdure et possèdent une vue superbe sur la mer.

A 28 km, Aghios Dimitrios. Un embranchement conduit, au bout d'1 km, au village de Kontakeïka.

A 31 km. Une bifurcation à gauche mène, 5 km plus loin, à **Ydroussa,** village doté de sources d'eau.

A 33 km, Karlovassi. Deuxième ville et deuxième port de l'île. Tous les bateaux se rendant à Samos accostent tout d'abord à

La bourgade verdoyante de Karlovassi.

La baie de Marathokambos.

Karlovassi.Elle est formée par trois grands quartiers: Néo Karlovassi, Messéo Karlovassi et Paléo Karlovassi. Ville très pittoresque. Le quartier de la colline verdoyante d'Aghia Triada est particulièrement charmant, avec ses maisons accrochées au flanc de la colline et la petite église à son sommet. A Karlovassi vous pourrez admirer d'anciennes demeures bourgeoises et des ateliers de tannage abandonnés. La tannerie connut ici son apogée il y a de nombreuses années. Aujourd'hui il n'existe plus que quelques manufactures de tuiles, de décorations murales et de tissus. Karlovassi est la ville natale du révolutionnaire de 1821 et gouverneur de Samos, Lykourgo Logothéti.

A 4 km à l'ouest de Karlovassi se trouve **Potami,** l'une des plus belles plages de Samos. La promenade menant au ravin qui aboutit à la mer est très agréable.

Depuis Karlovassi vous pouvez effectuer de belles excursions qui comprennent de la marche, de l'escalade et la visite de villages de montagnes et de monastères situés sur le mont **Kerki** (1.433 m), la plus haute montagne de Samos.

La visite du village **Kosmadei,** situé à 13 km de Karlovassi et à une altitude de 600 m constitue l'une de ces excursions. En poursuivant cet itinéraire vous arriverez au **monastère de Kimissis tis Theotokou**. Cette promenade s'effectue sur sa plus grande partie sous des pins immenses et dure environ une heure. Depuis le monastère, en empruntant les gorges de **Kakopérato Farangi**, vous atteindrez en une demi-heure une grotte intéressante.

Depuis Karlovassi vous pouvez également effectuer une excursion au village de **Kastania** (Châtaignier) qui se trouve à 8 km, en altitude, et regorge de châtaignes et de sources d'eau.

Pour poursuivre le tour de l'île, vous continuerez depuis Karlovassi en direction du sud.

A 41 km. Intersection. D'ici, un embranchement à droite conduit au bout de 5 km au grand village de **Marathokambos.** La **baie** de **Marathokambos,** située à 4 km, constitue un lieu de villégiature bordé d'une plage immense. A 3 km plus à l'ouest se trouve **Votsalakia,** l'une des plus belles plages de Samos. La route continue en direction de l'ouest, monte très haut au-dessus de la mer et contourne le mont Kerki en passant par les villages **d'Aghia Kyriaki,** de **Kallithéa** et de **Drakéi.** Entre ces deux derniers, une petite route descend jusqu'à la crique **d' Aghios Isidoros.**

A 44 km. Vous êtes de nouveau sur l'axe principal et arrivez par l'intersection de Marathokambos. A ce point, un embranchement à gauche conduit 3 km plus loin au village de montagne verdoyant de **Platanos.**

A 47 km. Une bifurcation à droite conduit au bout de 3 km au village de **Kouméïka** et à sa crique, puis 4 km plus loin à Skouréïka et ses plages.

A 52 km, Koutsi. Superbe site orné de platanes, de sources d'eau et possédant une vue superbe.

A 55 km, Pyrgos. Important village réputé pour son vin, son raisin et ses pommes. Il est également connu pour ses tissus et ses tapis en laine faits à la main.

Pyrgos constitue le point de départ de deux excursions très intéressantes.L'une se dirige vers le nord et grimpe sur le mont Karvouni pour aboutir au village de montagne de **Pandrosso (5 km), situé à 630 m d'altitude, alors que l'autre se dirige vers le sud, traverse le charmant village de Spatharéi** et descend jusqu'à la mer, à **Limnonaki.** Depuis Limnonaki, vous pouvez vous rendre en petit bateau à l'île magique de **Samiopoula**.

Pythagorio. Au centre, on distingue le site archéologique d'Héraio.

A 59 km, **Koumaradéi.** Village réputé pour sa tradition dans l'art de la poterie.

A 63 km. Croisement avec la route qui mène, 1 km plus loin, au **monastère de Timiou Stavrou,** datant du 16ème s. et renfermant de nombreux trésors. En continuant sur 2 km, vous arriverez au village de **Mavratzéi,** dont la plupart des habitants ont pour occupation la poterie.

A 66 km, Chora. Ancienne capitale de l'île, durant le moyen âge.

Depuis Chora, une déviation de la route principale en direction du nord, conduit au bout de 4 km à la bourgade de **Mytilinious** qui compte 2500 habitants et possède un **musée paléontologique** dans lequel sont exposés des pièces provenant d'un cimetière d'animaux préhistoriques qui fut découvert à proximité de Mytilinious. Parmi les éléments exposés on distingue les ossements du Samothiriou, les ossements du petit cheval de Samos possédant trois orteils à chaque pied et les os de bêtes préhistoriques et fauves actuels.

Nous revenons à Chora et de là nous dirigeons vers le sud-est.

A 68 km. Intersection. D'ici, une bifurcation conduit à **Mylous** (8 km), village situé à proximité du fleuve antique **d'Imbrasso,** au hameau de **Pagonda** (12 km) et au site archéologique le plus intéressant de Samos, le fameux Héraio (6 km); ainsi qu'au village de bord de mer **d'Héraio** (7 km), l'un des plus importants lieux de villégiature de Samos, bordé d'une belle plage de sable.

On pense que c'est à Héraio que naquit la déesse Héra et c'est pour cette raison que durant les années préhistoriques on y construisit un temple qui était vraisemblablement en bois. Après sa destruction, on en bâtit un second vers le 7ème s. av. J.-C., mais celui-ci fut également détruit par le roi de Perse Cyrus. L'architecte Roïkos construisit alors au 6ème s. un troisième temple sur ces vestiges qui fut de nouveau détruit par les Perses. Finalement, Polycrate ordonna au fils de Roïkos, Théodore, de construire un quatrième temple, plus grand et plus somptueux. Hérodote écrivait qu'il s'agissait du plus beau et du plus vaste des temples qu'il avait vus. Il ne reste aujourd'hui de ce temple qu'une colonne.Vous retournez maintenant au 68ème km, à l'intersection d'Héraio, pour poursuivre le tour de l'île en direction de l'est.

A 71 km, Pythagorio (autrefois appelé Tigani). Pittoresque village de bord de mer possédant un port situé dans la même baie que le port antique. Sa jetée, ornée de yachts, de barques et de tavernes n'est pas uniquement animée pendant les mois d'été, mais également au printemps et à l'automne. Phytagorio constitue d'ailleurs le point de départ dé nombreuses excursions en mer. C'est d'ici et depuis Samos que partent les petits bateaux à destination de Patmos, Agathonissi, Samiopoula et Koussantassi en Turquie.

Il existe à Pythagorio un petit **musée archéologique** qui renferme des objets trouvés dans les régions alentours. Pour ce qui est de ses sites archéologiques, vous visiterez la tour de Logotheti qui se trouve au sommet de la colline. A proximité de celle-ci se trouve l'église de Metamorphossi qu'il construisit lui même en 1824, après l'échec salutaire de l'attaque des Turcs. Vous pourrez ensuite admirer les vestiges des murailles antiques ainsi qu'un théâtre antique, situés au nord de la ville sur le flanc de la montagne.

Encore plus loin, vous visiterez le célèbre **tunnel d'Eupalinos,** une ouverture de plus d'un kilomètre de long et environ 2 mètres de haut. Ce tunnel qui traversait la montagne et alimentait en eau la ville antique, aurait été creusé des deux extrémités en même temps.

Le monastère de Panaghia Spiliani.

Les deux ouvertures se rencontrèrent finalement au milieu de la montagne et n'avaient presque pas dévié de la bonne trajectoire. Ce tunnel constitua l'un des plus importants ouvrages de Polycrate et il fut réalisé au 6ème s. av. J.-C. par le célèbre ingénieur originaire de Mégare, Eupalinos. A proximité du théâtre antique se trouve le monastère de **Panaghia tis Spilianis.** La chapelle du même nom se situe au fond d'une grotte dont on dit qu'elle aurait été l'oracle de la déesse Phos. La plage de Pythagorio se trouve à l'ouest du port. Encore plus à l'ouest on peut apercevoir la plage de **Potokaki.**

Depuis Pythagorio, suivez la route qui monte en direction du nord-est.

A 83 km, Samos. Vous achevez ici le tour de l'île.

2. Partie est de Samos

Kalami - Aghia Paraskevi. Suivez la route longeant la mer en direction du nord ouest puis tournez vers l'est. Aghia Paraskevi constitue une crique charmante ornée de la petite église du même nom.

Moni Zoodochou Pigis - Mourtia (7 km). Poursuivez en direction de l'est. Au croisement que vous rencontrerez au bout de 3 km, prenez à gauche. (La route de droite conduit 1 km plus loin au monastère d'Aghia Zoni). Vous arrivez 4 km plus loin au monastère de **Moni Zoodochou Pigis**, datant du 18ème s. et possédant un superbe chœur. Une petite route prenant sur la droite un peu avant le monastère, mène à la pittoresque crique verdoyante de **Mourtias.**

Paléokastro - Poséidoni (11 km). Suivez la route de Psili Ammos en direction du sud-est puis, à Tris Eklissiès (2 km) tournez à gauche vers Paléokastro. Poséidoni est une petite crique calme, en forme de cercle, située en face des côtes turques.

Psili Ammos (9 km). Suivez la route de l'itinéraire précédent et tournez à droite en arrivant à Tris Eklissiès. Psili Ammos est l'une des plus belles plages de Samos.

Le pittoresque village de Pythagorio.

"Pêcheur, le midi ",1982
(90 x 1,10) oeuvre du peintre
K. Gramatopoulou

Icarie

Icarie est surtout connue pour ses sources thermales. L'île où se rendent les personnes agées pour y effectuer des bains. On pensait qu'elle ne possédait rien d'autre que ses sources. Quelle erreur! Il suffit de monter un peu sur la route en lacet qui surplombe Aghios Kiriko et de contempler de là haut le paysage, pour rapidement s'en rendre compte. On pourra en effet admirer un petit village pittoresque noyé dans la verdure. Les toits des maisons sont tous recouverts de lauzes, comme ceux de la région du Pélion et sont encore plus beaux que ces derniers. La montagne est plantée d' une végétation sauvage et au loin, la mer s'étend à l'infini, brillant sous un soleil de feu. C'est la mer d'Icarie. Celle dans laquelle tomba et se noya le légendaire Icare, lorsque le soleil fit fondre ses ailes de cire. Voilà quelle sera la première impression du visiteur sur Icarie. Puis en franchissant la crête de la haute montagne et en amorçant la descente sur les plages du nord, on admirera les ravins abrupts remplis de rochers d'ardoise qui aboutissent à la mer en formant de belles criques. Après être passé par le village d'Evdilos et en poursuivant sur Armenistis, on rencontrera certaines des plus belles plages de la mer Egée: Gialiskari et Messakti.

Icarie possède une beauté sauvage qu'elle doit absolument préserver. Ses habitants conservent également le sens de l'hospitalité.

Icarie se trouve à l'ouest de Samos et se situe à 142 milles du Pirée. Elle couvre une superficie de 255 km^2 et son littoral s'étend sur 102 km. Sa population s'élève à environ 8000 habitants.

L'île est idéale pour des vacances paisibles. Icarie est accessible en transbordeurs depuis le Pirée, Samos et les Cyclades.

HISTOIRE

Icarie tient son nom du personnage légendaire Icare, fils de Dédale, qui selon la mythologie s'échappa du labyrinthe de Crète avec son père, en s'envolant grâce à des ailes qui étaient soudées à son corps avec de la cire. Icare, enchanté par ce vol, désobéit à son père, vola très haut en direction du soleil, ses ailes se décollèrent sous l'effet de la chaleur, il tomba dans la mer et se noya. C'est ainsi que la mer à cet endroit se nomma mer d'Icario et l'île, Icarie. Les Ioniens s'installèrent sur l'île à la fin du 9ème av. J.-C. Plus tard, Icarie devint membre de l'Alliance Athénienne. Au 13ème s. ap. J.-C. elle fut envahie par les Vénitiens et en 1524 par les Turcs. En juillet 1912, l'île se souleva, chassa les Turcs et devint la cité indépendante d'Icarie, pour être rattachée 4 mois plus tard à la Grèce.

La plage de Therma.

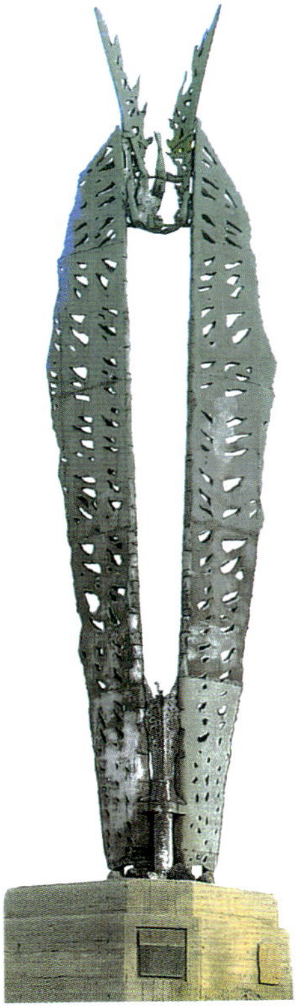

Pêcheurs sur le port d'Evdilos.

Découverte de l'île

Région d'Aghios Kirykos

Aghios Kirykos. Capitale de l'île et principal port de cette dernière. Vous pouvez y visiter l'église d'Aghios Kirykos et le petit **musée archéologique et folklorique**.

Therma (Loutra). A 2 km au nord est d'Aghios Kirykos se trouve l' une des deux villes thermales d'Icarie. A proximité de Therma se trouvent les vestiges d'une ancienne acropole.

Therma (Loutra) Lefkadas. A 2 km au sud ouest d' Aghios Kirykos se situe la deuxième ville thermale d'Icarie. A proximité de Lefkada se trouve le **monastère d'Evangelismou.**

Aghios Kirykos-Armenistis

A 7 km Mavrato. Pittoresque village noyé dans la verdure, accroché au versant de la montagne. Les toits de ses maisons recouverts de lauzes et la riche végétation de la région le font ressembler à un village du Pélion.

A 8 km Oxéa. Autre village ressemblant à celui de Mavrato, à une altitude plus élevée.

A 22 km, Miléopos. L'un des plus jolis villages de la région nord d'Icarie, situé dans des gorges verdoyantes, et dominant la mer.

A 38 km, Evdilos. Ancienne capitale de l'île et aujourd'hui deuxième port d'Icarie, orné de maisons néoclassiques. Certains itinéraires des ferry-boats font escale à Evdilos au lieu d'Aghios Kiryakos.

A 40 km, Kambos. On peut ici admirer les vestiges de l'ancienne ville d´ Inoïs ainsi que le **musée archéologique.** Avant d'arriver au village, on trouve les plages de **Fytema** et de **Kambos.**

A 52,5 km, Gialiskari. Petit village de bord de mer.

A proximité de là se trouve la petite île de **Diapori** ornée de l' église d'Analipsis puis plus loin, les plus belles plages d'Icarie, **Messakti** et **Livadi.**

A 54,5 km. Une déviation à gauche conduit au bout de 7 km au beau village de montagne **Christos Ton Rachon**. La route continue en direction de **Prophiti Ilia** et de **Pezi,** situé en altitude et disposant d'une vue superbe sur la mer.

A 55 km, Armenistis. Autre petit port d'Icarie, situé à l'extrémité du cap. Depuis Armenistis, une route surplombant la mer et longeant la côte conduit au bout de 3 km à la pittoresque **crique de Na** où l'on peut admirer les vestiges de remparts ainsi que les restes du **temple d'Artémis Tauropoulos.**

Fourni

Il existe entre Icarie et Samos des petites îles au littoral dentelé qui sont très peu connues. Il s'agit de l'archipel de Fourni qui porte le nom de la plus grande de ces îles.

A gauche se trouve l'îlot de Chryssomilia, exposé au vent. A droite, la petite île de Thiména. Au premier plan se trouve l'île de Fourni, avec son pittoresque port de pêche et ses 1000 habitants dont la plupart sont pêcheurs.

Joli havre de paix permettant d'apprécier les joies de la mer. Il suffit de ne pas être trop exigeant et d'aimer discuter le soir avec les pêcheurs, dans les cafés.

Fourni se trouve entre Icarie, Samos et Patmos. Elle couvre une superficie de 40 km^2 et son littoral s'étend sur 125 km. L'île est reliée à Aghios Kirykos (à Icarie), dont elle ne se trouve qu'à 11 milles marins, par des petits caïques locaux et par des transbordeurs qui effectuent la liaison entre le Pirée, les Cyclades, Icarie, Fourni et Samos. Aucun véhicule ne circule sur l'île.

Découverte de l'île

Les curiosités de l'archipel de Fourni sont principalement ses belles criques dont la plupart sont bordées de sable. Elles se trouvent à Fourni même, mais également dans la baie ventée de **Chryssomilia,** ornée d'un petit village. L'îlot voisin de **Thiména** possède un petit port de pêche. A l'est, on rencontre un troisième îlot, celui **d'Aghios Minas,** qui est inhabité.

En haut, l'église d'Aghios Theoktistis et en bas, la charmante crique de Na à Icarie.

Vues de Fourni.

ILES ET ILOTS DU NORD-EST DE LA MER EGEE

THASSOS

Thassopoula.....*N. Thassos*
Kinyra.......................*E. Thassos*
Panaghia................*S. Thassos*

SAMOTHRACE

LIMNOS

Diavatès...............*S.O. Myrinas*
Sergitsi....................*N. Limnos*
Koukonissi...*Baie de Moudros*
A. Nikolaos....*Baie de Moudros*
Alogonissi....*Baie de Moudros*
Kombi ....*Sud de Moudros*

AGHIOS EFSTRATIOS

A. Apostoli........*N. A. Efstratios*
Vélia............*E. Aghios Efstratios*

LESBOS

Nissiopi........................*O. Sigri*
Sidoussa ..................*S.O. Sigri*
Fanès............................*S. Sigri*
Pochis ..................*N.O. Lesbos*
Aghios Georgios....*O. Pétras*
Panaghia..............*N.E. Lesbos*
Barbalias..............*N.E. Lesbos*
Aspronissos...........*N.E. Lesbos*
Tsoukalas ............*N.E. Lesbos*
Prassologos........*N.E. Lesbos*
Kydonas..................*E. Lesbos*
N. Pamfyllon...........*E. Lesbos*
Mersinia..................*S.E. Lesbos*
Garbias ....*Baie de Kalloni*

CHIOS

Margariti.....................*N. Chios*
Strovili ....*N. Chios*
A. Stéphanos... *N.E. Pantoukios*
Vénétiko ....*S. Chios*
A. Stéphanos..*N. Port de Mesta*
Pélagonissi...*N. port de Mesta*

INOUSSES

Prassonissia........*O. Inousses*
Passas ....*E. Inousses*
Pontikonissos ..*S.E. Inousses*
Vatos ...................*S.E. Inousses*

PSARA

Antipsara...................*O. Psara*
Aghios Nikolaos......*O. Psara*
Katonissi ....*S. Antipsara*
Mastrogiorgis........*N.O. Psara*
Prassonissi ...........*N.O. Psara*

SAMOS

Aghios Nikolaos........*N. Vathi*
Prassonissi ....*N. Vathi*
Makronissi..................*N. Vathi*
Pétra ....*S. Héraio*
Samiopou ....*S. Samos*
Aspros Vrachos..*S.O. Samos*

ICARIE

FOURNI

Thiména ....*O. Fourni*
Thiménaki..................*O. Fourni*
Kessiria ....*O. Fourni*
Aghios Minas ....*E. Fourni*
Mikros Andropofas.*S.E. Fourni*
Mégalos Andropofas.......... ....................................*S.E. Fourni*
Makronissi.................*S. Fourni*
Plakaki.........................*S. Fourni*
Plaka ....*S. Fourni*
Strongilo......................*S. Fourni*
Prassonissaki ....*S. Fourni*
Alatonissi ..............*S.O. Fourni*

AUTRES ILES DE LA MER EGEE

ILOTS DE CHALCIDIQUE

Amoliani . . . . *S. Trypitis*
Diaporos . . . . *N. Vourvourous*
Kélyfos . . . *S. O. Néa Marmara*

ILOTS DE LA BAIE PAGACITIQUE

Paléo Trikéri . . *S. Pagacitique*
Strongili . . . . . . *S. Pagacitique*
Pythou . . . . *S. Pagacitique*
Ile de Psarion..*S. Pagacitique*
Alatas . . . . *S.O. Milinas*
Kykinthos . . . . *N.E. Amaliapolis*
Argyronissi . . . *S. Pagacitique*

ILOTS DE L'OUEST DE LA MER EGÉE

Vélopoula....*22 milles S. Hydra*
Falkonéra..*25 milles N.O. Milos*
Karavi...........*25 milles O. Milos*

6 ILES IONENNES

CORFOU (KERKIRA) PAXOS LEUCADE
CEPHALONIE ITHAQUE ZANTE CYTHER

Depuis les temps anciens les îles ioniennes se distinguaient des autres îles. La nature les avait dotées de beautés supplémentaires. Une terre fertile, un climat tempéré, des montagnes verdoyantes, d'immenses rochers blancs dominant la mer turquoise, des plages tranquilles au sable immaculé où les voiliers peuvent facilement se mettre à l'abri des intempéries. C'est pour ces raisons que ces îles furent très tôt habitées. Les fouilles archéologiques révèlent que les premiers habitants s'y installèrent à l'âge de pierre. Cependant l'apogée de l'archipel ionien débuta à l'époque mycénienne, lorsque tous les Grecs partaient pour la guerre de Troie. Avec eux, Ulysse, le héros d'Homère, qui avait établit son royaume sur l'une de ces îles, la célèbre Ithaque. Homère se réfère également à deux autres îles, Leucade et Corfou, la riche et belle patrie des Phéaciens. Au 8ème s. av.J.-C. les Corinthiens envahirent Corfou, puis au 7-ème s. Leucade. Ils voulaient s'emparer de ces îles car elles représentaient pour leur flotte marchande un passage vers la Sicile et l'ensemble du monde occidental. Mais Corfou devint puissante et s'allia à Athènes. Cela fut le motif de la guerre du Peloponnèse qui éclata entre Athènes et Sparte en 431 av. J.-C. En 146 av. J.-C., les îles ioniennes furent dominées par les Romains puis elle passèrent ensuite sous la do-

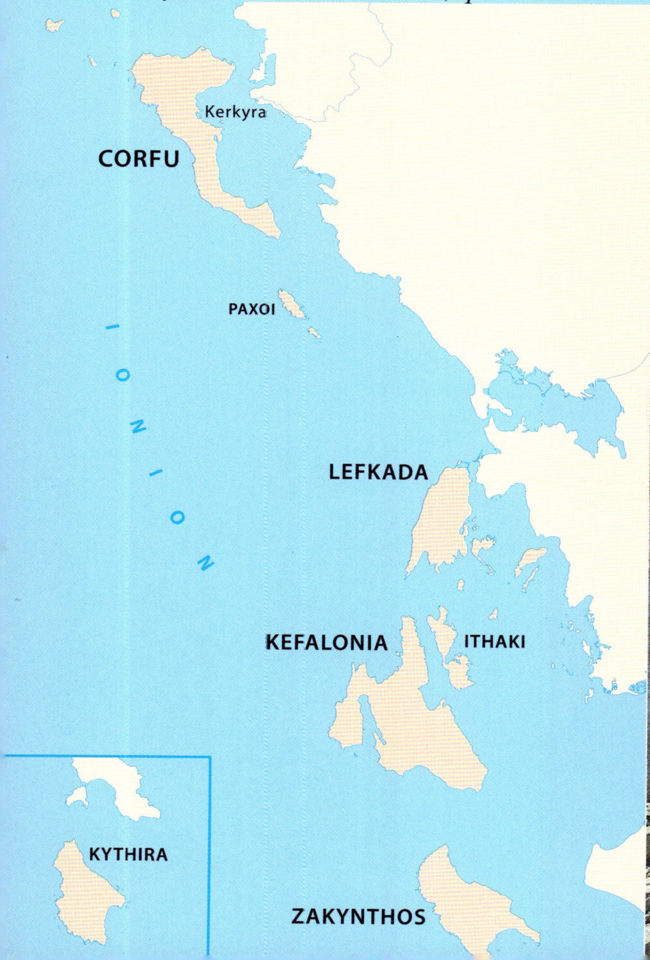

mination de Byzance. Les Vénitiens les envahirent en 1836 ap. J.-C. et les occupèrent durant plus de 400 ans.
L'occupation venitie. ne prit fin en 1797, après l'hégémonie de Napoléon et la prise de possession des îles par les Français. En 1799 la flotte turcorusse s'empara des îles, à l'insu des Français, et en 1800 un traité fut signé pour la formation de la Cité Ionienne. Ce fut la première fois que les îles ioniennes connurent l'indépendance. On les appelait également "Heptanesoï" car elles étaient au nombre de sept. La Cité Ionienne n'eut cependant que 7 ans d'existence, puis après le retour des Français, on signa en 1815 un traité qui reconnaissait l'état indépendant (République) des Iles Ioniennes sous protectorat anglais. Ce protectorat s'avéra malheureusement être une nouvelle domination et le rêve d'indépendance s'effondra de nouveau. Mais les habitants de ces îles continuèrent à lutter. En effet, lorsque la Grèce se souleva contre l'envahisseur Turc, ils apportèrent, en dépit de la désapprobation des Anglais, une aide non négligeable au combat. C'est dans les îles ioniennes que prêtèrent serment les chefs d'armes de la révolution de 1821. Le premier gouverneur de ces îles fut en 1828, Ioannis Kapodistrias qui était originaire de Corfou. Les îles ioniennes restèrent cependant sous la domination des Anglais et leur rattachement à la Grèce intervint finalement en 1864. En 1953 un séisme détruisit trois des sept îles: Zante, Céphalonie et Ithaque. Des maisons traditionnelles ainsi que des demeures bourgeoises s'effondrèrent et des églises anciennes furent détruites. "La fosse qu'ouvrit le séisme se remplit directement de fleurs" écrivait le poète Solomos. Ses vers ne concernaient bien entendu pas le séisme en question, mais ses paroles furent prophétiques puisque les îles se reconstruisirent rapidement.
En dehors des principales îles ioniennes nous décrirons ou localiserons également dans le présent chapitre 123 îles, îlots ou îles-rochers qui sont parsemés sur la mer ionienne et sur le golfe de Corinthe. Seules 28 de ces petites îles sont habitées.

Le naufrage de Zante.

Corfou (Kerkira)

Il existe à Corfou une petite crique bordée de sable blanc et entourée de montagnes verdoyantes. Une petite rivière coule à proximité de là et se jette dans la mer. D'après la légende, c'est sur cette plage que Nausicaa, fille du roi Alcinoos, aurait trouvé le naufragé Ulysse et l'aurait recueilli. Cette crique qui porte le nom d'Ermonès ressemble à celle décrite par Homère dans l'Odyssée, lorsqu'il se réfère à la dernière escale d'Ulysse dans l'île des Phéaciens, l'île de Corfou. Célèbre depuis les temps d'Homère, Corfou acquit une renommée encore plus importante lorsque des empereurs y vinrent en villégiature, tout comme Elisabeth d'Autriche (la fameuse Sissi) qui y construisit un palais qui fut ensuite acheté par Guillaume II d'Allemagne. Depuis cette époque un nombre croissant de visiteurs se rendent sur l'île et parlent avec admiration de la superbe nature de Corfou, de la gentillesse et de la culture de ses habitants.

C'est ainsi que progressivement, d'une île principalement agricole Corfou s'est transformée en un centre touristique international.

En dehors de ses beautés naturelles, Corfou doit également son essor à sa situation géographique. Il s'agit de l'île la plus au nord de la mer ionienne et de la plus proche de la région occidentale. Elle se situe au large des côtes de l'Epire et de l'Albanie et il s'agit en superficie de la deuxième île de l'archipel ionien. Elle couvre une superficie de 592 km^2, son littoral s'étend sur 217 km et sa population dépasse les 100000 habitants.

Ses montagnes ont des reliefs souples et descendent régulièrement sur le littoral ouest en formant de merveilleuses criques sabloneuses. Les côtes orientales sont plus abruptes, et ont une beauté sauvage mais sont dotées tout comme les côtes occidentales de plages de sable. La montagne la plus élevée, le mont Pandokratoras (906 m d'altitude), domine dans la région nord de l'île.

La végétation de l'île est principalement composée d'oliviers et de cyprès. Moins denses que les oliviers, les cyprès se dégagent tels des coups de pinceau intenses sur un tableau où domine le vert. Le principal produit de l'île est l'huile qui est considérée comme l'une des meilleures de Grèce. Corfou produit également du lait, du beurre, du gruyère, du vin blanc et des charcuteries. Il existe un autre produit qui n'est cultivé qu'à Corfou et nulle part ailleurs en Europe. Il s'agit du Koumkouat, cette toute petite orange provenant de Chine dont on fait des fruits confits ou de la liqueur.

Nous avons précedemment parlé de l'important essor touristique connut par Corfou. L'île a subi de nombreux changements depuis l'arrivée du tourisme.

La vieille ville de Corfou n'a heureusement pas du tout changé. Coincée entre l'ancienne et la nouvelle forteresse elle demeure presque identique à ce qu'elle était il y a deux cents ans. Les traditions n'ont pas changé. Pas plus que les us et les coutumes. Les Corfiotes aiment leur île et ils la quittent avec difficulté. Ils y restent et continuent à célébrer les fêtes traditionnelles de la même façon que le faisaient leurs ancêtres. Les visiteurs qui se trouveront à Corfou à l'occasion des fêtes de Pâques ou des processions flamboyantes d'Aghios

Spiridona, le saint protecteur de l'île, auront la chance d'assister à un beau spectacle.

L'art traditionnel populaire continue à être cultivé sur l'île. Ses principaux produits sont: les tissus, les tapis, la vannerie, l'argenterie et les bijoux.

La musique est une tradition chez les corfiotes. Il semble qu'elle ait des racines profondes et qu'elle ait connu une période particulièrement florissante aux 18ème et 19ème siècles, lorsque des troupes d'italiens jouaient des mélopées dans la ville de Corfou.

L'amour des corfiotes pour la musique eut pour conséquence de leur faire également exécuter des performances dans le domaine de la danse. Il faut absolument assister à l'une de ces manifestations de danse et observer les jeunes gens de Corfou en costumes locaux effectuer ces joyeux pas de danse traditionnels.

Jeunes filles en tenue corfiote traditionnelle.

Tout ce que nous venons d' énoncer précédemment constitue la garantie d'un séjour agréable et confortable sur l'île. La gentillesse et l'accueil chaleureux des habitants achèveront de vous séduire.

Corfou est accessible en avion depuis Athènes et toutes les capitales d'Europe (en été). En bateau au départ de Patras (132 milles marins), d'Igouménitsa (18 milles marins) ou de Sagiada, tout comme depuis l'Italie (Bari, Brindisi, Ancône, Otrando) et depuis l'ex-Yougoslavie (Bar, Dubrovnik, Split). En voiture au départ d'Athènes et de Thessalonique (via Igoumenitsa). Depuis Corfou il existe les liaisons suivantes: en bateau, pour Paxos (31 milles), Antipaxos (34 milles), Ithaque (91 milles), Sami Céphalonie (91 milles) et les petites îles d'Erikoussa, Mathraki et Othonous. En avion, depuis Aktio et Argostoli-Zakinthos (en été uniquement).

La superbe ville de Corfou.

HISTOIRE

L'île, qui s'appelait anciennement Korkyra semble avoir été habitée dès l'époque paléolithique et on a retrouvé des traces de la présence humaine datant de l'âge de bronze (2000 av. J.-C.) sur sa côte occidentale. En 734 av. J.-C., elle fut colonisée par les Corinthiens qui construisirent à l'emplacement actuel d'Analipsi, la ville antique et l'acropole. Corfou connut un essor commercial important, elle acquit une flotte puissante, fonda ses propres colonies et n'hésita pas au bout de 70 ans à se révolter contre la cité de Corinthe obtenant ainsi son indépendance. Mais Corinthe n'était pas seule à s'intéresser à cette île prospère. Athènes et Sparte, ses puissantes rivales, s'y interessèrent également. C'est ainsi qu'en 432 av. J.-C. Corfou fut la cause du déclenchement de la guerre du Peloponnèse entre les grandes cités. Après la victoire de Sparte, Corfou passa sous la tutelle des Spartiates.

Elle fut ensuite dominée par Syracuse, par le roi Pyrro d'Epire et par les Illyriens pour finalement tomber entre les mains des Romains. Durant la période byzantine on commença à entreprendre la fortification de la ville par la construction de remparts ainsi que du vieux fort (Paléo Phrourio) dans une tentative de faire face aux attaques de l'ennemi et particulièrement à celles des Normands. Pendant cette période l'île s'appelait Coryfo (=sommet) en raison de son acropole à deux sommets. C'est de Coryfo que provient le nom latin Corfou sous lequel l'île est connue par les étrangers. En 1204, elle fut envahie par les Vénitiens puis changea de souverains à maintes reprises jusqu'en 1386, date à laquelle elle repassa sous la domination des Vénitiens qui y restèrent jusqu'en 1797. Entre temps, en 1537, les Turcs firent leur apparition. Arrivant de manière précipitée depuis les côtes d'Epire situées en face, ils essayèrent, en vain, d'envahir l'île par des attaques répétées. Après les attaques turques, un essor artistique et culturel débuta à Corfou et se poursuivit jusqu'au 19 ème siècle. En 1797, l'île fut envahie par les Français puis deux années plus tard par la flotte turco-russe. On assista ensuite au conflit francoanglais pour la domination de l'île. Au départ, les français dominèrent dans cette lutte et conservèrent l'île (grâce à la résistance de Denzelo) de 1807 à 1815, date à laquelle elle passa tout comme les autres îles ioniennes sous la tutelle des Anglais.

Le rattachement de Corfou et du reste des îles de l'archipel à la Grèce, eut finalement lieu en 1864.

"Le premier Mai à Corfou" (Ecole ionienne de peinture, 19ème siècle).

Découverte de l'île

La ville de Corfou

Corfou, qui constitue l'une des plus belles villes de Grèce est en même temps le chef lieu de l'île et du département du même nom. Elle se situe presque au centre de la côte orientale de l'île, à un endroit où la terre forme un isthme, au large du littoral de l'Epire. A l'extrémité de cette avancée, sur le cap Sidéro, se trouve le **vieux** fort vénitien qui constitue le prolongement de murailles byzantines plus anciennes, datant du 8ème siècle. Le fort est séparé du continent par une fosse de 25 mètres de large, la fameuse **Contrafossa,** grâce à laquelle il est encerclé par la mer. A l'ouest de l'ancien fort s'étend la plus vaste et plus belle place de Grèce, la célèbre **Spianada,** entourée de beaux édifices. Sur la partie nord de la Spianada se trouve le palais des Comissaires Anglais qui abrite aujourd'hui le **Musée d'Art Asiatique.** Sur le coté ouest de la Spianada on peut observer le fameux **Liston,** édifice construit sous l'occupation française et orné d'arcades abritant des bistrots et des restaurants. Le Liston est le lieu de rencontre le plus connu des grecs et des étrangers. Derrière sa façade nord débute la rue **Aghios Spiridonas** où se trouve l'église (16ème s.) du saint, patron et protecteur de l'île dans laquelle sont abritées ses reliques. La rue Evgeniou Voulgareos, qui commence à l'extremité sud du Liston, conduit à l'hôtel de ville, bel édifice vénitien (17ème s.), et à l'église d'Aghios Iakovos, la Cathédrale des catholiques (17ème s.).

A proximité d'Aghios Spiridonas se trouve la Cathédrale Orthodoxe Grecque de Panaghia I Spiliotissa (16ème s.). En continuant vers le nord, on arrive au Vieux Port, d'où partent les transbordeurs à destination d'Igoumenitsa. Les bateaux en partance pour l'Italie et l'ex-Yougoslavie jettent l'ancre au Nouveau Port, situé plus à l'ouest. Le Nouveau Fort, construit par les

Vénitiens (16ème s.), resplendit, sur les hauteurs entre les deux ports. La vieille ville est coincée entre la Spianada et le nouveau fort, ce qui explique que les maisons aient été bâties sur plusieurs étages et séparées par des ruelles étroites. Ces dernières sont parfois si étroites que la corde soutenant le linge est attachée directement d'une maison à celle d'en face. C'est dans les "Candounia" (nom donné par les Corfiotes à ces ruelles étroites) qui sont perpendiculaires à la rue Guilfordou et mènent à la Spianada, que vous pourrez admirer ce spectacle pittoresque rappelant les villes anciennes de l'ouest de la Méditerranée.

Le **Musée Archéologique,** qui renferme des pièces provenant de l'île entière, se trouve au sud de la Spianada, à proximité de la plage située dans la crique de Garitsas. Encore plus au sud, se trouve le monument de Menekrati (600 av. J.-C) et au débouché de la baie on peut voir l'église d'Aghios Iasonas et d'Aghios Sossipatrou (11ème s.).

En continuant toujours vers le sud, nous arrivons à la petite presqu'île verdoyante **d'Analipsi** qui constitue la partie la plus intéressante de Corfou, tant sur le plan archéologique (c'est ici que se trouvait la ville antique de Corfou) que touristique. Les principales découvertes archéologiques sont celles des vestiges du temple d'Artémis (6ème s. av. J.-C.) et du temple d'Héra, le plus imposant de l'île (4ème s. av. J.-C). C'est également sur cette presqu'île que se trouve le palais Mon Repos, autrefois résidence d'été de la famille royale grecque. Le visiteur sera impressionné par l'extrémité sud de la colline et cela en dépit de tout ce qu'il aura pu entendre ou lire sur cet endroit. Il s'agit du site de **Canoni,** disposant d'une vue magnifique sur la petite île de **Vlacherna** où se trouvent le monastère de Panaghia et la célèbre **Pontikonissi** abritant le monastère du Pantocrator (voir p. 216-217).

En haut: la rue Aghios Spiridonas.

En bas: Calèche, sur la place Spianada.

EXCURSIONS

1. Corfou - Ypsos - Nissaki - Kassiopi (36 km)

A 6 km, Kontokali. Région touristique s'étendant le long de la mer, à droite de la route.
A 8 km, Gouvia. Région située dans la baie du même nom et connaissant un essor touristique important.
A 13 km, Dassia. Site pittoresque de Corfou, où se trouvent les installations du Club Méditerranée.
A 14 km, Ypsos. L'un des plus grands lieux de villégiature de l'île, doté d'une plage s'étendant sur 2 km. Le massif de **Pantocrator** (la plus haute montagne de Corfou) complète ce paysage superbe.
A 16 km, Pyrgi. Hameau situé à l'extrémité nord de la baie d'Ypsou. Une route part d'ici en direction de l'ouest et traverse le village **d'Aghios Markos** tandis qu'une autre route escarpée serpente le mont Pantocrator pour aboutir aux villages de **Spartylas** (doté d'une vue superbe sur Ypso), de **Strinylas,** d'Episkepsi, d'Acharavi et au sommet du **Pantocrator.** Nous suivrons la route de bord de mer.
A 19 km, Barbati. Jolie crique bordée de sable.
A 22 km, Nissaki. Région verdoyante ornée de plages aux eaux limpides.
A 29 km, Kalami et Kouloura. Une petite déviation à droite conduit à la jolie baie de Kalami qui s'est transformée en hameau. Plus au nord se trouve le petit port de Kouloura, doté d'une jetée en arc de cercle qui protège les caïques. Lorsqu'on l'aperçoit depuis la route en surplomb, Kouloura est l'un des plus beaux sites de Corfou. D'ici les côtes albanaises ne se trouvent qu'à 2 milles marins.
A 32 km. Carrefour. Un embranchement à droite conduit au bout de 2 km à la plage **d'Aghios Stéphanos.**
A 36 km, Kassiopi. Jolie petite ville possédant un port destiné aux petits voiliers, située à la pointe nord-ouest de l'île. Elle attire de nombreux touristes grâce à ses eaux limpides et ses nombreuses criques pittoresques ornées de rochers et de sable.

2. Corfou - Paléokastritsa (24 km)

A 21 km. La route prenant sur la droite monte au village de **Lakones,** qui offre une vue panoramique sur Paléokastritsa, et se poursuit en direction du fort historique **d'Agelokastro.**
A 24 km, Paléokastritsa. La célèbre plage de Corfou, à la beauté sauvage. Toute la région est dotée de nombreuses criques ornées de sable immaculé, d'eaux turquoises et de grottes marines. Ces criques sont entourées de collines rocheuses à la végétation luxuriante. Le plus beau spectacle se trouve au sommet de la colline où l'on peut admirer le **monastère** byzantin de **Thetokou.** Depuis le monastère on pourrra apprécier le superbe paysage, qui n'a pas été endommagé par la multitude d'hôtels, de restaurants et d'habitations.

Paléokastritsa.

3. Achillio - Aghios Gordis - Pélekas - Glyfada (29 km)

A 8 km. L'embranchement de gauche conduit au village de **Gastouri** et à **Achillio.** Le rez-de-chaussée du palais est aujourd'hui un musée et le premier étage abrite le casino.

Au huitième kilomètre, en arrivant au carrefour, nous tournerons à droite et nous poursuiverons en direction de Sinaradès, en laissant sur notre gauche la route menant à Aghious Déka et sur notre droite l'embranchement conduisant à Kynopiastès.

A 16 km, Aghios Gordis. Jolie plage de sable étendue, entourée d' une montagne abrupte à la végétation luxuriante.

A 20 km. Nous revenons au village de Sinaradès, que nous traversons et nous nous dirigeons maintenant vers Pélekas.

A 25 km, Pélékas. Ce village est réputé pour son superbe coucher de soleil. Le sommet de la colline constitue un observatoire parfait depuis lequel on domine presque toute l'île de Corfou.

A 29 km, Glyfada. L'une des plus belles plages de Corfou. A six kilomètres au nord-ouest de Glyfada, se trouve le hameau de bord de mer d'**Ermonès**, situé dans une anse bien protégée, à la beauté sauvage.

4. Corfou - Benitsès - Kavos (48 km)

Nous suivons la route menant à Achillio et au bout de 5,5 km, nous tournons à gauche.
A 8 km Pérama. A ce point, un passage étroit (d'environ 300m de long) au milieu de la mer, ne pouvant être emprunté que par les piétons et les cyclistes, relie ce site à la célèbre colline de **Kanoni.** En longeant la mer, en direction de Benitsès nous nous trouvons juste en face de la fameuse île de **Pontikonissi.**
A 12 km, Bénitsès. Ville connaissant l'essor touristique le plus important de l'île et s'étendant le long de la plage.
A 20 km, Moraïtika. Lieu de villégiature. **A 21 km.** La route que nous laissons sur notre gauche conduit au bout de 2 km à Messogi, autre lieu de villégiature.
A 31 km. Carrefour situé à l'entrée du village d'Argyradès. L'embranchement de droite conduit à **Aghios Georgios**, village possèdant une plage de sable qui s'étend sur plus de 3 km de long.
A 42 km, Lefkimmi. Il s'agit de la plus importante bourgade de la côte sud. Elle est traversée par un canal de plus d'un kilomètre de long, orné de barques et possédant un pont à son embouchure.
A 48 km, Kavos. C'est ici que s'achève notre itinéraire. Ce hameau est situé à l'extrémité sud de Corfou et il dispose d'une vaste plage bordée d'eaux limpides et peu profondes.

5. Corfou - Sidari (36 km)

Nous suivons la route menant à Paléokastritsa et au 13ème km nous tournons à droite en direction de Skripero et Sidari.
A 23 km. Intersection. L'embranchement de droite conduit, 14 km plus loin, à **Roda,** village de bord de mer possédant une belle plage de sable.
A 24 km, Arkadadès. Depuis ce village une route conduit au bout de 10 km, à la baie d'Aghiou Georgiou ton Pagon.

En haut: La ville animée de Benitsès.
Au centre: Le canal de Lefkimmi.
En bas: Les plages de Roda.

A 25 km, Agros. Hameau depuis lequel un embranchement à gauche aboutit, au bout de 11 km, à la plage d'**Arilla**.
36 km, Sidari. Célèbre plage à la beauté étrange. Les rochers aux sillons de couleur marron descendent jusqu'à la mer en formant de petits fjords bordés d'une mer turquoise peu profonde dont les fonds sont sablonneux. L'un de ces fjords porte le nom de **Canal d'Amour.** C'est grâce à cette beauté naturelle que l'endroit attire de nombreux touristes. Depuis Sidari, on a la possibilité de se rendre sur les îles **Diapondia**.

Iles Diapondia

A proximité de Sidari (3-7 milles marins) se trouvent les trois îlots verdoyants **d'Erikoussa, Mathraki** et **Othoni,** dotés de belles plages de sable et d'eaux cristallines, connus sous le nom d'îles Diapondia. Leur superficie totale dépasse les 18 km^2 et la population de chacun d'entre eux s'élève à environ 200 habitants.

Leur histoire fut bien sûr globalement semblable à celle de leur voisine, Corfou, à laquelle les 3 îlots ont toujours appartenu et dont ils dépendaient totalement. Mais il est également certain que compte tenu de leur situation isolée, ils furent l'objet d'attaques répétées de la part des pirates auxquels ils ne purent opposer aucune résistance.

Beaucoup pensent qu'Othoni, la plus grande de ces îles, est l'île de Calypso, l'Ogygie d'Homère; l'endroit où Ulysse fit naufrage et débarqua pour chercher refuge. La grotte située à 20 minutes en barque du port serait la grotte légendaire de la superbe nymphe qui recueillit le naufragé et le garda durant sept années sur l'île.

Aujourd'hui, 70% de la population que comptait l'île avant la guerre vit aux Etats Unis, 10% à Corfou et seuls 20% y habitent durant l'hiver. Cette précision s'impose car tous les expatriés grecs des Etats-Unis n'oublient bien entendu par leur île, ne pouvant renoncer au paradis qu'ils ont laissé derrière eux et dès le printemps ils y reviennent, tels des oiseaux migrateurs.

Un petit bateau relie 2 fois par semaine ces îles au port de Corfou. Des caïques effectuent également par temps calme cette traversée, depuis Sidari.

Le Canal d'Amour, à Sidari.

Page suivante: Le superbe îlot de Pontikonissi et la petite île de Vlacherna.

Paxos

Cette île verdoyante située à 7 milles au sud de Corfou charme le visiteur dès le premier coup d'œil. On est impressionné par ses oliviers immenses qui couvrent la presque totalité de l'île, ses petites criques charmantes, ses ports pittoresques, ses imposants rochers au sein desquels se trouvent des grottes marines. Ce spectacle est rassemblé sur moins de 25 km².

Paxos, la plus petite des îles ioniennes, se trouve à 32 milles marins de Corfou et à 12 milles marins de la ville de Parga située sur les côtes d'Epire. La côte orientale est paisible et découpée par des petites criques pittoresques. Les reliefs descendent en pentes régulieres jusqu'au littoral ouest, qui est rocheux et accidenté. Leur crête est souple et leur plus haut sommet, Aghios Isavros, culmine à 250 m. Les habitants de Paxos sont environ 2500 et ont pour principale activitè la culture des olives, la pêche et le tourisme. L'huile d'olive, réputée pour sa très bonne qualité, est le principal produit de l'île et constitue, avec le tourisme, sa ressource majeure.

Paxos est accessible: en transbordeur depuis le port de Corfou, Mourto (Sybota) en Epire et Patras; en bus depuis Athènes, via Mourto et en caïque (l'été uniquement) au départ de Kavo (Corfou) et de Parga (Epire). L'été il existe également une liaison entre Paxos et Céphalonie, Ithaque et l'Italie.

HISTOIRE

L'histoire de Paxos est, dans les grandes lignes, identique à celle de Corfou. L'occupation des Vénitiens, qui dura plus de 400 ans (14ème s.-18ème s. ap. J.-C.), fut déterminante pour le destin de Paxos. C'est durant cette période que fut construit le célèbre fort sur l'îlot d'Aghios Nikolaos, en face du port de Gaïos (15ème s.), et que l'on étendit les plantations d'oliviers de manière à ce qu'ils recouvrent presque l'intégralité de la surface de l' île. Ceci engendra une modification progressive du paysage de l'île et de son activité. En 1537, eut lieu au large de Paxos, la bataille navale historique de Paxos opposant la flotte des chrétiens, sous le commandement d'Andréas Dorias, et la flotte turque qui subit une défaite, et dont les 12 navires furent capturés et remorqués jusqu'à Messini. Les habitants de Paxos se soulevèrent en 1810 contre les Français et firent appel à l'aide des Anglais. Ces derniers envahirent finalement l'île en 1814 et ils en restèrent souverains jusqu'en 1864, date à laquelle elle fut rattachée à la Grèce.

Découverte de l'île

Le port de **Gaïos,** qui est en même temps le chef lieu de l'île, est impressionant. Il est protégé par deux petites îles verdoyantes. L'île de **Panaghia,** avec le monastère du même nom, et l'îlot **d'Aghios Nikolaos**, qui forme avec le continent situé en face un fjord pittoresque emprunté par les petits bateaux allant amarrer sur l'embarcadère. C'est sur l'îlot d'Aghios Nikolaos que se **trouve** le fort **vénitien** ainsi qu'un moulin à vent. Gaïos tient son nom de l'un des disciples de l'apôtre Paul qui prêcha le christianisme aux habitants de Paxos puis mourut et fut enterré à cet endroit.

Les maisons de Gaïos, qui conservent le style traditionnel des îles ioniennes, ainsi que ses ruelles étroites bordées d'échoppes, de bars et de petits bistrots créent une atmosphère très agréable. A proximité du port, vous pourrez visiter les Archives Historiques, la Bibliothèque et l'église d'Aghion Apostolon qui est ornée de fresques

Les impressionnants rochers de la côte ouest.

Gaïos, avec l'îlot verdoyant d'Aghios Nikolaos à l'entrée du port.

murales. Au sud-est du port se trouvent deux petites plages.

Depuis Gaïos, une route coupe l'île du sud au nord, en traversant une vaste forêt d'oliviers.

Sur votre droite, à 5,5 km de Gaïos, au cœur d'une baie encastrée se trouve le petit village de **Loggos,** noyé dans la verdure.

La route aboutit à **Lakka,** autre village pittoresque situé dans une anse protégée. A proximité de Lakka se trouve la belle plage de sable de **Charami** et l'église byzantine d'Ypapandis. La visite de la côte ouest, avec ses fonds marins aux couleurs splendides et ses grottes sousmarines (achevant ainsi le tour de l'île) s'effectue en caïque. En partant de Gaïos et en vous dirigeant vers le sud-est, vous arriverez à la plage **d'Otzia,** au large de laquelle se trouve les îlots de **Mogonissi** et **Kaltsionissi.**

De là, en poursuivant vers le nord-ouest, vous rencontrerez: **Trypito,** un pont naturel formé par des rochers, les rochers de **Mousmouli,** la grotte **d'Ortholithou** dont l'entrée est ornée d'un énorme monolithe, **Erimiti,** la grotte de **Kastanida** située au pied d'un rocher dont la hauteur atteint 180 m, puis la grotte **d' Ypanandis,** servant de refuge aux phoques et située à 2 milles marins de Lakka.

Antipaxoi

Il serait dommage si vous vous rendez à Paxos de ne pas visiter cette petite île qui se trouve à seulement 3 milles marins du port de Gaïos (à Paxos). En effet, c'est sur ce petit bout de terre de tout juste 5 km^2 et dont les habitants ne dépassent pas le nombre de 120 que vous trouverez les plus belles plages, la mer la plus turquoise et aussi bien entendu la plus limpide. Vous arriverez à **Agrapidia,** irez nager à **Voutoumi** et **Vrika** puis vous monterez le chemin qui traverse les vignobles pour aller admirer la vue depuis les hauteurs. Et le soir, vous repartirez avec le cœur serré car ce spectacle aura été trop ephémère.

L'été, il existe des liaisons quotidiennes pour Antipaxoi depuis Paxos et Corfou.

Leucade

Des rochers blancs couvrent la presque totalité de la côte ouest de l'île et c'est pour cette raison qu' elle a pris le nom de Lefkada (Lefko = blanc). Des rochers immenses du haut desquels, d'après la légende, Sapho se serait jetée dans la mer. La grande poétesse de l'antiquité se serait ainsi tuée en raison de son amour despéré pour Phaon. En opposition avec la côte ouest, le littoral oriental est lui très verdoyant, paisible, et parsemé de criques pittoresques. L'une de celles-ci, Syvota, ressemble énormément à un récit conté par Homère dans l'Odyssée et fut la raison pour laquelle l'archéologue allemand Derpfeld soutient la version selon laquelle l'Ithaque décrite par Homère serait en fait Leucade. Au large de la côte est se trouvent les superbes îlots de Leucade parmi lesquels on distingue celui de Skorpios, qui occupe une place particulière.

Leucade était autrefois reliée aux côtes de la Grèce occidentale et constitua une péninsule jusqu'au 7ème s. av. J.-C., période à laquelle les colons de Corinthe creusèrent un canal et la séparèrent ainsi du continent. Aujourd'hui, la liaison s'effectue par un pont.

Leucade se trouve au nord d' Ithaque et de Céphalonie, dont elle ne se situe respectivement qu'à 31 milles et 45 milles marins. Elle couvre une surface de 803 km^2, son littoral s'étend sur 117 km et sa population s'élève à environ 20000 habitants, dont les occupations principales sont l'agriculture, l'élevage et le tourisme. Ile montagneuse, dont le plus haut sommet (le mont Stavrota), s'élève à 1158 m, elle possède une végétation dense et luxuriante, des sources d'eau coulant des montagnes et des plaines fertiles dans les régions sud-ouest. L'île produit principalement de l'huile et du vin, mais également de délicieuses saucisses ainsi que d'autres charcuteries, tandis que les lentilles d'Eklouvi sont considérées comme les meilleures de Grèce. Au niveau des produits d'art populaire, les tapis traditionnels, les broderies et les dentelles occupent une place de choix. Leucade est la terre d'origine de deux célèbres poètes de la Grèce contemporaine, Angelos Sikelianos et Aristotélis Valaoritis.

Leucade constitue un département qui comprend également les îles voisines plus petites de Meganissi, Mandouri, Skorpio, Sparti, Kasto... L'infrastructure hôtelière, le réseau routier et les liaisons de bus de l'île sont satisfaisantes et assurent un agréable séjour aux visiteurs qui viennent sur l'île pour y apprécier les superbes plages de sable bordées d'eaux cristallines ou encore les villages de montagne dans certains desquels les femmes continuent à porter le costume traditionnel. Leucade est accessible en avion au départ d'Athènes, via Aktiou, qui se trouve à 25 km de l'île, ou en bus depuis le numéro 100 de la rue Kifissou, à Athènes. Depuis le port de Nydri, à Leucade, il existe une liaison pour la ville de Frikes (à Ithaque), Fiskardo (à Céphalonie) et depuis Vassiliki pour Vathi (à Ithaque), Fiskardo et Sami (à Céphalonie).

HISTOIRE

Leucade fut habitée dès l'époque néolithique, comme le révèlent les fouilles archéologiques de l'île. On a également découvert des objets datant de l'époque mycénienne. En 640 av. J.-C., les Corinthiens, environ cent ans après la colonisation de Corfou, envahirent également Leucade.

Au 4ème s. av. J.-C. Leucade fut occupée par les Macédoniens, puis par le roi Pyrrhus d'Epire et enfin par les Romains. La longue et tumultueuse période byzantine, s'acheva au 13ème s., lorsque l'île passa sous la domination des Francs qui construisirent la fameuse forteresse d'Aghia Mavra, à l' intérieur des remparts de laquelle fut fondé le monastère du même nom. Ce monastère transforma durant quelques siècles le nom de l'île en Aghia Mavra.

Leucade n'étant qu'à une distance très réduite des côtes de la Grèce occidentale, elle fut donc l'objet d'attaques de la part des turcs et subit leur occupation durant de nombreuses années, chose qui ne se produisit pas dans le reste des îles de l'archipel ionien. L'occupation turque débuta en 1479 et prit fin en 1684, lorsque Leucade fut envahie par les vénitiens. L'île passa ensuite en 1797 sous la domination des français puis sous celle des russes. Une tentative menée par Ali Pacha visant à reconquir l'île, fut empêchée par Ioannis Kapodistrias. Ce dernier collaborait alors avec les révolutionnaires grecs de la Grèce continentale dont le soulèvement contre les turcs avaient déjà commencé. Le protectorat anglais, tel qu'il fut appelé au départ (mais qui s'avéra en fait être une nouvelle forme d'occupation), débuta en 1815. Environ un demi siècle plus tard, en 1864, Leucade fut rattachée à la Grèce, tout comme les autres îles de l'archipel ionien.

Le Saut de Leucade et le Pidimade Sapho.

Découverte de l'île

La ville de Leucade

Elle se trouve au nord ouest de l'île, à environ 1 km du pont qui la relie avec la côte d'Etolie-Acarnanie. A proximité du pont, se trouvent les vestiges de la **forteresse d'Aghia Mavra,** qui fut bâtie par les Orsini puis plus tard remise en état par les vénitiens et les turcs.

La ville fut reconstruite à la suite du séisme de 1953. De nombreuses églises qui comptent parmi les plus belles de l'île, résistèrent heureusement à ce séisme. Nous avons ainsi la chance de pouvoir visiter celles d'Aghios Minas, d'Aghios Dimitrios, d'Aghios Spiridonas (17ème-18ème s.), d'Aghios Ioannis (Saint Jean d' Anjou) construite par d'Anjou au 14ème s. et enfin celle du Pantocrator, dans le cimetière de laquelle se trouve la tombe du poète Aristotélis Valaoritis. L'architecture de ces églises est dominée par le style baroque, tandis que leur intérieur renferme des fresques murales qui constituent principalement l'œuvre de Nicolas Doxara et représentent l'Ecole Ionienne de Peinture.

Il convient de visiter le petit **Musée Archéologique,** la Pinacothèque d'art post-byzantin, la bibliothèque municipale, le musée d'art populaire et l'**Musée** original des **Phonographes.** Au sommet d'une colline voisine, d'où l'on possède une vue superbe sur la ville et sur la mer, on peut admirer le monastère de **Fanéroméni,** qui fut construit au 17ème siècle, puis détruit par un incendie et reconstruit au 19ème s. à un autre endroit. En contrebas du monastère se trouve la vaste plage de sable blanc de Leucade, **Gyra.**

La mer calme et peu profonde, à proximité du port de Leucade.

EXCURSIONS

1. Nydri - Vassiliki (38 km)

Vous suivez la route menant à Nydri.
A 2km, Kalligoni. C'est à proximité de ce hameau que se trouvait la ville antique de Leucade. Il existe à cet endroit des parcelles de murs cyclopiens et les vestiges d'un petit théâtre.
A 6 km, Lygia. Village de bord de mer doté d'arbres et d'une plage de sable.
A 9 km, Nikiana. Hameau possédant une jolie petite plage de sable. **A 17 km, Nydri.** Village noyé dans la verdure, disposant de la plus importante fréquentation touristique de l'île. Au large, se trouvent les îlots verdoyants de **Madouri** (l'île du poète Valaoritis), **Sparti, Chelonaki, Skorpios** (propriété de la famille Onasis) et à proximité, la péninsule magique **d'Aghia Kyriaki** au sommet de laquelle se trouve la demeure de l'archéologue allemand Derpfeld. A 2 km de Nydri en se dirigeant vers l'intérieur de l'île, après avoir traversé le village de Rachi, on peut admirer une **cascade** d'eau.
A 20 km, Vlycho. Hameau de bord de mer, situé au coeur de la baie encastrée du même nom. Au large de Vlycho, se trouve la pittoresque **Géni. A 25 km**. Croisement avec la route qui conduit, 2 km plus loin, au village de Poros, puis au bout de 4 km à la superbe plage de **Mikros Gialos. A 30 km.** Croisement avec la route qui conduit 3 km plus loin à **Syvta**.
A 38 km, Vassiliki. Région possédant presque la même fréquentation touristique que Nydri. Elle se situe à l' extremité sud de l'île, au cœur d' une vaste baie exposée au vent, à proximité d'une immense plage dotée de galets et de sable. Cette baie constitue le paradis des véliplanchistes.

D'ici, vous pouvez aller en caïque jusqu'à la superbe plage **d'Aghiofyli** et jusqu'au **Pidima** de **Sapho,** à proximité du saut de **Leucade,** où dans l'antiquité se déroulaient les célèbres "katapondismi", sauts dans la mer.

On précipitait les condamnés à mort d'une immense falaise, fouettée par les vagues de la mer ionienne. S'ils survivaient à cette terrible chute, on leur accordait la grâce. C'est également d'ici que se jetaient ceux qui voulaient s'affranchir d'un amour irrémédiable.

Nidri. L'îlot verdoyant de Nadouri, orné de la maison de Valaoritis.

2. Aghios Nikitas - Kalamitsi - (Porto Katsiki) - Aghios Pétros - Vassiliki (43 km)

Nous suivons la route en direction d'Aghios Nikitas. Après avoir traversé le village de **Tsoukaladès** (6 km) un nouvel embranchement mène jusqu'à une immense plage.
A 12 km, Aghios Nikitas. Il s'agissait jadis d'un pittoresque village de pêcheurs. Depuis quelques années, il s'est transformé en l'un des endroits les plus touristiques de Leucade.
A 14 km. Une déviation à droite conduit au bout de 2 km à la vaste plage de **Kathisma,** l'une des plus belles de Leucade. Les rochers se trouvant à l'extrémité nord de la plage sont très impressionants.
A 21 km, Kalamitsi. Village situé à 380 m d'altitude. D'ici, une route descend à de belles plages de sable qui sont encore vierges.
A 30 km. Après avoir traversé le village de **Chortata,** nous arrivons à un carrefour. L'embranchement de droite conduit, 6 km plus loin, au village **d'Athani.** Depuis Athani, une route aboutit au bout de 13 km à **Porto Katsiki.** Il existe des liaisons presque quotidiennes en caïque pour Porto Katsiki, au départ de Nydri ou de Vassiliki. **A 36 km, Aghios Pétros.** Village agricole situé à un emplacement magnifique et dominant Vassiliki.
A 43 km, Vassiliki.

3. Karya - Eklouvi (20 km)

Nous suivons la route en direction de Nydri et au bout d'1,5 km, nous nous dirigeons vers **Lazarata** (10,5 km), Karya.
A 14,5 km, Karya. Jolie bourgade montagneuse dotée de sources d'eau et noyée dans la verdure. C'est ici que s'effectuent les célèbres broderies de Leucade.
A 20 km, Eklouvi. Petit village montagneux situé à 730 m d'altitude, qui est réputé pour ses lentilles. Il se trouve au pied de la plus haute montagne de Leucade, le mont **Stavrota** (pic d'Elati à 1158 m d'altitude).

La grotte de Papanikolis à Méganissi.

ILOTS SITUÉS A PROXIMITÉ DE LEUCADE

Méganissi. Il s'agit du plus grand de tous les îlots avoisinants, avec une superficie de 20 km2 et une population d'environ 1300 habitants. Il se trouve à 12 milles marins du port de Leucade et possède trois hameaux, **Vathi, Katoméri** et **Spartochori.** Parmi les curiosités de l'île, on compte la grande grotte marine de **Papanikolis,** qui servit d'abri au sousmarin "Papanikolis", durant la guerre de 1940-41.

L'îlot de **Kalamos** se situe à l'est de Méganissi, au large du cap de Mytikas en Etolie-Acarnanie. Sa surface atteint 20 km^2 et ses principaux villages sont **Kalamos,** le port et chef lieu de l'île, **Kéfali** et **Episkopi**. Il possède de jolies criques aux eaux limpides et de montagnes. L'îlot étroit de **Kastos** qui est habité, se trouve un peu plus au sud.

Encore plus au sud, se trouvent de nombreux îlots déserts, parmi lesquels les plus importants sont ceux de **Drakonéra, Provati, Pétalas, Makri et Oxia.**

A l'est de Leucade, au large d'Athani, se trouve la petite île de **Séssoula.**

L'impressionante plage de Porto Katsiki.

Ithaque

Ithaque est connue dans le monde entier comme l'île d'Ulysse, le héros d'Homère, qui après avoir combattu durant 10 longues années à Troie, eut besoin d'autant d'années pour retourner dans son royaume auprès de son épouse Pénélope, qui l'attendait désespérément. C'est ainsi qu'Ithaque est devenue une île symbolique, le symbole de l'aventure et de la nostalgie de la patrie. Mais également le symbole de l'attente et de la fidélité des époux.

Ithaque est une petite île de la mer Ionienne d'une superficie de 96 km^2 et dont le littoral s'étend sur 101 km. Elle se trouve au nord-est de Céphalonie dont elle est séparée par un détroit de 3 à 5 km de large. Il s'agit d'une île montagneuse assez verdoyante et possédant une côte découpée par de belles criques encastrées. L'une de celles-ci, la crique de Molos, située au milieu de l'île, est si profonde qu'à cet endroit la terre forme un goulot de tout juste 500 m de large qui sépare l'île en deux. Dans la partie sud resplendit le mont rocheux de Mérovoulo

(552 m) qui possède également des parcelles de verdure et dans la partie nord, le mont Niritos (806 m) couvert d' arbousiers et orné du monastère de Katharon.

Les 3600 habitants de l'île ont pour principales occupations l'agriculture, l'élevage et la pêche. Ithaque est accessible en bus ou en voiture via Patras ou Astakos. Il existe depuis ces deux villes des liaisons en transbordeurs.

HISTOIRE

Ithaque fut habitée dès la fin du 3ème millénaire av. J.-C.. L'intérêt des archéologues se porte cependant sur la période où l'île était, selon le récit d'Homère, dominée par Ulysse l'ingénieux, au 12ème s.av. J.-C. C'est à cette époque que les Grecs se mettaient en route pour aller envahir la ville de Troie. Cette guerre dura dix ans et il y fut mis fin grâce au cheval de Troie conçu par Ulysse, qui permit de conquérir la cité de Troie. Mais il fallut encore à Ulysse dix ans d'errance en mer avant de revenir dans son île. Le 9ème siècle av. J.-C. marqua le début d'une période de croissance pour l'île, qui servit d'escale aux navires marchands.

Durant la période antique, classique puis hellénistique Ithaque connut une activité relativement importante. On construisit deux acropoles (à Aetos et à Stavros), l'art de la poterie se développa et les relations avec le reste de la Grèce et avec l'orient se poursuivirent.

En 1499 ap. J.-C. l'occupation vénitienne commença mais l'île fut ensuite immédiatement détruite par les pirates puis désertée. Les pirates s'en servirent durant environ un siècle comme base navale

de l'île. Ce monastère fut contruit au 19ème s., pour abriter l'icône ancienne de la Vierge qui était conservée dans le fort de Chora.

A 7 km, Karvounadès. Important village situé presque au centre de l'île. Depuis le village de **Fratsia** qui se trouve à 3 km au nord-est , un embranchement se dirigeant vers l'est mène 10,5 km plus loin à **Kastri**, à l'emplacement où se trouvait la ville antique de **Skandia**, le port d'ancrage de Paléopoli. Avant d'arriver à Kastri, la route passe en contrebas de Paléokastro, la colline sur laquelle se trouvait le temple d'Aphrodite.

A 2 km de la plage sablonneuse de Kastri, se trouve le village pittoresque **d'Avlaimonas,** avec ses petites criques et son fort vénitien.

A 12 km, Dokana. Depuis ce village, une déviation à gauche conduit à **Mylopotamo,** village à l'architecture traditionnelle. A l'ouest de ce village se trouve la fameuse **grotte d'Aghia Sofia**, ornée à l'intérieur de stalactites et de stalagmites et possédant un petit lac, ainsi que des fresques murales à son entrée.

A 15 km, Aroniadika. L'embranchement de droite mène à l'aéroport (à 5 km), au monastère **d'Aghia Moni** et au hameau de bord de mer de **Diakofti** (16 km).

A 19 km, Potamos. Il s'agit du plus important village de Cythère, après la capitale de l'île. D'ici, un embranchement à gauche mène, 7 km plus loin, au joli hameau de **Karavas,** noyé dans la verdure, puis 3,5 km après à la plage de **Platia Ammos.**

Chora, avec son impressionnant fort.

En haut: la plage de Kapsali.

Anticythère

Entre Cythère et la Crète, se trouve cette île rocheuse qui possède sa propre histoire. Durant l'époque classique elle s'appelait Egila elle disposait d'une ville antique fortifiée et du temple d'Apollon Egila. Les vestiges sont à proximité de **Potamos**, la capitale et le port de l'île où se trouvent aujourd'hui rassemblés la plupart des 100 habitants de l'île qui sont tous d'origine crétoise et plus précisément du village de Sfakia.

Vers 1900, à la suite d'un naufrage sur les rochers entourant l'île,

L'adolescent d'Anticythère.

on trouva entre autre, la célèbre statue de "l'adolescent d'Anticythère", qui est maintenant exposée au musée archéologique d'Athènes. Anticythère, dont la superficie s'élève à 20 km², est reliée en bateau avec le Pirée, Cythère et Kastelli (en Crète). Elle est éloignée des deux dernières respectivement de 27 et 35 milles marins.

Elafonissos

Il s'agit d'une petite île couverte de plages de sable immaculées et de petites forêts de cèdres nains. Elle n'appartient pas aux îles ioniennes mais est ici mentionnée car elle est très proche de Cythère. Elle se trouve à l'extrémité sud-est du Péloponnèse, à tout juste 500 m des côtes de Laconie dont elle dépend administrativement. Elle couvre une surface de 18 km² et son littoral s'étend sur 25 km. Elle possède un port de pêche pittoresque rassemblant les 600 habitants de l'île qui sont pour la plupart marins ou pêcheurs.

Le littoral du Péloponnèse situé en face ne se trouve qu'à 11 km de **Néapoli** avec laquelle il est relié en bus. Il existe également des liaisons en ferry-boat au départ du Pirée, de Cythère et de Kastelli (en Crète).

Ilots de Messenie

Ils appartiennent au département de Messénie (Péloponnèse) et non aux îles ioniennes, mais nous les mentionnerons toutefois en raison de leur situation géographique.

Proti. Ilot situé au large du petit port de Marathopoli, le lieu d'ancrage de Gargalianon.

Sfaktiria. Ilot historique obstruant l'ouverture du golfe de Navarin en direction de la mer ionienne. C'est sur son sol rocheux que se trouve le tombeau des marins russes qui furent tués en 1827, lors de la **bataille** de **Navarinou,** contre les turcs. Cette lutte joua un rôle décisif dans la révolution grecque. Sur le littoral se trouve la tombe de l'italien philhellène **Santarosa.**

Sapientza. Il constitue l'un des trois ilots que forment les Inousses de Messénie, à environ un mille marin au sud de **Methone. Noyé** dans la verdure il est le lieu de prédilection des chasseurs.

Schiza. Autre petite île appartenant aux Inousses de Messénie, à 2 milles marins au sud-est de Sapientza. Le troisième ilôt est celui **d'Aghia Margiani,** qui se trouve entre les deux premiers.

Vénétiko. Petite île verdoyante située à environ un mille au sud du cap Akritas, qui se trouve à l'extrémité sud de la Messénie. Il possède de la magnésite et des roches utilisées pour aiguiser (pierre à aiguiser). Ses eaux sont propices à la pêche.

ILES ET ILOTS DE LA MER IONIENNE

CORFOU

Vlacherna	*S. Kanoniou*
Pontikonissi	*S. Kanoniou*
Vidos	*N. de la ville de Corfou*
Lazaretto	*E. Gouvès*
Gravia, Sykia	*S.O. Arila*
Ortholithi	*S.O. Aghia Gordi*
Lagoudia	*E. Aghios Georgios Argyradon*
Diapondia Nissia	*N.O. Corfou*
Erikoussa	*N.O. Corfou*
Mathraki	*N.O. Corfou*
Diapolo	*N.O. Corfou*
Othoni	*N.O. Corfou*
Prassoudi	*O. Igoumenitsa*
Syvota	*S. Igoumenitsa*
Aghios Nikolaos	*S. Igoumenitsa*
Hironissi	*S. Igoumenitsa*
Aghionissi	*O. Igoumenitsa*
Xéradi	*N.O. Igoumenitsa*

PAXOS

Mongonissi	*S.E. Paxos*
Kalsionissi	*S.E. Paxos*
Panaghia	*N.E. Gaïos*
Aghios Nikolaos	*E. Gaïos*
Antipaxos	*S.E. Paxos*
Daskalia	*S. Antipaxos*

LEUCADE

Cheloni	*E. Nidrios*
Madouri, Sparti	*E. Nidrios*
Skorpios, Skorpidi	*S.E. Nidrios*
Méganissi	*S.E. Nidrios*
Thilia	*O. Méganissi*
Pétalou, Kythros	*S. Méganissi*

Le lac de Ioannina.

Kalamos............................E. Méganissi
Kastos...............................S.E. Kalamos
Provati....................................N. Kastos
Formikoula.....................S.O. Kalamos
Aghios Nikolaos...............E. Nikianas
Arkoudi...................................S. Leucade
Séssoula.............................O. Hortaton

CÉPHALONIE

Vardiani..........................O. Plati Gialos
Dias..................................S.E. Aéroport

ITHAQUE

Lazaretto..........................Port de Vathi
Atokos...............................N.E. Ithaque
Drakonéra, Provati..................E. Ithaque
Pétalas, Vromonas..................E. Ithaque
Makri, Oxia............................E. Ithaque

ZANTE

Pélouzo.......................Golfe de Lagana
Marathonissi............................N.E. Kéri
Aghios Sostis.........................S. Lagana
Mégalos Myzithras......................S. Kéri
Mikros Myzithras.......................S. Kéri
Kendinaria....................................E. Kéri
Korakonissi.........S.E. Aghios Nikolaos
Aghios Ioannis............Baie de Vroma
Aghios Nikolaos.........S. Grotte Bleue
Vodi...O. Tsilivi
Strofadès...................................S. Zante

CYTHÈRE

Chitra.................................S. Kapsalios
Gourounia...............................E. Chora
Karavonissi.............S.O. Myrtidiotissa
Strongili.....................S.O. Myrtidiotissa
Ile de Panaghia.......S.O. Myrtidiotissa
Gaïdouronissi.........N.O. Myrtidiotissa

Exo Nissi....................O. Mylopotamos
Messa Nissi...............N. Mylopotamos
Nissakia......................N. Mylopotamos
Arménopétra.....................N.O. Potamos
Monopétra...........Pointe N. de Cythère
Karavougia.........Pointe N. de Cythère
Makrykythira..................N.E. Diakoftis
Fidonissi.................................E. Diakoftis
Dragonarès........................E. Avlémona
Kornari...............Pointe S.E. de Cythère

ANTICYTHÈRE

Thermonès.....................N.E. Potamos
Kofinidia................................O. Potamos
Pori.......................................N. Anticythère

ELAFONISSOS

ILES DE MESSENIE

Proti...............................O. Gargalianon
Sfaktiria....................Baie de Navarinos
Pylos..........................Baie de Navarinos
Sapientza...............................S. Methoni
Aghia Mariani, Schiza...S.E. Methoni
Vénétiko.................................S.O. Koroni

ILES DU GOLFE DE CORINTHE

Trizonia. *Petite île de 180 habitants, située au large des côtes d'Egion.*
Aghios Georgios.............Golfe d'Itéa
Aghios Dimitrios.............Golfe d'Itéa
Aghios Constandinos....Golfe d'Itéa
Aghios Athanassios.......Golfe d'Itéa
Tsarouchi.....................Baie d'Antikyron
Daskalio.......................Baie d'Antikyron
Kassidis.......................Baie d'Antikyron
Ambelos.......................Baie d'Antikyron
Katakava..............S.E. Baie d'Antikyron
Alatonissi................S. Baie de Sarandi

Vroma.......................S. Baie de Sarandi
Tabourlo..................S. Baie de Sarandi
Kouvéli, Fonias............S. Domvraïnis
Groboloula.....................S. Domvraïnis
Macronissos..................S. Domvraïnis
Alkyonidès Nissi..............N. Schinou
Zoodochos Pigi................N. Schinou
Glaronissi...........................N. Schinou
Daskalio..............................N. Schinou
Prassonissi........................N. Schinou

ILOTS DE LA REGION AMVRAQUIQUE

Korakonissa..........Golfe Amvraquique
Képhalos...............................N. Vonitsa

AUTRES ILES DE LA MER IONIENNE

Panaghia...............................O. Pargas

LAGUNE DE MESSOLONGHI

Prokopanistos............O. Messolonghi
Kotsikas, Komma.....O. Messolonghi

ILOTS SITUÉS DANS DES LACS

Aghios Achilléos: *il se trouve dans le lac de Micri Prespa, en Macédoine, et possède un petit hameau ainsi que les vestiges de l'une des plus grandes basiliques de Grèce, l'église d'Aghios Achilléos.*

Ilot de Ioannina: *il se trouve dans le lac de Pamvotida et s'étend sur 800 m de long et 500 m de large. Cet îlot noyé de verdure, compte 800 habitants et possède de nombreux monastères parmi lesquels certains sont de style byzantin et datent du 13ème siècle.*

7 CRETE

LA CANEE (GRAMBOUSSA, GAVDOS, THODOROU, SOUDA, ELAFONISSI) **HERAKLION** (DIA) **LASSITHI** (CRHYSSI, SPINALOGA, DIONISSADES,

Il y a plusieurs millions d'années l'Egéide , le continent qui unissait la Grèce et l'Asie Mineure fut engloutie dans les eaux de la Méditerranée et seuls les sommets de ses montagnes restèrent à la surface de la mer. C'est de cette cosmogonie qu' est née la Crète, cette grande île aux sommets élevés et à la beauté exceptionnelle. Ses fameuses gorges, ses côtes abruptes, ses vallées étranges qui ressemblent à des lacs asséchés, ses immenses plages de sable immaculées constituent les restes de cette terrible cosmogonie qui vit la naissance de l'île et en même temps ce pôle d'attraction qui depuis de nombreuses années séduit le visiteur. Mais les beautés naturelles de l'île ne sont pas les seules à lui conférer un intérêt réel. La Crète dispose également de vestiges antiques. La très ancienne civilisation minoenne avec ses célèbres palais. La civilisation qui vit le jour il y a 4000 ans et domina sur l'île durant plus d'un millénaire. Mais également l'esprit crétois, cet esprit rebelle et généreux si célèbre. Ce peuple fier et accueillant qui dès la première visite sur l'île séduit le visiteur et l'encourage à revenir, comme si la Crète était sa deuxième patrie.

La Crète est la plus grande île grecque et la cinquième de la Méditerranée. Elle couvre une superficie de 8300 km2 , son littoral s'étend sur 1040 km et sa population s'élève à 500 000 habitants. L'île est divisée administrativement en quatre départements: les départements de la Canée, de Rethymnon et d'Héraklion qui ont pour chefs lieux respectifs les villes du même nom ainsi que le département de Lassithi dont le chef lieu est la ville d'Aghios Nikolaos. Formant la région située à l'extrémité sud du territoire grec, la Crète se trouve au carrefour de trois continents. Cette situation stratégique fut la cause de nombreux conflits qui éclatèrent sur l'île. Cependant les guerres et l'oppression qui dura de nombreuses années ne parvinrent pas à faire fléchir l'esprit crétois. Aujourd'hui, les crétois conservent avec dignité toutes les coutumes et traditions qu'ils possèdent depuis tant d'années. Le visiteur pourra s'en apercevoir s'il a l'occasion d'assister à un mariage crétois ou à toute autre célébration. Il appréciera la lyre crétoise, les danses des jeunes gens et admirera les beaux jeunes-hommes et les jeunes-filles élancées vêtues de leur costumes traditionnels. Les guerres et les périodes d'occupation ne réussirent pas à empêcher l'essor culturel et artistique de l'île. Nous ne faisons bien entendu pas référence ici aux œuvres accomplies durant la Civilisation Minoenne. Ces dernières furent réalisées en temps de paix. Nous faisons allusion à bien des années plus tard. A l'époque où l'on construisait en Crète les églises byzantines aux superbes fresques murales (14ème s.). L'époque où naquit dans le domaine de la peinture et en particulier de la peinture d'icône, la célèbre Ecole Crétoise (16ème s.) et ou apparut par la suite, le grand peintre crétois Donìnicos Theotokopoulos, le célèbre El Greco. L'époque où les théâtres

jouaient les pièces de Georgios Chortatzis et de Vizenzo Kornarios (17ème s.). Nous faisons également référence à l'histoire récente et au grand écrivain Nikos Kazantzakis. Les principales activités des Crétois sont l'agriculture et l'élevage.
Les produits majeurs de l'île sont l'huile, le vin, la fameuse Tsikoudia, le raisin, les agrumes, les fromages et les fruits et les produits primeurs. Nous devons également mentionner les produits de l'art populaire, principalement les tissus, les broderies, les icônes de taille réduite, les objets en terre cuite et les objets en or ou en argent. La Crète est accessible en avion depuis Athènes, Mykonos, Santorin, Rhodes, Karpathos, Kassos et Thessalonique ou en ferry-boat depuis le Pirée, les Cyclades, le Dodécanèse et Gythio. Elle est entourée d'une multitude d'îlots, d'îles-rochers et de rochers dont le nombre dépasse les 700. Nous ne décrirons ici (ou nous les localiserons simplement en indiquant leur situation) que 45 îles et îlots parmi lesquels seuls 4 sont habités.

Histoire de la Crète

Epoque néolithique. La première apparition de l'homme en Crète s' effectue vers l'âge néolithique,dont le commencement se situe entre 6000 av. J.-C. et 5000 av. J.-C. pour s'achever aux environs de 2600 av. J.-C.
Epoque minoenne. Le début de l'époque minoenne coïncide avec le début de l'âge du bronze. La nouvelle civilisation qui va se développer et dominer sur l'île durant plus de 1200 ans correspond à l'arrivée en Crète d'un peuple originaire d'Asie Mineure vers 2600 av. J.-C.. Ce dernier se trouve sans doute accompagné d'autres peuples venant d'Egypte et de Libye mais qui n'ont cependant aucun rapport avec l'ethnie des égyptiens et des sémites. Tous ces nouveaux venus appartiennent probablement à l'ethnie indo-européenne. Nous ne connaissons malheureusement pas leur langue et nous ne possédons que très peu d'éléments sur l'histoire de la Crète minoenne en général. Cependant le manque de connaissances concernant l'histoire fut comblé par les nombreuses découvertes mises à jour par les fouilles archéologiques. Grâce à ces trouvailles nous possédons une connaissance relativement bonne des réalisations de la civilisation minoenne, tant au niveau de l'art et du degré de développement social que de la structure économique. D'après ces nombreuses découvertes, nous pouvons aujourd' hui diviser l'époque minoenne en périodes plus restreintes et en sous-périodes:
Epoque protominoenne
(2600-2100 av. J.-C.)
Epoque meso-minoenne
(2100-1600 av. J.-C.)
Epoque post-minoenne
(1600-1100 av. J.-C.)

Par la suite, le professeur N. Platon introduisit une nouvelle division chronologique en utilisant de nouvelles appellations pour chacune des périodes:
Epoque protopalatiale
(2600-2000 av. J.-C.)
Epoque des anciens palais
(2000-1700 av. J.-C.)
Epoque néopalatiale
(1700-1400 av. J.-C.)
Epoque postpalatiale
(1400-1100 av. J.-C.)

La dernière division chronologique tient compte des dates suivantes, relatives à l'essor de la civilisation minoenne:
2600 av. J.-C. Arrivée des nouvelles ethnies qui apportent avec elle le savoir-faire concernant le travail du cuivre.
2000 av. J.-C. Construction des premiers grands palais minoens.
1700 av. J.-C. Ravage de ces derniers par un terrible séisme et reconstruction quelques années plus tard des nouveaux palais, plus luxueux que les précédents.
1400 av. J.-C. Destruction de la deuxième série de palais, probablement en raison de l' éruption du volcan de Santorin, qui marqua la fin de la civilisation minoenne.

1100 av. J.-C. Occupation de la Crète par les Doriens.
De l'époque des Doriens aux Romains. Presque depuis le début de cette période (1100 av. J.-C.) on constate un changement majeur dans le domaine des arts. Les motifs ornant les objets en terre cuite changent et le fer apparaît pour la première fois en tant que métal dans l'art de la métallurgie.

Plus tard, durant **l'époque géométrique** (900-725 av. J.-C.), l'art connaît un nouvel essor, visible particulièrement dans l'art de la poterie. A la fin de **l'époque archaïque** (650-500 av. J.-C.), on constate la présence dans les arts plastiques d'un nouveau rythme appelé dédalien.
Epoque romaine. Avec l'aide de Métellus, les romains envahissent la Crète en 69 av. J.-C. La Crète devient une province romaine à laquelle appartient également la Cyrénaïque, avec pour capitale Gortynie.
La christianisme apparaît en Crète avec la venue de l'apôtre Paul (63-66 ap. J.-C.).
Première période byzantine. Cette période débute en fait en 395 ap. J.-C., lorsque Byzance avait pour empereur Théodose le Grand. La paix règne sur l'île durant plusieurs années, jusqu'à ce que les premières offensives arabes éclatent, vers 650.
L'occupation arabe. Les arabes tirent profit des crises internes de l'empire byzantin et envahissent la Crète en 824. Héraklion devient leur capitale et ils en font une ville fortifiée en creusant tout autour une vaste fosse profonde. C'est pour cette raison que la ville porte le nom d'**Handakas** (= fossé).
L'occupant arabe fait subir de terribles souffrances à la population crétoise. Les chrétiens sont massacrés ou sont obligés de se convertir à l'islam, les femmes et les enfants sont rassemblés dans les marchés aux esclaves d'Héraklion pour être vendus ou envoyés en tant qu'esclaves en Orient.
Deuxième période byzantine. L'occupation arabe en Crète gêne l'empire byzantin qui essaie (en vain) à plusieurs reprises de reconquérir l'île. En 961, le général de

l'empire byzantin, Nikiforos Fokas, met fin aux expéditions ratées et envahit la Crète suite à de violents combats.

L'empire vénitien. A la suite d'une guerre les opposants aux gênois, les vénitiens, occupent l'île et en deviennent souverains en 1212.

L'occupation vénitienne qui durera plus de 400 ans réserve de nouvelles souffrances au peuple crétois qui réagira en se révoltant contre l'envahisseur.

En dépit de ces combats, l'île connaîtra cependant une période de renaissance.

L'empire turc. Il s'agit de l'époque la plus néfaste pour les Crétois. Les turcs envahissent tout d'abord la Canée en 1645 et poursuivent leur chemin vers l'est, détruisant et brûlant tout ce qui se trouve sur leur passage. Le fort de Handakas constitue un obstacle majeur. Il leur faudra 23 années de siège pour s'en emparer. Ils deviendront ensuite les seuls souverains de l'île et les crétois seront dès lors soumis à l'esclavage. Leurs églises seront transformées en mosquées, leurs richesses seront confisquées, leurs femmes violées et leurs enfants enlevés pour en faire des janissaires. Les crétois réagiront cependant de manière violente et de nombreux soulèvements et révolutions auront lieu, parmi lesquels les plus importants seront ceux de 1770 (de Daskalogiannis), de 1821, de 1866 (l' holocauste d'Arcadie) et de 1897.

Indépendance et rattachement à la Grèce. L'holocauste d'Arcadie et la bravoure des Crétois émeuvent l'opinion publique internationale. Quatre des grandes puissances européennes de l'époque (l'Angleterre, la France, la Russie et l'Italie) interviennent. Les turcs sont chassés de l'île et le prince Georges de Grèce, qui arriva sur l'île à la fin de l'année 1898 pour gouverner "l'Etat Crétois" (nom qui fut donné à l'époque à cet état indépendant) est nommé "haut commissaire" de Crète. Le rattachement à la Grèce nécessitera une nouvelle révolution. Ce sera celle dirigée par Elefthérios Vénizélos en 1905, à Thérisso. Le rattachement interviendra effectivement 8 ans plus tard, en 1913, lorsque Vénizélos deviendra premier ministre grec.

La bataille de Crète (1941) - L'occupation allemande. Une nouvelle page glorieuse va s'ajouter à l'histoire de la Crète. Il s'agit de la bataille que vont mener contre les parachutistes d'Hitler, les alliés de la Grèce aux côtés de l'ensemble de la population crétoise, en mai 1941. Il s'agit également de la résistance héroïque du peuple crétois durant l' occupation allemande. Les représailles que l'occupant infligera aux crétois seront très dures. Des villages entiers seront ravagés et leur population masculine sera exécutée de manière collective. Mais l'esprit crétois, habitué aux combats et aux sacrifices, ne se soumettra pas.

Département de la Canée

Il s'agit du département de Crète situé le plus à l'Ouest, orné d'imposants sommets immaculés qui resplendissent sur sa majeure partie. Cette majestueuse chaîne de montagne verdoyante se dresse en pente douce à quelques kilomètres seulement du littoral nord du département, pour culminer à 2.453 m et son relief abrupte et rocailleux descend ensuite sur la mer de Libye. Elle renferme les gorges de Samaria. Au nord-est du département se trouve le golfe de Souda, disposant du plus grand port naturel de Grèce, le golfe de la Canée et plus loin le golfe de Kissamou, tous bordés d'immenses plages de sable.

La Canée

Il s'agit de la deuxième ville de Crète (en population) et du chef lieu du département de la Canée.

Restée intacte en dépit de l'essor touristique, elle fait intensément penser aux jours où elle était le chef lieu administratif de la Crète entière. Les curiosités de la Canée sont principalement concentrées dans la vieille ville qui entoure le pittoresque port vénitien. A l'entrée de ce dernier on peut admirer l'ancien **phare vénitien** et en face la **forteresse de Firka** ainsi que le musée de la marine. Les autres curiosités de l'île sont le quartier vénitien de **Topana**, les hautes murailles de la forteresse vénitienne, construite en 1540, **Kastelli**, le quartier de Splantzia avec l'église d'Aghios Rokkos, d'Aghios Nikolaos et d'Aghi Anargyri. Le **musée archéologique** est abrité dans la basilique d'Aghios Franciscos, église vénitienne datant du 14ème siècle. A la limite de la ville nouvelle se trouve le **marché municipal** possèdant un charme très caractéristique et, à l'intérieur de la ville nouvelle, le superbe **jardin municipal**. A proximité de ce dernier se trouvent les **archives historiques de Crète**, qui sont les deuxièmes de Grèce, tant en volume qu'en valeur. A l'est de la Canée se trouve le quartier résidentiel de **Chalépa** qui abrite la maison d'Eleftherios Venizelos. La Canée est reliée en avion avec Athènes et en bateau (depuis Souda) avec le Pirée.

La belle ville de la Canée. Au centre, on distingue le port vénitien.

Excursions depuis la Canée

1. Akrotiri

A 6 km, les tombes des Venizelos. D'ici, la vue sur la ville de la Canée est exceptionnelle.

A 9 km, Intersection conduisant à la plage de **Kalatha** et aux belles plages de sable de **Stavros**.

A 14 km, l'embranchement de droite mène à l'aéroport.

A 16,5 km, monastère d'Aghia Triada Ton Tsagarolon. L'église du monastère, construite en 1634, est en forme de croix et possède une coupole ainsi qu'une façade impressionnante. Le monastère est doté d'un musée très intéressant.

A 20,5 km, monastère de Kyria Ton Angélon ou Gouvernétou. Il s'agit de l'un des plus anciens monastères de Crète. Il fut probablement construit au 11ème s., à l'époque où l'ancienne cathédrale fut abandonnée.

2. Thérisso (16 km)

Après avoir franchi les gorges de Thérisso, nous arrivons au village de Thérisso où Elefthérios Vénizélos constitua, en 1905, le quartier général de la révolution. La maison qui servait de quartier général possède une plaque en marbre ornée d'une inscription relative.

3. Omalos - Gorges de Samaria (43 km)

Sur la route allant en direction de Kastelli, vous tournerez à gauche au bout d'1,5 km.

A 39 km, Omalos. Plateau situé à une altitude de 1050 m, célèbre pour ses combats de libération de la Crète. **A 41 km**. A 5 km à gauche se trouve le **refuge** de **Kallergi** Ton Lefkon Oréon depuis lequel s'effectue, en environ 7 heures, l'ascension jusqu'à Pachnès (2453 m), sommet le plus élevé.

A 43 km, Xyloskalos. D'ici, vous descendrez aux célèbres **gorges** de **Samaria,** les plus belles d'Europe, profondes et étroites (parfois jusqu'à seulement 2,5 m de large!). Des sources coulent dans les gorges qui sont ornées de petites vasques d'eau et de platanes. Elles couvrent une longueur de 18 km qui nécessitent environ 6 heures de marche. L'excursion se termine à Aghia Rouméli.

4. Monastère de Chryssoskalitissa - Elafonissi (78 km)

Au 37ème kilomètre de la route se dirigeant vers Kastelli, à **Kaloudiana,** vous tournerez à gauche.

A 46 km, Topolia. Important village doté d'églises byzantines. A quelques kilomètres après le village se trouve les **gorges** de **Topoliano.** La route passe dans une sorte de tunnel et aboutit à la **grotte d'Aghia Sofia.** A l'entrée de celle-ci se trouve la petite église d'Aghia Sofia.

A 57 km, Elos. Le plus joli village de la région, rempli de platanes et de châtaigniers (Kastanochoria = villages aux châtaignes). En octobre, on célèbre ici la fête de la châtaigne. **A 61 km, Kéfali.** Village possédant une vue superbe. A côté de l'école se trouve l'église d'Aghios Athanassios dotée de fresques murales datant de 1393. Vous laissez sur votre droite l'embranchement menant à **Sfinari.**

A 73 km, Monastère de Chryssoskalitissa. Quelque part à l'extrémité sud-ouest de la Crète, se trouve une baie ornée de gigantesques rochers noirs. Accroché au plus haut d´entre eux, on peut admirer le monastère le plus visité et également le plus isolé de Crète.

A 78 km, Elafonissi.

En haut: le monastère de Chryssoskalitissa et Elafonissi.
A gauche: les "Portes", dans les gorges.

5. Alikianos - Sougia (70 km)

Suivez la route allant en direction de Kastelli et au bout d´1,5km, tournez à gauche en direction d'Omalos.

A 13 km. Quittez la route menant à Omalos et poursuivez sur la droite.

A 14 km, Alikianos. Ce village renferme les vestiges de la tour du noble vénitien, Damolino, ainsi que la belle église byzantine d'Aghios Georgios ornée de fresques murales datant du 14ème s.

A 70 km, Sougia. Petit port paisible bordé d'une belle plage de sable. L'église du village dispose d'une mosaïque représentant des paons et des chevreuils.

6. Kandanos - Paléochora (74 km)

Sur la route de Kastelli, lorsque vous atteignez le 19ème km, à Tavroniti, tournez à gauche.

A 27 km, Voukoliès. Village doté d' églises byzantines abritant des fresques murales datant du 15ème s.

A 57 km, Kandanos. Chef lieu de la province de Sélinos. Il fut détruit par les allemands pour avoir pris part à la résistance. Les villages des alentours disposent d'églises byzantines de valeur, ornées de fresques murales.

A 74 km, Paléochora. Bourgade possédant une superbe plage de sable et une mer chaude. Elle s'offre même à la baignade en hiver.

Paléochora.

7. Kastelli Kissamou - Falassarna (59 km)

A 5,5 km, Galatas. Village de bord de mer disposant de belles plages de sable. C'est ici qu'ont lieu les célébrations concernant la bataille de Crète, du 20 au 25 mai.
A 8 km, Aghia Marina. Plage de sable étendue, au large de laquelle se trouve l'îlot **d'Aghi Théodori.**
A 11 km, Platanias. Village verdoyant bordé d'une plage de sable.
A 17 km, Malémé. Cette région possédant un aéroport est célèbre depuis l'héroïque bataille de Crète de 1941. C'est ici que se trouve le cimetière de guerre allemand.
A 24 km. A droite, **Kolymbari,** situé à l'extrémité du golfe de la Canée ce hameau est orné d'une belle plage de sable. A 1 km au nord, on peut admirer le **monastère fortifié de Gonias** ou **Odigitria,** qui est aujourd'hui le siège de l'académie orthodoxe de Crète.
A 42 km, Kastelli Kissamou. La ville est construite à l'emplacement de la cité antique de Kissamou dont le port d'ancrage était Polyrrinnias. Plus tard, lorsque les romains l'envahirent, ils construisirent au sommet, dans la vieille ville, une nouvelle cité plus vaste et disposant de théâtres et de villas romaines. La ville passa ensuite sous la domination des arabes puis sous celle des vénitiens qui construisirent une petite forteresse dont elle tira son nouveau nom. Kastelli est le chef lieu du département de Kissamou, célèbre pour ses vins fameux.
A 53 km, Platanos. Depuis ce village, un embranchement à gauche conduit, 8 km plus loin, au village de **Sfinari,** bordé d'une belle plage de sable.
A 59 km, Falassarna. Il s'agit de l'une des plus belles plages de sable de Crète, disposant d'eaux turquoises. On est impressionné par son étendue et son charme.

8. Vryssès - Chora Sfakion - Anopoli (84 km)

A 32 km, Vryssès. Hameau disposant de nombreuses sources d'eau
A 48 km, Askyfou. Village historique situé aux abords du petit plateau du même nom. A la sortie du village **d'Imbros** débutent les vastes gorges d'Imbros. On est impressionné par le paysage orné de cyprès sauvages.
A 68 km. Une déviation à gauche mène, 12 km plus loin, à **Frangokastello,** avec ses vastes plages de sable et son fort qui fut construit par les vénitiens en 1371.
A 70 km, Chora Sfakion. Isolé sur les plages inaccessibles du golfe de Lybie, ce village constitua le centre des luttes de libération de l'île. Les maisons anciennes, qui en raison de leur architecture populaire ressemblent à des habitations des îles de la mer Egée, sont construites en amphithéâtre au dessus du port. Depuis Sfakia, vous pouvez effectuer des excursions en caïque jusqu'à **Loutro, Aghia Rouméli, Sougia, Paléochora** et l'île de **Gavdos.**
A 82 km, Anopoli. Le village est construit à proximité de la ville antique, sur un plateau situé à 600 m d'altitude. C'est dans l'église d'Aghios Georgios que **Ioannis Daskalogiannis** (qui naquit ici), éleva en 1770 le drapeau de la révolution. A proximité du village se trouvent les impressionnantes gorges d'Aradaina et en face de celles-ci le plateau du même nom. Une passerelle en fer relie les deux plateaux.

9. Lac de Kourna - Rethymnon (61 km)

A 6,5 km, Souda. C'est le port qui dessert la Canée. Il s'agit de l'un des plus grands ports de la Méditerranée. Il sert également de base navale. A l'entrée de la baie se trouve l'îlot du même nom, sur lequel les vénitiens avaient construit un fort imposant. **A 14,5 km.** Une déviation à gauche conduit aux villages de bord de mer de **Kalami, Kalyvès, Almyrida et Plaka**, disposant de belles plages de sable.
A 38 km. Une déviation à gauche depuis la route principale, conduit à **Georgioupoli** et à droite à l'unique lac de Crète, le **lac de Kourna**.
A 61 km. Rethymnon.

Département de Rethymnon

Il est limitrophe à l'ouest avec le département de la Canée et à l'est avec le département d'Héraklion. Son principal sommet est le mont Psiloritis (2456 m) qui fait partie de la plus haute chaîne de montagnes de Crète et domine à l'est. C'est également là que se trouve l'Idaio Andro, la grotte où, d'après la mythologie, Zeus grandit. Toute la côte nord du département est bordée d'immenses plages de sable qui, à l'ouest sont ornées par la jolie ville de Rethymon. A proximité de Rethymnon se trouve Arcadie, le monastère historique et sur la côte sud on peut admirer un autre monastère important, celui de Prévélis. A proximité de ce dernier se trouvent les gorges de Kourtaliotiko au cœur desquelles coule une rivière bordée de palmiers, qui constitue l'un des plus beaux paysages de Grèce.

Rethymnon

La vieille ville est construite sur un cap à l'extrémité duquel resplendit un petit phare vénitien bien entretenu, la **Fortezza.**

A l'entrée de la ville se trouve le **musée archéologique**. A l'est du phare on distingue le pittoresque petit port vénitien et le port marchand. A proximité du petit port se trouvent la fontaine de Rimondi et la **loge vénitienne.** Plus au sud on peut admirer l'église d'Aghios Franciscos, l'école turque et la Grande Porte, la porte centrale de la forteresse vénitienne. Le port de Rethymnon est relié en transbordeur avec le Pirée.

La vieille ville de Rethymnon avec la Fortezza et le début de la grande plage.

Excursions depuis Rethymnon

1. Plakias (40 km)

Suivez la route qui monte au village **d'Arméni.**

A 19 km. Les deux routes mènent à Plakia. Celle qui prolonge l'axe principal passe (au bout de 4 km) par les **gorges** de **Kourtaliotiko.**

A 21 km. Un embranchement à gauche mène à la grotte d'Aghia Galini.

A 29 km, Assomatos. Une déviation à gauche conduit 4 km plus loin au monastère **Kato Monastiri** de **Prévéli.** En continuant encore sur 3 km, on arrive au monastère **Pisso Monastiri** de **Prévéli** (Aghiou Ioannou tou Theologou) qui est le monastère principal. Ce monastère joua un rôle important dans les luttes de libération de la Crète. A deux kilomètres du monastère, la route aboutit à un sentier qui conduit à la rivière aux palmiers qui coule dans les gorges de Kourtaliotiko. Le lac (formé par l'embouchure de la rivière), les palmiers et le sable forment un paysage unique.

A 36 km. Depuis Assomatos vous retrouvez l'itinéraire principal allant vers Plakia. Il existe à cet endroit un embranchement menant à Sfakia (42 km) qui traverse les villages pittoresques de **Myrthios, Sélia et Rodakino.**

A 40 km, Plakias. La superbe plage de sable et la beauté de la région environnante ont contribué au développement spectaculaire du lieu. A proximité de Plakia se trouvent les célèbres plages de **Damnoni**(2 km) et **d'Ammoudi**(3 km).

2. Spili - Aghia Galini

A 11 km, Arméni. (Voir itinéraire 1).

A 29 km, Spili. Jolie bourgade située au pied du mont Kedrou et constituant le chef lieu de la province d'Aghios Vassilios, réputée pour ses nombreuses sources d' eau et son paysage verdoyant. Là, sur la plage ombragée par les platanes, l'eau s'écoule depuis 19 fontaines ayant la forme de gueules de lions.

A 55 km, Aghia Galini. Intéressant lieu de villégiature construit sur le versant de la colline qui surplombe le port.

3. Amari - Aghia Galini

Suivez la route menant à Héraklion et au bout de 3 kilomètres tournez à droite en direction d'Amari.

A 11 km, Prassès. Village possédant de nombreuses maisons de style vénitien construites sur le versant d'une falaise abrupte couverte de verdure.

A 29,5 km, Apostoli. Village doté d'églises anciennes.

A 30 km, Aghia Fotini. Un embranchement à droite mène, 4 km plus loin, au village de **Mérona** qui dispose de belles églises datant du 14ème et du 15ème siècles abritant de belles fresques murales et des icônes. A 7 km de là se trouve le village de **Gerakari** situé à 680 m d'altitude, au pied du mont Kedros. Depuis Aghia Fotini, un embranchement à gauche conduit, 1 km plus loin, au village de **Thronos** où l'on peut admirer les vestiges de la ville antique de **Syvritou** ainsi que l'église de Panaghia Tis **Thronianis**.

A 35 km, Monastère de Moni Assomaton. Il se trouve sur un site magnifique. Le monastère abrite l' Ecole Agricole.

A 40 km, Amari. Chef lieu de la province du même nom, il est noyé dans la verdure et entouré de belles églises byzantines.

Le débouché des gorges de Kourtaliotiko, en bas de Prévéli.

4. Monastère d'Arcadie (22 km)

Il s'agit de l'un des plus célèbres monastères de Grèce et de Crète particulièrement, connu pour le fameux holocauste qui y eut lieu. C'est dans ce monastère que le 8 novembre 1866, environ 1000 personnes (moines, combattants, femmes et enfants) avec à leur tête l'abbé **Gabriel,** préférèrent mourir en mettant le feu à la poudrière, plutôt que de tomber entre les mains des Turcs.

Le monastère fut fondé durant la période d'hégémonie vénitienne. Ses hauts murs d'enceinte le font ressembler à une forteresse et l'église, dont la façade est de style baroque, est considérée comme l' une des plus belles de Crète. Elle comporte deux nefs et a été dédiée à la Transfiguration de Sotiros et aux Saints, Constantin et Eleni. Le musée du monastère abrite de nombreux objets de valeur. Pour vous rendre au monastère, vous suivrez la route menant à Héraklion et prendrez à droite au bout de 5 km.

La chapelle du monastère d'Arcadie.

5. Pérama - Anogia - Idaio Andro (76 km)

Suivez la route menant à Héraklion et en arrivant à Stavroméno (à 11 km), tournez à droite.

A 24 km, Pérama. Chef lieu de la province de Mylopotamou. Au nord-est de Pérama se trouve la **grotte historique** de **Mélidoniou** et au sud le village de **Margaritès,** possédant une tradition dans l'art de la poterie. A proximité du village se trouvent les vestiges de la ville antique **d'Eleftherna** qui connut un réel essor de l'époque classique jusqu'à l'époque romaine.

A 34 km, Mourtzana. Vous prendrez ici à droite, en direction du joli village de **Garazo.**

A 46 km, Axos. Village pittoresque construit en contrebas de la ville antique du même nom. Axos dispose de belles églises byzantines, telles que celle d'Aghia Irini (datant du 8ème et du 12ème siècles) qui possède une architecture sublime et abrite des fresques murales, ainsi que celle d'Aghios Ioannis (datant du 12ème s).

Au sud d'Axos se trouve le village de **Zoniana,** possédant l'une des plus belles grottes de Crète, appelée **Sentoni** ou **Sfendoni.**

A 55 km, Anogia. Important village de montagne, situé à 740 m d'altitude, formant une commune et dépendant administrativement de la province de Mylopotamou. Il se trouve à la limite du département d'Héraklion. Le village d'Anogia est connu pour ses fameux tissus aux couleurs chatoyantes et aux motifs traditionnels crétois. La place centrale et les petites ruelles, remplies de ces tissus qui sont offerts à la vente, donnent au village un charme particulier. Le village d'Anogia, isolé sur le versant nord du mont Psiloritis, fut le centre des combats révolutionnaires dirigés contre les Turcs. Durant la deuxième guerre mondiale il fut considéré comme le noyau de la résistance nationale contre les allemands. Le village d'Anogia subit de dures représailles pour ces actes révolutionnaires. En août 1944, les allemands le détruisirent complètement. Le village fut reconstruit et constitue aujourd'hui un important lieu de villégiature. Ses tavernes organisent en été des fêtes avec des danses crétoises.

A 76 km, Plateau de Nidas - Idaio Andro. A l'extrémité de la route et à une altitude de 1500 m se trouve le **plateau de Nidas.** En bordure de la route se trouve une aire de repos ou vous pouvez faire halte et admirer la vue sur la vallée qui ressemble à un immense lac asséché, entouré de montagnes élevées. A 500 m de l'aire de repos, sur le versant rocheux du mont Psiloritis se trouve la grotte **d'Idaio Andro.** Majestueuse, située au pied d'un gigantesque rocher, sur les contreforts du plus haut sommet de Crète, semblable à la grotte qui selon la mythologie fut le berceau du père de tous les dieux: Zeus. Depuis Idaio Andro on peut effectuer l'ascension sur le sommet le plus élevé du mont Idis, le **Timios Stavros** (2456 m), en cinq heures environ.

6. Rethymnon - Héraklion

A 3 km, Périvolia. Belle plage de sable ayant connu un essor touristique important. Sur la droite nous rencontrons une intersection avec la route nationale. L'ancienne route est parallèle à la nouvelle et longue de superbes plages de sable. Les principales d'entre elles sont celles **d'Adele** (à 5 km) et de **Stavroménos** (à 11 km).

Depuis Stavroménos, suivez la route nationale qui traverse le village de **Panormo** (22 km) et continue en direction d'Héraklion.

A 33 km. Un embranchement à gauche depuis la route principale conduit 2 km plus loin à **Bali,** une petite baie très pittoresque bordée de sable qui connaît un essor touristique important.

A 51 km. Nous sommes maintenant entrés dans le département d'Héraklion. D'ici, sur la gauche, une déviation de la route principale conduit 3 km plus loin à **Fodele,** le village où naquit le célèbre peintre **Dominikos Theotokopoulos**, connut sous le nom **d'El Greco**. Les vestiges, qui sont probablement ceux de sa maison, se trouvent à proximité d'une jolie petite église byzantine. Le village est noyé dans les plantations d'orangers.

A 58 km. Une déviation à gauche conduit 3 km plus loin à la baie **d' Aghia Pelagia,** un lieu de villégiature moderne bordé d'une plage de sable et d'eaux cristallines.

A 65 km. Un embranchement à gauche conduit à la vaste plage d' Ammoudara située à l'ouest d'Héraklion.

A 75 km, Héraklion.

Département d' Heraklion

C'est là que se trouvent les célèbres palais minoens de Cnossos et de Phaistos. Dans la région sud-ouest du département on rencontre la vallée de Messara qui est la plus grande et la plus fertile de l'île. Selon la mythologie, c'est ici que Zeus installa la belle princesse Europe, une fois qu'il l'eut enlevée de la cour du roi de Phénicie. De l'union de Zeus et d'Europe naquit Minos.

Le département d'Héraklion est le plus grand de Crète et il concentre à la fois la gestion administrative de l'île ainsi que le plus grand nombre de curiosités.

Au nord d'Héraklion se trouve la petite île de **Dia***, qui est utilisée pour l'élevage de chamois.*

Héraklion

Héraklion est la ville la plus peuplée de Crète, le chef lieu du département d'Héraklion et la capitale administrative de l'ensemble de l'île. Sa situation géographique a contribué à cela. Elle se trouve presque au centre de la côte nord, à proximité de Cnossos et elle dispose de l'un des plus intéressants musées du monde. Elle est également tout près des autres sites historiques de Phaistos, Aghia Triada, Gortynos et Malia. L'important port artificiel et l'aéroport international de la ville couvrent les besoins de transport qui sont en constante augmentation.

La ville d'Héraklion est entourée par les fameux murs d'enceinte vénitiens et l'accès dans la ville ne s'effectue que par certaines portes de ces murs. La place ornée de la jolie **fontaine vénitienne** de **Morozini** constitue le centre d'Héraklion. A proximité de là se trouvent la **basilique** d'**Aghios Markos**, construite en 1239, et **la loge** (tous deux d'origine vénitienne) ainsi que l'église d'**Aghios Titos**, qui fut probablement construite après la venue de Nikiforos Fokas (961).

Héraklion: La porte de la Chanée (Chanioporta) et la fontaine de Morozini.

Kastro ou Koulès, sur le port.

pour leurs offensives, jusqu'à ce que l'île soit colonisée par les habitants de l'île voisine, Céphalonie. Le sol d'Ithaque étant peu fertile, de nombreux habitants se tournèrent vers la mer. L'île acquit ainsi une tradition maritime. En 1797, elle fut envahie par les français, sous le commandement de Napoléon, puis quelques années plus tard par les anglais. Le rattachement d'Ithaque à la Grèce intervint finalement en 1864, en même temps que celui des autres îles de la mer ionienne.

Découverte de l'île

Le village de **Vathi,** construit au cœur d'une baie encastrée, qui ressemble à un lac, est à la fois le port principal de l'île et sa capitale.

Ses maisons, qui après le séisme de 1953 furent reconstruites conformément à l'architecture traditionnelle, les eaux paisibles de la baie, les montagnes environnantes et le petit îlot verdoyant de **Lazareto** situé au milieu du port, forment une image d'un pittoresque unique.

A Vathi, il convient de visiter le petit musée archéologique, l'église et la bibliothèque théâtrale.

Le village de **Pérachori,** situé à 2 km au sud de Vathi, se trouve au milieu d'une région remplie d'oliviers et de chênes et possède une vue superbe sur le port. Au sud ouest du village, on peut apercevoir le **Monastère** des **Taxiarques,** datant du 17ème siècle.

La source antique **d'Arethuse** se situe à 5 km au sud-est de Vathi, à proximité duquel on peut également visiter la **grotte** des **Nymphes** ainsi que la grotte de **Marmarospilia** dans laquelle on dit qu'Ulysse cacha les cadeaux des Phéaciens lorsqu'il revint de Troie.

A 4 km à l'ouest de Vathi, un embranchement à gauche conduit au bout de 3 km à **Pisso Aétos,** petit port depuis lequel s'effectuent des itinéraires (à titre exceptionnel) pour Aghia Ephimia à Céphalonie. En surplomb de la route domine la colline ornée des vestiges de l'acropole de la ville antique d'Alkoménès, datant du 8ème s. av. J.-C., que les autochtones appellent le "fort d'Ulysse", et que Soliman pensait être la "Cité d'Ulysse".

Depuis le carrefour de Pisso Aétos, la route principale continue vers le nord, en longeant un isthme, pour finalement croiser l'embranchement de droite qui mène au **monastère** de **Katharon.** Ce monastère fut construit à la fin du 17ème siècle, à 600 m d'altitude, sur le mont Niritos, qui est planté d'arbousiers et dispose d'une vue splendide. La route du monastère descend vers le village **d'Agogi,** puis après de nombreux virages aboutit à **Stavro.**

Nous regagnons la route principale qui surplombe la mer et depuis laquelle on aperçoit les montagnes des côtes de Céphalonie. En contrebas se trouve la plage de sable fin **d'Aghios Ioannis** et un peu avant d'arriver à Stavros, le village de **Lefki.** Le village de **Stavros** (à 17,5 km de Vathi) et la région alentour concentrent l'intérêt des archéologues. Un peu plus au nord, sur la colline de **Pilikata,** des fouilles révèlent la présence de l' homme sur l'île, dès la fin du 3ème millénaire et l'existence d'habitations dès le milieu du deuxième millénaire. C'est probablement ici que se trouvait la ville d'Ulysse. Il existe à Pilikata un petit musée archéologique.

Au sud ouest de Stavros, la baie au nom antique de **Polis** possède une belle plage de sable. Dans la grotte de **Loïzos** qui se trouve sur la façade nord de cette baie, on a découvert de nombreuses poteries en terre cuite datant principalement de l'époque mycénienne.

Exogi, village le plus isolé d'Ithaque, se trouvant à 5 km au nord-ouest de Stavros, sur une colline depuis laquelle on dispose d' une vue superbe. **Frikès,** petit port situé à 21 km de Vathi depuis lequel il existe des liaisons en ferry-boat pour Fiskardo à Céphalonie et Nydri à Leucade.

A gauche: la baie profonde de Vathi.
En haut à droite: le petit port de Frikès.

Cephalonie - Ithaque

Située au cœur de la mer Ionienne, Céphalonie se trouve à 53 milles marins de Patras, avec laquelle elle est reliée en ferry-boat tant depuis Argostoli que depuis Sami. L'île couvre une surface de 781 km^2 et son littoral s'étend sur 254 km. Vers le nord, l'île la plus proche (Ithaque mise à part) est Leucade, avec laquelle elle est reliée au départ de Fiskardo. Au sud de Céphalonie se trouve Zante. Il existe des liaisons avec cette dernière durant l'été uniquement. Céphalonie est également accessible depuis la ville de Kyllini, dans le Péloponnèse ainsi que depuis Poros et depuis les côtes d'Etolie-Acarnanie (au départ d'Aghia Ephimia et d'Astakos). En dehors des liaisons en ferry-boat citées ci-dessus, l'île est également reliée en avion avec Athènes et l'été avec Zante et Corfou.

On la distingue de loin lorsqu'on arrive en bateau depuis Patras. Il s'agit en effet de la plus grande île de la mer Ionienne avec son sommet le plus élevé, le mont Aino (1628 m) et ses sapins. Avec Ithaque qui est plus petite, elles semblent ne former qu'une île. Le détroit qui sépare les deux îles est large de tout juste 4 km.

Cette île possède de nombreux contrastes qui en font une île à la beauté unique. Ses habitants sont aujourd'hui 27000 et nombreux d'entre eux sont marins.

Ile riche et fertile, Céphalonie est réputée pour son vin, le Robola, dont la production ne parvient pas à couvrir la demande, ainsi que pour son miel et son fromage cuit (Mizithra). Sa spécialité pâtissière est le mandolès, sorte de nougat aux amandes, et ses spécialités culinaires sont les feuilletés à la viande ainsi que l'ailloli appelé aliada par les autochtones.

Son héritage culturel est riche et concerne principalement les lettres et la musique. L'influence occidentale et principalement italienne est fort visible dans le domaine de la musique. Le poète Andréas Laskaratos, qui vécut au 19ème s., est né à Lixouri. L'attrait des habitants de Céphalonie pour la musique et principalement pour les chorales accompagnées à la mandoline constitue une tradition.

On dit que Céphalonie est l'île des paradoxes. Cela est dû au fait que l'on y observe des phénomènes géologiques étranges qui sont dûs aux boulversements géologiques qui y eurent lieu à certaines époques. Dans la région de bord de mer de Katavothrès, située à proximité d'Argostoli, des milliers de tonnes d'eau de mer se déversent de façon ininterrompue et disparaîssent dans des failles formées par le sol. Plusieurs années d'études ont permis de découvrir que cette eau traverse l'île de manière souterraine et se jette dans le lac Melissani de Karavomylos, dans la région de Sami. Le lac d' Avithos est si profond que la légende locale veut qu'il soit sans fond. Pour finir, Kounopétra, situé au sud ouest de Lixouri, est un rocher qui a subi des petites secousses rythmiques ininterrompues. Ces secousses cessèrent après le séisme de 1953.

HISTOIRE

Les multiples trouvailles archéologiques de Céphalonie nous donnent de précieuses informations quant à son histoire. Grâce à de nombreux objets en pierre qui y furent trouvés, nous savons que la présence humaine sur l'île remonte à l'ère paléolithique. Il existe également des pièces datant de l'époque néolithique (6000-2600 av. J.-C.). On constate une lacune au début de l'âge de bronze puis une réelle richesse des fouilles concernant l'époque mycénienne, avec par exemple la découverte de cimetières mycéniens à Mazarakata, à Metaxata et principalement à Lakkithra. Ces trouvailles permettent de conclure que Céphalonie connut son apogée durant la période mycénienne et qu'elle était en relation avec l'île voisine d'Ithaque, avec Leucade et même avec les îles lointaines des Cyclades. Ces relations prirent fin de façon soudaine vers l'an 1500 av. J.-C. (probablement en raison des ravages que provoqua l'explosion du volcan de Santorin) et se rétablirent environ deux siècles plus tard,

Melissani. L'un des paradoxes de la nature de Céphalonie.

lorsqu'une nouvelle ère de croissance se fit sentir sur l'île.

Sur la période s'étendant du 11ème s. av. J.-C. (époque à laquelle les Doriens firent leur apparition) à la fin du 7ème siècle av. J.-C., nous ne possédons que peu d'informations. Céphalonie commença à connaître une activité importante dès le 6ème s. av. J.-C., avec l'arrivée des Corinthiens et des Eubéens dans l'archipel ionien et la colonisation de Corfou et de Leucade. L'île fut probablement utilisée comme centre de transit commercial avec l'Italie et la Sicile.

Le 5 ème s. av. J.-C. fut caractérisé par le développement des quatre grandes villes de l'île. Cranis, à proximité d'Argostoli; Palis, près de Lixouri; Prona et Sami. L'historien Thucydide s'y réfère par le terme de Tetrapole. Ses villes étaient indépendantes, possédaient leur propre monnaie et étaient alliées contre l'ennemi commun, comme ce fut le cas contre les Perses ou divisées, lors de la guerre du Péloponnèse.

La légende fait également référence à cette île lorsqu'elle parle du héros Céphale qui serait venu d'Attique pour combattre sur l' île et lui aurait ainsi donné son nom. En 187 av. J.-C. Céphalonie fut envahie par les Romains pour ensuite se soumettre durant environ 6 siècles à Byzance (385 av. J.-C.). En 1082, le baron normand Guiscard essaya en vain de conquérir l'île et il succomba finalement à la fièvre, dans le village alors appelé Panormos, qui prit ensuite le nom du normand (il s'agit de l'actuel Fiskardo). Les pirates vénitiens renouvelèrent la tentative des normands et l'île passa finalement sous la domination de la famille des Orsini. En 1483, l'île fut détruite par les turcs et en 1500 elle fut de nouveau occupée par les Vénitiens qui la conservèrent jusqu'en 1797, date à laquelle elle repassa sous l'égide des français qui étaient commandés par Napoléon. Durant l'occupation vénitienne le fort d'Aghios Giorgos (situé à 8 km au sud-est d'Argostoli) joua un rôle majeur. Il formait à l'époque, avec la ville qui l'entourait, la capitale de l'île.

Ce fort fut abandonné au 18 ème s., à la suite d'un séisme important et la capitale fut peu à peu transférée à Argostoli. A l'occupation française succéda la brève occupation russe et turque, puis ce fut le retour des français et finalement l'hégémonie des anglais en 1809. Durant la lutte de libération des grecs contre les turcs (en 1823), le poète anglais philhéllène Lord Byron resta à Céphalonie où il écrivit Don juan.

Il se rendit ensuite dans la ville de Messolonghi, qui était assiégée par les Turcs, pour se battre au côté des grecs et il y mourut. L' occupation anglaise à Céphalonie prit fin en 1864, lorsque l'île fut rattachée à la Grèce.

La place centrale d'Argostoli.

Découverte de l'île

Argostoli

Chef lieu de l'île, il s'agit d'une ville nouvelle de 7500 habitants, qui fut reconstruite après le séisme de 1953, à l'emplacement de l'ancienne. Elle constitue aussi le chef lieu du département du même nom dont dépend également Ithaque. Son port naturel constitue un lieu d'ancrage sûr pour l'hiver. Argostoli se trouve sur le littoral sud ouest de Céphalonie, au bord d'une baie et le long d'une lagune. C'est sur cette mer peu profonde que les anglais, lorsqu'ils étaient souverains de l'île, construisirent un pont à plusieurs arches qui diminue considérablement la distance avec les côtes situées en face.

Les principales curiosités de l' île sont les suivantes: le **Musée Archéologique**, où sont abritées de nombreuses pièces découvertes lors des fouilles effectuées sur l'île, la Bibliothèque Corgialénios, qui renferme les archives historiques, le musée d'art populaire ain-

Platis Gyalos.

si qu' une collection d'icônes. Les fameuses failles dont nous avons parlé en introduction se trouvent à 2,5 km d'Argostoli, dans la région de Lassi. La grotte dans laquelle Aghios Gerassimos, le saint protecteur de l'île, menait une vie ascétique, se situe à 3 km au sud. Les vestiges de la ville antique de Cranis se trouvent au bord de la lagune de Koutavos, à 3 km à l'est.

EXCURSIONS

1. Argostoli - Ainos - Sami - Mélissani - Aghia Ephimia (35 km)

Nous traversons le pont d'Argostoli et nous dirigeons vers de Sami.
A 7 km, intersection. D'ici, un embranchement à droite conduit, au bout de 4 km, au couvent **d'Aghios Gerassimos** (le saint protecteur de l'île) qui abrite ses reliques. **A 12 km,** nouveau croisement. L'embranchement de droite (que nous ne suiverons pas), mène au mont **Aino** et aboutit, 15 km plus loin, au relais de télévision. La montagne est couverte d'une espèce unique de sapins qui n'existent qu'à Céphalonie. Le panorama est superbe. Le sommet le plus élevé, le mont **Mégalos Soros** (1628 m) se trouve à environ une demi-heure. **A 22 km,** une petite déviation à gauche conduit à la **grotte** de **Drogorati** qui possède des stalactites et des couloirs de plus de 300 m de long.
A 25 km, Sami. Deuxième port de l'île, ville nouvelle disposant d'une belle jetée. A proximité se trouvent les vestiges de la ville antique de Sami et de l'acropole. Aux abords de la ville, un embranchement sur la gauche conduit à Aghia Ephimia après avoir traversé Karavomylos et Mélissani.
A 28 km, Karavomylos. Superbe lac entouré de verdure, depuis le fond duquel jaillit de l'eau dont on dit qu'elle proviendrait des fameuses failles.
A 29 km, Mélissani. Il s'agit d'une grotte en forme de gouffre qui comprend un lac, dont on a découvert l'existence lorsque sa partie supérieure s'effondra. La visite de cette grotte s'effectue en barque.
A 35 km, Aghia Ephimia. Bourgade disposant d'un port depuis lequel Céphalonie est reliée avec la ville d'Astakos, en Etolie-Arcarnanie. C'est d'ici que s'effectue le départ d'excursions en caïque à destination de Pisso Aétos (à Ithaque) qui se trouve sur les côtes opposées. Au nord d'Aghia Ephimia se trouve le monastère de **Moni Panaghia Ton Thématon**.

Le petit port d'Aghia Ephimia.

2. Argostoli - Skala - Poros

A 8 km, Fort d'Aghios Georgios. Il resplendit, au cœur de la plaine fertile de **Livathous.** C'est autour de ce fort que se trouvait la capitale médiévale de l'île.

A 14 km, Vlachata. Depuis ce village, un embranchement à droite conduit au bout d'1 km à **Lourdata,** puis mène jusqu'à la belle plage de sable du village. Cette région, qui se trouve au pied du mont Ainou, sommet le plus élevé recouvert de sapins, possède une végétation tropicale.

A 21 km. Croisement avec une route conduisant au bout de 7 km à la vaste plage de **Kasteliou** puis, 6 km plus loin, à **Skala,** lieu de villégiature fréquenté, situé au bord d'une mer dont l'eau est exceptionnellement limpide.

A 25 km Markopoulo. Il s'agit du village dans lequel apparaissent chaque année, entre le 6 et le 15 août, à l'extérieur de l'église, les "serpents (non venimeux) de la Vierge", qui possèdent une croix noire sur la tête.

A 36 km. Une déviation à gauche mène à Sami, en traversant le village **d'Aghios Nikolaos** (à 6 km). C'est dans cette région que se trouve le lac **Avithos,** également appelé **Akoli.**

A 40 km, Poros. Port connaissant une fréquentation touristique importante, grâce aux liaisons quotidiennes avec la ville de Kyllini, dans le Péloponnèse.

Le pittoresque village de Fiskardo.

3. Argostoli - Lixouri - Moni Kypouréon

Lixouri. Il s'agit, en population, de la deuxième ville de Céphalonie. Elle se trouve sur la péninsule de Palis qui est reliée en ferry-boat avec Argostoli (3 milles marins). Bâtie en 1534, elle fut détruite par le séisme de 1953 puis reconstruite. Il convient de visiter la résidence des Jacobins, qui abrite la bibliothèque du même nom, la bibliothèque Pétritsio ainsi que l'Ecole Philarmonique. A proximité de Lixouri, sur le site de Paléokastro, se trouvent les vestiges de la ville antique.
A 4 km, Mantzavinata. Depuis ce village, un embranchement allant vers le sud-ouest mène 4 km plus loin à **Kounopétra.**
A 17 km, Monastère de Kipourèon. On arrive à ce monastère en traversant les villages de **Chavriata, Chavdata** et le **monastère** de **Tafiou.** Il est construit dans une région verdoyante, au bord d' une falaise immaculée qui domine la mer ionienne.

4. Argostoli - Myrtos - Fiskardo (58 km)

Après avoir franchi le pont d'Argostoli, nous prenons à gauche.
A 27 km. Le chemin de terre partant sur la gauche descend jusqu'à la célèbre plage de galets de **Myrtos**. **A 29 km.** On dispose d'une vue panoramique sur le golfe de Myrtos qui est bordé d'une mer aux couleurs magnifiques.
A 33 km. Nous tournons à gauche.
A 36 km, Assos. Village le plus pittoresque de Céphalonie. Construit sur un isthme formé par une presqu'île, au sommet de laquelle resplendit un fort vénitien.
A 39 km. Nouvelle intersection. Nous tournons à gauche.
A 58 km, Fiskardo. Port de pêche réputé. Seul village qui n'a pas été touché par le séisme de 1953. Ses maisons ont donc conservé le style architectural traditionnel. La région environnante est plantée de cyprès et de pins.

Myrtos. L'une des plus belles plages de Grèce.
Page suivante, vue d'Assos

Zakinthos
(Zante)

Depuis les temps anciens, cette île exerçait un charme intense sur les visiteurs. Les vénitiens l'avaient surnommée "Fior di Levante", la fleur du Levant. Ils ne faisaient pas seulement référence aux paysages fleuris mais à tout type de prospérité que l'on pouvait remarquer sur l'île et principalement à l'épanouissement des arts et des lettres.

Dans le domaine des lettres, Zante a révélé deux poètes éminents qui y sont nés, il s'agit de Dionisios Solomos et d'Andréas Kalvos. Pour ce qui est des arts, la peinture connut un véritable essor sur l'île au 17ème siècle, avec la création d'une nouvelle école de peinture, la fameuse école de Zante. Cependant la grande passion des habitants de Zante a toujours été et demeure la musique et principalement la chanson. On chantait la célèbre sérénade de Zante qui existe encore aujourd'hui sur l'île.

Zante était jadis réputée pour sa richesse et pour son architecture classique. Les superbes églises et les demeures luxueuses furent toujours l'objet de l'admiration des visiteurs. Mais le séisme de 1953 détruisit tous ces trésors. Peu d'édifices furent épargnés.

Mais les habitants, caractérisés par leur amour du travail et leur énergie, ne baissèrent pas les bras. Ils travaillèrent d'arrache pied et reconstruisirent Zante. Le style ancien n'a peut être pas toujours été respecté, mais l'île n'en a cependant pas perdu sa fréquentation, bien au contraire le nombre de visiteurs ne fait que croître. Ces derniers se rendent à Zante pour y admirer les icônes et les superbes fresques murales qui ont été sauvegardées, pour visiter les musées, mais principalement pour apprécier ses plages magnifiques, ses grottes magiques et la mer aux couleurs superbes.

Zante se trouve à 8 milles marins au sud de Céphalonie et à 10 milles à l'est de Kyllinis (dans le Péloponnèse). Elle couvre une superficie de 402 km² et son littoral s'étend sur 123 km. Sa population, dont les activités principales sont l'agriculture et le tourisme, s'élève à environ 30000 habitants.

La partie est de l'île est constituée par une plaine ornée de nombreuses plages de sable, tandis que le côté ouest est montagneux et bordé de falaises depuis lesquelles on possède une vue admirable. Le sommet le plus élevé est le mont Vrachionas (756 m). L'île est principalement couverte d'oliviers, de vignes et d'agrumes.

Zante est accessible en avion depuis Athènes, Corfou et Argostoli. Vous pouvez également vous rendre en bus ou en train jusqu'à Kyllini puis prendre le transbordeur. En été, des petits bateaux relient l'île de Zante à Céphalonie.

HISTOIRE

On pense que les premiers habitants de l'île ont été les Achéens, qui seraient venus du Péloponnèse vers le 16ème s. av. J.-C..

L'île dépendait au départ de la cité d'Athènes puis de celle de Sparte, pour finalement être dominée par les Macédoniens. Les romains l'envahirent au début du 2ème s. av. J.-C.et lui rendirent son autonomie. La longue période d'occupation byzantine qui s'ensuivit, donna lieu à de nombreuses offensives et au pillage de l'île.

Après la chute de Constantinople, Zante passa sous la domination de la dynastie des Orsini, puis en 1485 elle fut envahie par les vénitiens et resta sous leur joug durant plus de 300 ans.

La capitale de lîle.

Les vénitiens instaurèrent leurs propres lois et divisèrent la population en trois catégories: les nobles (nobili), qui étaient d'ailleurs inscrits dans le livre d'or (libro d' oro), les bourgeois (civili) et le peuple (popolari). L'importante pression que les bourgeois faisaient subir aux gens du peuple incita ces derniers à se révolter et les conduisit, vers 1630, à se soulever. Cette révolution échoua et se termina dans un bain de sang.

En 1797, les démocrates français chassèrent les vénitiens, écartèrent les nobles et confièrent la gestion de l'île aux administrateurs, qui demeuraient sous le contrôle du gouverneur français. C'est à cette époque que le peuple, célébrant sa libération du régime des vénitiens et de leurs amis, brûla sur la place Saint Marc (Aghiou Markou) de Zante le fameux "livre d'or".

La présence des français sur l'île fut de courte durée. En 1798, l'île passa sous la domination russo-turque, pour finalement être rattachée à la Cité Ionienne qui fut fondée en 1800 et constituait le premier Etat grec indépendant. En 1807 Zante passa sous l'autorité des français puis en 1809 sous celle des anglais qui la désignèrent capitale de la cité ionienne. Durant l'occupation anglaise elle fournit, en dépit des réticences des anglais, une aide considérable à la Grèce qui vivait alors la révolution de 1821. Le rattachement de Zante à la Grèce intervint en 1864, en même temps que celui des autres îles ioniennes.

Découverte de l'île

La ville de Zante

Zante, chef lieu et unique port de l'île, se trouve au pied d'une colline couverte de pins. Lorsqu'on arrive en bateau, on distingue tout de suite le haut clocher de l'église **d'Aghios Dionisios**, située à l'extrémité gauche de la ville. L'église fut construite en 1948 et elle constitue l'un des rares édifices qui furent épargnés par le séisme de 1953. Sa nef abrite la relique du saint.

La jetée, qui constitue le lieu d'ancrage des bateaux se trouve plus au nord, à l'extrémité droite de la ville. A proximité, se trouve la **place Solomou,** ornée en son centre de la statue du poète national. Sur le coté de la place on peut admirer l'édifice du **Musée Byzantin** où sont exposées des pièces magnifiques.

Le côté droit de la place est occupé par la Bibliothèque Municipale qui possède plus de 50000 ouvrages. Son rez-de-chaussée abrite le Musée de l'Occupation et de la Résistance Nationale. A proximité de la bibliothèque, et tout près de la mer, se trouve l'église **d'Aghios Nikolaos** de Molos où Aghios Dionisios fit autrefois l'office. Elle fut construite lors de l'occupation vénitienne et fut restaurée après avoir été détruite par le séisme.

Les autres églises importantes de la ville sont celles de **Kyria** ton **Agelon** et **Fanéroméni.**

A proximité de la place Solomos se trouve la **place** historique **d' Aghios Markos** ornée de la cathédrale des catholiques d'Aghios Markos, et tout près de celle ci on peut admirer le musée Solomos et Epiphanie de Zante.

Le **fort** de Zante se trouve au sommet d'une colline boisée qui surplombe la ville. On accède à ce fort, qui fut construit par les vénitiens à l'emplacement de l'ancienne acropole, en empruntant la route escarpée qui part de la place Aghios Markos et longe l'église historique d'**Aghios Georgios** ton Filikon. C'est dans cette dernière que les partisans de Zante prétêrent serment en même temps que les chefs de la révolution de 1821, Kolokotronis et Nikitaras. Un peu plus haut que l'église d'Aghios Georgios, on arrive à un carrefour. L'embranchement de gauche conduit à **Bochali**, d'où l'on dispose d'une vue superbe sur la ville et sur la mer, puis au fort. La route prenant à droite mène quant à elle à la colline historique de **Strani**, sur laquelle le poète Solomos, en entendant les coups de canons provenant de la ville assiégée de Messolonghi, écrivit l'Hymne à la Liberté qui fut ensuite mis en musique par Mantzaro et devint l'hymne national de la Grèce.

EXCURSIONS

1. Zante - Argassi - Gérakas - Porto Roma (16 km)

Le départ s'effectue depuis l'avenue qui longe la mer, en direction d'Aghios Dionyssios.

A 4 km, Argassi. Il s'agit de l'une des premières régions de l'île à s' être dévellopée. Elle est bordée d' une plage immense et d'une mer limpide.

A 11 km. Un embranchement à gauche conduit à la petite plage pittoresque de **Porto Zoro** qui sur la droite est ornée de rochers.

A 14 km. Un nouvel embranchement à gauche mène au bout d'un kilomètre à la plage de sable **d'Aghios Nikolaos** qui dispose d'un terrain de camping.

A 15 km, Vassilikos. Village réputé pour sa verdure et ses belles plages situées à proximité. D'ici, un embranchement à droite conduit, 1 km plus loin, à la superbe plage de **Gérakas,** à l´extrémité est de la baie de Lagana. C'est ici, tout comme à Lagana, que la tortue de mer Caretta-Caretta trouve refuge pour pondre ses œufs.

Au sud-ouest de Géraka se trouve la petite île de **Pélouzo.**

A 16 km, Porto Roma. Pittoresque crique sablonneuse bordée de sable et d'eaux limpides possédant un petit port destiné aux barques.

2. Zante - Laganas - Kéri (21 km)

Nous suivons la route se dirigeant vers l'aéroport et en arrivant au carrefour nous continuons tout droit.

A 5 km. Nous tournons à gauche.

A 10 km, Laganas. Centre de villégiature le plus important de l'île, disposant de l'une des plus grandes plages de sable de Grèce. C' est sur la plage très fréquentée de Lagana que la tortue de mer **Caretta-Caretta** continue à pondre ses œufs. Depuis Laganas, nous nous dirigeons maintenant vers **Lithakia,** village situé au cœur de l' île (à l'ouest), et un peu avant d'y arriver, nous tournons à gauche en direction de Kéri.

La tortue Caretta-Caretta.

La plage très fréquentée de Lagana.

A 17 km, Lac de Kériou. Depuis les temps anciens, on avait remarqué l'existence de goudron dans ce lac.Au large du lac de Kériou se trouve l'îlot de **Marathonissi**.
A 21 km, Kéri. Village isolé construit à 200 m au dessus de la mer, offrant une vue magnifique. Il convient de visiter l'église de **Panaghia tis Kériotissas** ornée de sa célèbre iconostase. A proximité du village se trouve le phare, depuis lequel on dispose d'une vue superbe sur les deux immenses rochers blancs **(Mégali Mizithra et Mikri Mizithra)** qui dominent,en surplomb de la mer, tels des pyramides. On sera également émerveillé par la visite et la baignade dans les fameuses grottes de Kéri aux eaux turquoises. Mais il faudra pour cela que vous fassiez une excursion en mer depuis Zante jusqu'à Lagana, qui vous donnera également l'occasion d'admirer les **Kamarès de Marathia** (la grande et la petite) qui sont plus au sud. Il s'agit de véritables passerelles formées par les rochers au dessus de la mer et sous lesquelles passent les barques.

3. Zante - Machairado - Aghios Léon - Anaphonitria - Navagio (39 km)

A 10 km, Machairado. Important village possédant deux églises admirables datant du 14ème siècle. Celle **d'Aghia Mavra,** qui ne fut pas endommagée par le séisme et celle **d'Ypapandi** qui a été restaurée. Le décor intérieur d'Aghia Mavra est probablement le plus impressionnant de l'île de Zante. On admirera également la tour de son clocher ainsi que ses cloches dont on dit que le son est le plus mélodieux de toute la Grèce.

Depuis Machairado, nous montons dans la montagne, en allant vers le sud ouest.
A 17 km, Kilioméno (Aghios Nikolaos). Village situé à 480 m d'altitude, orné de l'église d'Aghios Nikolaos avec son haut clocher. Nous continuons sur la droite, en direction d'Aghios Léon.
A 25 km, Aghios Léon. Village de montagne possédant une église du même nom, datant du 14ème s. D'ici, à gauche de l'itinéraire principal, on peut apercevoir des falaises qui forment de superbes criques bordées d'une eau vert émeraude.

Peu de ces criques sont accessibles par voie de terre, comme par exemple **Sténitis** et **Porto Vromi.** A la sortie d'Aghios Léon, nous tournons à gauche.
A 28 km, Kambi. Petit village situé dans la région où l'on a retrouvé des tombes mycéniennes. Ses côtes sont bordées par deux falaises dont la hauteur dépasse les 400 m. La falaise de **Schizas,** à l'est, et la falaise de **Fokas,** au sud. Au pied de ces falaises, on peut apercevoir des grottes marines.
A 32 km, Mariès. On y arrive après avoir traversé le hameau **d'Exo Chora.** Il s'agit d'un village de montagne. Son église est dédiée à Marie Madeleine.
36 km, Anafonitria. Village tenant son nom du monastère de **Panaghia** tis **Anafonitrias,** situé à proximité et dans lequel vivait Aghios Dionisios. Il s'agit d'un monastère important qui rassemble de nombreux pélerins.

Dans son enceinte, en dehors de son église (une basilique à trois nefs, datant du 15ème s. et ornée de fresques murales), on peut apercevoir une tour tombant en ruine. Depuis le village, un chemin de terre allant vers le sud, mène 7km plus loin à la charmante baie encastrée de **Porto Vromi**.
A 38 km, Moni Aghiou Georgiou ton Krimnon, monastère ancien.

Le décor splendide de l'église d'Aghia Mavra.

A 39 km, Navagio (Naufrage). Pour apprécier ce qui constitue probablement le plus beau paysage de Zante, Navagio, il est préférable de laisser votre véhicule sur l'esplanade et de vous engager à pied sur la falaise. Navagio est également accessible par la mer, dans le cadre de l'une des excursions qui sont organisées depuis Zante ou Laganas.

4. Zante - Alykès - Galazia Spilia (Grotte Bleue) (47 km)

Nous partons de la place Aghios Markos et nous dirigeons vers Bochali.

A 1 km. L'embranchement de droite mène à la colline de Strani, puis à **Akrotiri** et celui de gauche à Bochali et Kastro. Nous continuons tout droit en direction de Tsilivi.

A 4 km, Tsilivi (Planos). L'une des plus belles plages de sable de Zante. Nous regagnons la route principale, en direction d'Alykès.

A 20 km. Intersection. Une déviation de 2 km à droite nous conduit à la plage **d'Alikana.**

A 21 km, Alykès. Sa vaste et belle plage de sable, sa mer limpide et peu profonde lui ont valu un essor touristique important.

A 22km, Katastari. Bourgade verdoyante située au pied de la montagne et disposant d'une vue magnifique sur le golfe **d'Alykès.**

A proximité du village se trouve le monastère **d'Aghios Ioannis** tou **Prodromou,** construit au début du 17ème s.

A 31 km. L'embranchement de droite mène, 1 km plus loin, au village **d'Orthoniès.**

A 33 km. L'embranchement de gauche conduit, au bout de 2 km, à Anafonitria. Nous continuons à droite.

A 38 km. Nous arrivons à un important village qui est formé par deux hameaux, celui de **Kato Volimès** et celui **d'Ano Volimès**. Parmi les curiosités du village, on distingue l'église **d'Aghia Paraskévi** datant du 17ème s. et possédant une superbe iconostase sculptée dans le bois et dorée à l'or fin.

En haut: le Naufrage (Navagio).
Au centre: la plage de Tsilivi.
En bas: Alykès.
A droite: les fantastiques grottes de Kéri.

A 47 km, Aghios Nikolaos. Petit port bordé d'une mer paisible et au large duquel se trouve un petit îlot. Il existe une liaison avec Céphalonie.

C'est également de là que partent les barques permettant d'aller visiter la Grotte Bleue **(Galazia Spilia).** La promenade en mer dure environ une heure. La barque se dirige vers l'extrémité nord de l'île, le **cap Schninari,** situé en dessous du phare. Au cours de l'itinéraire qui longe la côte, nous apercevons des grottes marines de plus ou moins grande importance à l'entrée desquelles la mer revêt une magnifique couleur turquoise. L'intérêt de l'excursion atteint son comble vers la fin, lorsque la barque passe sous les trois grandes passerelles de pierre, pour finalement atteindre la grande grotte. Là, les couleurs varient du bleu foncé au turquoise et du vert clair au vert émeraude. Le spectacle est encore plus beau lorsque les grottes sont éclairées par les rayons du soleil matinal.

Strofades

Des profondeurs de la Méditerranée, surgissent les Strofadia, ces deux petites îles étranges qui se trouvent à 25 milles marins au sud de Zante et à 28 milles de la Messénie. Les Strofadès sont principalement connues pour le **monastère** de **Métamorfossis**, qui fut construit sur la plus grande d'entre elles par l'impératrice Irène de Byzance en 1241, et est toujours en bon état (tout comme son impressionnant fort) et cela en dépit des attaques répétées de la part d'ennemis et de l'érosion due au temps. C'est ici que s'était retiré Aghios Dionisios, qui mourut à Zante au 17ème s., mais fut enterré sur son propre souhait sur cet îlot. Ses reliques furent par la suite transférées à Zante.

Cythère

On peut se demander pourquoi la mythologie grecque a choisi Cythère, cette île inconnue de beaucoup, pour patrie d'Aphrodite, la déesse de l'amour. Cependant, quelle que soit l'explication, une chose est sûre: Cythère ne s'adresse pas uniquement aux amoureux, mais également à tous ceux qui cherchent à se reposer sur des plages paisibles.

Les 3000 habitants actuels de l'île vivent principalement de l'élevage et de la culture des légumes ainsi que de quelques oliviers.

A l'écart des autres îles de l'archipel, Cythère ne se trouve qu'à 10 milles marins au large de la pointe sud-est du Péloponnèse (le cap Maléa) et à 105 milles du Pirée dont elle dépend administrativement. Elle couvre une surface de 278 km^2 et possède un littoral de 52 km. L'île est recouverte de collines peu élevées, dont la plus haute, celle de Mernygaris ne dépasse pas les 500 m d'altitude. Au cœur de ces collines se trouvent des petites vallées dans lesquelles on cultive des céréales et des légumes. Cythère est accessible depuis Athènes en avion, ou au départ du Pirée en bateau et l'été en transbordeur. Vous pouvez également vous rendre par la route jusqu'à Gythio ou Néapoli (dans le Péloponnèse) puis poursuivre en ferry-boat. Depuis Cythère vous avez la possibilité d'aller à Monemvassia, Elafonissos, Anticythère et en Crète.

HISTOIRE

Selon la mythologie, Cythère est l'île d'Aphrodite. Cette déesse de l'amour et de la beauté vit le jour dans l'écume des vagues puis gagna à la nage Cythère tout d'abord, et alla par la suite à Chypre. Cythère, à laquelle on fait référence dans l'antiquité sous le nom de Porphyroussa, constituait au début du deuxième millénaire av. J.-C., la base navale des Minoens. La pourpre était abondante sur l'île et elle fut la raison de la venue des Phéniciens qui s'occupèrent d'élaborer et de commercialiser ce produit qui était à l'époque précieux.

Les Mycéniens succédèrent aux Phéniciens. Leur présence sur l'île est révélée par les tombes mycéniennes qui furent trouvées à Paléopoli, à proximité d'Avlaimona. Plus tard, durant la guerre du Péloponnèse, Cythère, qui était l'alliée de Sparte, fut envahie durant une brève période par les Athéniens.

Les siècles qui s'écoulèrent ensuite furent caractérisés par des offensives répétées de la part de pirates qui eurent pour conséquence la désertion de l'île. Après toute une série d'événements, l'hégémonie des Vénitiens débuta en 1207, avec l'autoproclamation en tant que "Marquis de Cythère" du vénitien Marcos Véniéris. Les vénitiens donnèrent à l'île le nom de Cerigo, qui a été à de nombreuses reprises utilisé par les autochtones, avec seulement une petite nuance: Cirigo.

Les attaques des pirates cessèrent durant de nombreuses années, mais en 1537 Cythère connut, avec l'offensive de Barbarossa, un réel désastre. Après le renversement de la démocratie vénitienne par Napoléon, l'occupation vénitienne prit fin et l'île fut envahie en 1797 par les français.

Elle fut ensuite occupée par les turcs et les russes pour finalement passer sous la domination des anglais en 1809. En 1864, Cythère fut rattachée à la Grèce, en même temps que les autres îles de l'archipel ionien.

Découverte de l'île

Chora et Kapsali

Chora, avec son fort vénitien situé au sommet de la falaise, à 300 m au dessus de la mer, et Kapsali, en contrebas, avec ses deux baies se juxtaposant, forment l'un des plus beaux paysages de Grèce.

Cythère ou **Chora**, est la capitale de l'île. Elle possède des maisons traditionnelles et 40 églises anciennes construites au pied du **fort**. Ce hameau orné d'églises s'appelle **Messa Vourgo**. A l'intérieur du fort, se trouvent l'église métropolitaine de Panaghia, qui était autrefois catholique, Aghios Pandeleïmon, avec ses fresques murales rares, Aghia Triada, la plus ancienne église du fort, une partie du palais d'Armostou qui abrite aujourd'hui les archives historiques, des poudrières ainsi que deux aqueducs constituant des chefs d'œuvre rares. Le **Musée archéologique** comprend d'importantes trouvailles provenant de fouilles effectuées sur l'île. Le lion en marbre occupe une place particulièrement importante. Il était placé sur l'une des entrées principales du fort, qui n'est pas vénitien comme on le pensa au départ, mais d'origine grecque antique.

Kapsali constitue le deuxième port de l'île et se situe à 2 kilomètres de Chora. Il possède une plage exposée au vent qui est assez fréquentée en été. Accroché au rocher qui surplombe Kapsali se trouve l'église immaculée d'Aghios Ioannis tou Theologou (Saint Jean le Théologue) ainsi que la grotte où l'on dit que le Saint avait prévu de rédiger l'Apocalypse. Les offensives successives de la part des pirates l'obligèrent cependant a abandonner l'île et à se rendre à Patmos.

Chora - Aghia Pelagia (26 km)

A 4 km, Livadi. D'ici, la route de gauche se divise au bout d'1,5 km. En suivant l'embranchement de droite, nous arrivons, 7 km plus loin, au monastère de **Panaghia** tis **Myrtidiotissas,** le centre religieux

"Le pélerinage des Mages" de Michael Damaskinos (16 ème s.).
L'une des œuvres les plus représentatives de l'Ecole Crétoise qui est exposée dans le Musée d'Aghia Ekaterini

Le **Musée Archéologique,** est l'un des plus intéressants du monde. Il abrite des objets provenant de la Crète entière et principalement des trouvailles datant de l' époque minoenne préhistorique, une civilisation qui domina sur l'île durant plus de 1200 ans. Le musée possède deux niveaux, qui comprennent au total 20 salles et il est situé sur la place Elefthérias.

Les autres curiosités d'Héraklion sont le **port vénitien** et le fort, orné de lions ailés au dessus de son portail. L'impérieuse métropole d'Aghios Minas et à proximité, l'ancienne **église d'Aghios Minas.** L'église **d'Aghia Ekaterini Ton Sinaïton,** qui fait maintenant office de musée et abrite des tableaux du célèbre peintre Michael Damaskinos, la **tombe** de **Nikos Kazantzakis,** dans les remparts Martinengo du mur d'enceinte et enfin le **musée historique et ethnologique.**

Excursions depuis Héraklion

1. Tylissos - Anogia

Tylissos est célèbre pour les vestiges de trois demeures minoennes (1700-1500 av. J.-C.) se trouvant dans la partie est du village, à proximité d'une petite forêt plantée de pins.

A 22km, Sklavokambos. Vestiges d'un palais minoen.

A 36 km, Anogia. (Voir p.255)

A 57 km, Idaio Andro. (Voir p.255)

2. Cnossos (5,5 km)

Il s'agit du plus important site archéologique de Crète. Il comprend les vestiges du plus grand et du plus luxueux palais minoen, qui était construit au cœur d'une grande ville. Le premier palais fut bâti vers l'an 2000 av. J.-C. puis détruit aux environs de 1700 av. J.-C., pour être finalement reconstruit juste après, dans un style encore plus majestueux que le premier. Ce dernier fut lui aussi ravagé vers 1450 av. J.-C., probablement suite à une terrible éruption du volcan de Santorin. Les fouilles archéologiques ont été effectuées en 1900 par l'archéologue anglais Arthur Evans, qui restaura par la suite certaines parties des vestiges.

La visite du palais, dont la surface couvre 22.000 km², débute par la cour ouest. Vous entrerez dans le palais par le portique ouest et vous avancerez dans l'allée du cortège. Vous tournerez à gauche et monterez, depuis le portique sud, par le grand escalier, à l'étage supérieur (Piano Nobile) de l'aile ouest. Allez tout d'abord au temple à 3 colonnes puis dans la grande salle et enfin dans la salle du temple. Vous descendrez par le petit escalier dans l'allée des entrepôts ouest. Rendez vous ensuite dans la cour centrale pour admirer, dans l'allée sud, une reproduction de la fresque murale du Prince aux lys. L'original se trouve au musée d' Héraklion. Vous visiterez ensuite le temple triparti qui donne sur la cour centrale puis vous admirerez l'antichambre des cryptes, les cryptes des colonnes carrées et le temple de la trésorerie, à l'intérieur duquel on découvrit les déesses au serpents.

Vous entrerez ensuite par la cour centrale dans l'antichambre puis dans la salle du trône abritant le célèbre trône de Minos, vieux de 4000 ans, construit en pierre de gypse. En traversant le couloir par son entrée nord, vous arriverez au portique nord du palais et à la salle soutenue par des colonnes portant le nom de "Douane".

A l'extrémité nord-ouest du pa-

lais se trouve le bassin nord des purifications et à l'extérieur de celui-ci, le théâtre. Pour admirer la façade est, retournez dans l'allée de l'entrée nord et tournez à gauche un peu avant d'arriver dans la cour centrale. Vous vous trouverez alors dans l'allée des échecs puis dans l'entrepôt aux gigantesques jarres. Plus au sud, vous rencontrerez l'atelier de poterie également appelé "école" et l'atelier de sculpture. En continuant toujours plus au sud vous arriverez aux appartements royaux. Descendez par la grande cage d'escalier et allez visiter l'allée aux deux haches, où se trouvent la chambre du roi, l'appartement et la salle de bain de la reine ainsi que la salle de la trésorerie, dans laquelle fut découverte la fameuse représentation, en ivoire, du combat des taureaux. Vous apercevrez ensuite plus au sud le temple des deux haches. Autour du palais on peut admirer d'autres édifices minoens: le Petit Palais, le Caravan Sérail, la Maison du prélat et la demeure royale.

Les femmes bleues.
Fresques murales de Cnossos.

Au centre: le trône du roi Minos.

En bas: le portique sud.

3. Zaros - Moni Vrontissiou - Kamarès (55 km)

Sortez par la porte de la Canée ("Chanioporta") et poursuivez en direction de Phaistos.
A 29,5 km, Aghia Barbara. Joli village situé à 600 m d'altitude. On dit que l'énorme rocher auquel se trouve accrochée la petite église de Prophiti Ilias (située à l'entrée, sur la droite) constitue le centre de la Crète. Depuis Aghia Barbara vous tournerez à droite en direction de **Zaros.**
A 39,5 km, Gergéri. Village construit sur le versant abrupt du mont Psiloritis. Dix huit kilomètres plus loin débute la superbe **forêt** de **Rouva.**
A 45,5 km, Zaros. Village noyé dans la verdure possédant de nombreuses sources d'eau. Un ancien moulin à vent moud encore le blé selon la méthode traditionnelle. Plus haut, à Votomos, il existe un beau lac artificiel situé à l'entrée des gorges.
A 50,5 km. Un embranchement à droite mène 1 km plus loin au **monastère** de **Vrontissiou,** l'un des plus beaux de Crète. Il fut construit aux environs de 1400 et il appartenait au départ au monastère voisin de Varsamonérou. Sa chapelle abrite des fresques murales. La fameuse fontaine du monastère date du 15ème s. et possède de belles sculptures symbolisant la représentation d'Adam et Eve au paradis.
Le monastère connut son apogée en 1500, lorsque celui de Varsamonérou fut abandonné. Il constitua un centre culturel et on raconte même que le grand peintre Michalis Damaskinos vécut et réalisa ses œuvres dans ce monastère.
A 52,5 km, Vorizia. En contrebas, sur la gauche, on peut apercevoir le **monastère** de **Varsamonérou,** l'un des plus anciens de Crète et probablement l'un des plus intéressants au regard du nombre et de la qualité de ses fresques murales.
A 55 km, Kamarès. Village montagneux situé sur le versant de Psiloritis, à une altitude de 600 m. Il s'agit du point de départ pour l'ascension à la **grotte** de **Kamarès,** qui servit de lieu de culte durant l'époque minoenne.

4. Phaistos - Matala

A 29,5 km, Aghia Barbara. Au bout de quelques kilomètres vous dominerez la plus grande plaine de Crète, celle de **Messara.**
A 45,5 km, Gortyne. Après avoir dépassé **Aghioi Déka**, vous pourrez admirer, éparpillés sur un kilomètre de long, les vestiges d'une ville importante qui durant l'époque romaine fut la capitale de la Crète.

Le site de Gortyne possédait déjà à l'époque post minoenne un petit hameau. Cependant c'est plus tard, à l'époque archaïque, que Gortyne devint célèbre et elle attint l'apogée de sa gloire en 69 av. J.-C., lorsque les romains en firent la capitale de la province de la Crète et de la Cyrénaïque et y construisirent de nombreux édifices imposants tels que le **Prétorio** et l'**Odéon,** à proximité duquel sont abritées les fameuses **lois** de **Gortyne,** sculptées sur des blocs de pierre.

Depuis les ruines de l'église **d'Aghio Tito**, un embranchement à gauche conduit, 33 km plus loin à la plage de **Lenda.** A l'emplacement de l'actuelle Lenda se trouvait autrefois la ville antique de **Lévine,** qui fut construite au début de l'époque minoenne et connut (nettement plus tard) son heure de gloire, à l'époque romaine, lorsque les habitants de Gortyne construisirent à l'emplacement d'une source thermale un **Asclépios.**

La belle plage de sable de Lenda s'offre aux bains d'hiver. Cette saison y est si douce que l'on dit que les hirondelles y hivernent. Depuis Lenda vous pouvez vous rendre en caïque jusqu'au **monastère** isolé de **Koudouma.**

Au retour vous suivrez la route longeant la côte en direction de l'est vers les superbes plages de **Kalon Liménon,** où débarqua l'apôtre Paul.
A 53,5 km, Mirès. Important centre agricole, commercial et de transit.
A 60,5 km. Tournez à gauche en direction de Phaistos. La route conduit, 5 km plus loin, à **Tymbaki** puis au bout de 3 km à **Kokino Pyrgo,** qui est doté d'une belle plage de sable.

Vase en terre cuite de rythme kamaraïque (Phaistos 1800 av. J.-C.)

A 62 km, Phaistos. Deuxième ville majeure de Crète à l'époque minoenne. Elle possède le somptueux palais du légendaire **Rhadamante,** frère du roi Minos. Ce palais fut construit à deux reprises. La première fois aux environs de 1900 av. J.-C. durant la période des anciens palais. Il fut détruit par un séisme en 1700 av. J.-C., et le nouveau (et encore plus somptueux) fut réédifié à l'époque des nouveaux palais. Ce dernier fut également détruit vers 1450 av. J.-C., probablement à la suite de l'éruption du volcan de Santorin.

Aujourd'hui le visiteur distingue principalement les vestiges du deuxième palais. Contrairement au palais de Cnossos, aucune restauration ou aucun apport n'a été effectué. Les vestiges furent découverts et laissés tels quels à l'endroit où ils furent trouvés. En ce qui concerne l'architecture du palais, ici comme à Cnossos il est construit autour d'une place centrale rectangulaire, étroite et ornée de pavés qui est orientée du nord au sud. Autour du palais se trouvait l'importante ville minoenne de

Les grottes et la plage de sable de Matala.

Phaistos. Un peu après Phaistos, un embranchement à droite conduit, au bout de 3 kilomètres, à la résidence royale **d'Aghia Triada,** qui fut construite en 1550 av. J.-C. et servait de résidence d'été aux rois. Aghia Triada a fourni une multitude de trouvailles superbes qui sont exposées au musée d' Héraklion. Parmi ces pièces on distingue le célèbre sarcophage orné de représentations de libations cérémoniales.
A 68 km, Pitsidia. A proximité du village se trouve les célèbres plages de **Komo** et de **Kalamaki.**
A 73 km, Matala. Village de pêcheurs qui était autrefois connu comme le point de rencontre des hippies et qui est aujourd'hui devenu un lieu de villégiature touristique. Matala fut le port d'ancrage de Phaistos puis plus tard celui de Gortyne. Sur le versant escarpé de la colline située au nord on trouve des grottes creusées dans le rocher poreux. A l'ouest de Matala, au large du golfe de Messara se trouvent les deux îlots de **Paximadia**.

5. Archanès - Sites archéologiques (16 km)

Suivez la route menant à Cnossos. Au bout de 11km tournez à droite.
A 16 km, Epano Archanès. Bourgade située au milieu de vignobles, qui produisent le meilleur raisin (rozaki) de la région. Dans les environs d'Archanès se trouvent les églises anciennes de l'Archange Michael et d'Aghia Triada, datant du 14ème s.

De nombreuses régions situées dans les alentours d'Archanès présentent un intérêt archéologique. Parmi elles on distingue celle de **Tourkogitonia, Fourni, Anemospilia, le temple du sommet de Giouchta et Vathypétro.**

6. Archalochori - Ano Viannos - Arvi (84 km)

Au bout de 11 km, continuez tout droit.
A 33km, Arkalochori. Hameau à proximité duquel se trouve une grotte dans laquelle on découvrit des objets minoens de valeur. C'est également ici que se trouve l'église ancienne de l'archange Michael.
A 39 km. Intersection menant à gauche à la vallée de **Kastelli** et à droite à **Avli**. Continuez tout droit en direction de Panaghia.
A 55 km. Un embranchement à droite conduit à la plaine de Messara.
A 60 km. Une déviation à droite mène, 3 km plus loin, à **Chondro** puis au bout de 9 km aux plages de **Kératokambos** et de **Tsoutsoura.**
A 66 km, Ano Viannos. Important village verdoyant construit sur les hauteurs du mont Dikti, en surplomb d'une plaine couverte d'oliviers. Il constitue le chef lieu de la province du même nom et la terre d'origine de **Giannis Kondylakis.** A Ano Viannos vous pouvez visiter les églises d'Aghia Pelagia et d'Aghios Georgios.
A 70 km. Prenez à droite en direction d'Arvi. D'ici on dispose d'une vue exceptionnelle sur le golfe de Libye.
A 84 km, Arvi. Pittoresque village de bord de mer.

7. Héraklion - Aghios Nikolaos

Depuis la place Eleftthéria suivez l'ancienne route en direction d'Aghios Nikolaos, jusqu'à **Finika.**

A 7,5 km, Kartéros (ville antique d'Amnissos). C'est ici que se trouvait la ville minoenne d'Amnissos, constituant l'un des trois ports de Cnossos. C'est également là que se trouve la grotte tant adorée d'Ilithye, la déesse protectrice de l'enfantement.

A 13,5 km, Chani Kokkini. Belle plage possèdant un intérêt archéologique. On pourra ici admirer les vestiges du palais minoen datant de l'époque des nouveaux palais.

A 15 km, Gournès. Village de bord de mer. **A 20 km, Gouvès** (ou Finikas). Lieu de villégiature fréquenté, bordé d'une belle plage de sable. D'ici vous pouvez rejoindre la route nationale.

A 29 km, Liménas Chersonissos. Il s'agit de l'un des plus grands centres touristiques de Grèce. Cet engouement est dû à sa superbe plage de sable et à ses eaux cristallines. L'endroit connut un essor particulièrement important durant la période romaine.

A 34 km, Stalida. Autre belle plage de sable. D'ici, un embranchement à droite conduit au plateau de Lassithi (voir p.267).

A 37 km, Malia. Région connaissant un essor touristique spectaculaire. Deux facteurs ont contribué à cela: le célèbre palais minoen se trouvant à 2 kilomètres de là et la superbe plage de sable.

A 39 km, le palais de Malia. Troisième palais minoen, après Cnossos et Phaistos, avec une surface de 12 000 m^2. Il fut construit en même temps que les autres palais minoens, aux environs de 1900 av. J.-C., puis détruit vers 1700 av. J.-C. et réédifié par la suite, de manière encore plus splendide, pour finalement tomber à l'abandon vers 1450 av. J.-C., suite à une nouvelle catastrophe.

A 40 km. Une déviation à gauche mène, 3 km plus loin, à **Epano Sissi,** d'où vous pouvez atteindre **Sissi** (avec sa belle plage de sable), en poursuivant votre route sur encore deux kilomètres. **A 51 km**. Un embranchement conduit au bout d'un kilomètre à **Néapoli.**

A 67 km. Aghios Nikolaos.

Department de Lassithi

Il s'agit du département situé le plus à l'est de l'île et ayant pour chef lieu Aghios Nikolaos. Il est bordé de plages de sable tant sur le littoral nord que sud.

Sur le plateau de Lassithi le spectacle des 10 000 moulins à vent est unique. C'est ici que se trouve la célèbre Diktaio Andro, la grotte qui, selon la mythologie, vit naitre Zeus.

Vaï, la fameuse plage bordée de palmiers, se situe sur le littoral nord-est du département.

Aghios Nikolaos

Aghios Nikolaos se trouve dans le superbe golfe de Mirabelo. Il s'agit du chef lieu du département de Lassithi, et de la ville de Crète la plus fréquentée par les touristes. Le pittoresque lac dans lequel sont amarrées les unes à côté des autres les nombreuses barques et les maisons construites tout autour lui confèrent une beauté particulière. De l'autre côté, le port et la mer, bordée de belles plages, impressionnent le visiteur. Aghios Nikolaos se situe à 67 km d'Héraklion et est relié en bateau avec les Cyclades, le Pirée et le Dodécanèse.

Nous devons également mentionner le **Musée Archéologique** qui comprend des pièces trouvées dans l'est de la Crète qui sont principalement d'origine minoenne.

Aghios Nikolaos. La capitale cosmopolite du département de Lassithi. Sur la page suivante: la baie d'Elounda.

Excursions au départ d'Aghios Nikolaos

1. Elounda - Spinalonga - Plaka (15,5 km)

A 9 km. C'est sur l'isthme de Spinalonga que se trouvait la ville antique d'**Olous**(2ème s. av. J.-C. 2ème s. ap. J.-C.), dont les vestiges sont aujourd'hui au fond de la mer. après l'effondrement qui eut lieu dans la région.

A 10 km, Elounda. Grand centre touristique. C'est d'ici que partent les bateaux qui permettent de visiter la petite île de **Spinalonga** avec son fort vénitien,"l'île aux larmes", comme on l'appelle ici, car elle fut durant plus de 50 ans le lieu de déportation des lépreux. Spinalonga est également accessible depuis Aghios Nikolaos.

A 15,5 km, Plaka. Hameau de bord de mer bordé d'une belle plage dotée de petits galets et d'eaux cristallines.

En haut: l'île de Spinalonga avec son imprenable fort.

En bas: la baie magique d'Elounda. En arrière plan on distingue la petite île de Spinalonga.

Sur la page de droite, en haut: l'église de Panaghia i Kéra et en bas, le plateau de Lassithi avec ses 10000 moulins à vent.

2. Kritsa - Archaia Lato

A 11km, Panaghia i Kéra. L'une des plus belles églises de Crète, tant au niveau de l'architecture que pour ses superbes fresques murales. Il s'agit d'une église à trois nefs dédiée à Aghios Antonios, Kimissi tis Theotokou et Aghia Anna.

A 11,5 km, Kritsa. L'un des plus grand villages traditionnels de Crète possèdant une importante fréquentation touristique et connut pour ses fameuses broderies et ses tissus. Au mois d'Août, on organise ici la représentation du **mariage crétois** traditionnel.

Depuis Kritsa, **Archaia Lato** ne se trouve qu'à 3,5 km. **Lato ou Etéra,** comme l'appelaient les autochtones pour la distinguer de **Lato** vers **Kamara** qui se trouvait à l'emplacement d'Aghios Nikolaos, constituait une ville importante qui fut construite vers le 7ème s. av. J.-C.

3. Plateau de Lassithi - Diktaio Andro (49,5 km)

A 40 km, Messa Lassithi. Il s'agit du premier village que l'on rencontre sur le plateau, à une altitude de 870 m. Depuis Messa Lassithi, un embranchement à droite conduit au **monastère** de **Kroustallénia,** qui fut construit vers 1540.

A 3 km du monastère se trouve **Tzermiado,** le plus grand village et le chef lieu de la province de Lassithi. A proximité du village on peut visiter deux sites archéologiques de valeur. Il s'agit de la grotte de Trapéza et de la colline de **Kastello.** Tous deux ont révélé des objets datant de l'époque néolithique, protominoenne et mesominoenne.

Au nord de Tzermiado, sur le rocher de **Karfi** (1100 m) il existait une civilisation postminoenne.

A 48 km, Psichro. Village connaissant unè fréquentation accrue en raison de la grotte voisine de Diktaio Andro.

A 49,5 km, Diktaio Andro. La route se termine en contrebas de l'entrée de la grotte. On possède une vue superbe sur le plateau de Lassithi avec ses 10.000 moulins à vent. Diktaio Andro est, d'après la mythologie, l'endroit ou la déesse Rhea mit Zeus au monde. La grotte constitua un lieu de culte, de l' époque meso-minoenne jusqu'à la fin de l'époque post-minoenne.

4. Aghios Nikolaos - Vassiliki - Irapétra - Myrtos (51 km)

A 12 km, Baie de Voulisma (région des plages de **Kalo Chorio** et **d'Istro).** Plage de sable doré bordée d'eaux turquoises.
A 19 km, Gournia. A droite de la route, sur le versant d'une colline, se trouvent les vestiges d'une ville minoenne. L'archéologue Boyd Hawes, qui effectua les fouilles, découvrit les fondations d' une ville de province datant de l'époque minoenne qui connut son heure de gloire durant la période post-minoenne(1600-1400 av. J.-C.).
A 20 km, Pachia Ammos. Bourgade connaissant une certaine fréquentation touristique. Au 22ème km, à la sortie de Pachia Ammos, tournez à droite en direction d'Irapétra.
A 25 km. Une petite déviation à droite conduit au village de **Vassiliki.** A proximité de là se trouvent les vestiges proto-minoens et meso-minoens parmi lesquels on trouva les fameux pots de rythme basilique au goulot étroit.
A 36 km, Irapétra. Ville la plus au sud de la Grèce, au bord de la belle plage du golfe de Libye. Son nom provient de l'antique **Iérapytna**, qui au 2ème s. av. J.-C. constituait l' une des villes majeures de Crète. Elle avait à cette époque assujetti la ville de **Pressos** et presque toute la région de Sitia. Comme presque toutes les grandes villes de Crète, **Irapétra** possédait elle aussi son **fort vénitien**. Irapétra présente une importante fréquentation touristique. Elle ne se trouve qu' à 14 km du littoral nord et à 36 km d'Aghios Nikolaos. La région est réputée pour ses belles plages de sable, son climat agréable, son ensoleillement important et ses produits primeurs. Elle possède un petit **musée archéologique** qui comprend des objets dont l'origine remonte à l'époque proto-minoenne et s'étend jusqu'à l'époque romaine.
A 51 km, Myrtos. Joli village de bord de mer possèdant une plage de sable. A proximité du village des fouilles ont révélé l'existence de deux **civilisations minoennes**.

5. Aghios Nikolaos - Sitia

A 20 km, Pachia Ammos.
A 44 km, Sfaka. Depuis ce village, un embranchement à gauche conduit, 7 km plus loin, au hameau de bord de mer de **Mochlos.**
A 63 km, Chamézi. Village situé à 380 m d'altitude. C'est ici qu'a lieu à la fin du mois de septembre la fameuse manifestation des "Kazanemata". C'est ainsi que l'on appelle ici ce mode traditionnel de production du fameux alcool crétois, le raki.
A 73 km, Sitia. Jolie ville ornée d'un port et bordée d'une plage de sable immense. Elle constitue le chef lieu de la province la plus à l'est de la Crète. Elle est construite en amphithéâtre, à la place de l'antique ville d'**Itia**. Les seuls vestiges qui existent dans la région sont ceux du **fort vénitien**, à l'est de la ville. Pourtant la province de Sitia était l'un des centres les plus anciens de la civilisation minoenne, comme le montrent les trouvailles effectuées à Mochlos, sur les îlots de **Psira** et d'**Aghios Nikolaos**. Il convient de visiter le **musée archéologique** et le petit **musée d'art** populaire.

6. Sitia - Moni Kapsa - Irapétra (59 km)

Depuis Sitia, suivez la route menant à Piskokéfalo.
A 13 km. Sur la gauche, à 4 km, se trouve **Néa Préssos.** La ville antique de Préssos était une ville autonome qui fut habitée de l'âge de pierre jusqu'à l'époque vénitienne.
A 32,5 km. Une déviation à gauche conduit au **monastère** de **Kapsa,** à proximité des **gorges** de **Pervolakion** et face à une plage de sable. La construction du monastère date probablement du 15ème s.

Nous retournons sur l'itinéraire principal. Avant d'arriver à Irapétra, la route longe les immenses plages de sable du golfe de Libye qui sont bordées par de jolis villages, tels **qu'Analipsi** (à 34 km), **Makri Gialos**, **Koutsouras, Achlia, Aghia Fotia** et **Aghia Saranda.**
A 59 km, Irapétra.

La ville d'Irapétra avec son fort.

7. Sitia - Vaï - Kato Zakros (58 km)

A 4 km, Aghia Fotia. Belle plage de sable qui est exploitée.
A 15 km, Moni Toplou. Il s'agit du monastère historique de la côte nord-est de Crète, célèbre pour les combats qu'il mena contre les pirates et contre les turcs. Il fut construit au 15ème s., probablement sur les ruines d'un autre monastère plus ancien. Il constituait une réelle forteresse qui disposait même d'un canon. Il renferme des pièces de valeur et de superbes icônes.
A 23 km. Une déviation à gauche conduit au bout d'1 km à **Erimoupoli** (l'ancienne Itano).
A 24 km, Vaï. Forêt de palmiers bordée d'une superbe plage de sable. Site tropical constituant une exception dans la nature grecque. L'endroit accueille de nombreux touristes qui viennent admirer ce paysage rare et cette mer superbe.
A 25 km. Retour vers Paléokastro. Important village possèdant une belle plage de sable. Au sud de Paléokastro se trouvent les vestiges d'une ville minoenne et au sud-est, le temple minoen (au sommet du Petsofa) qui a révélé des pièces de valeur.
A 50 km, Zakros. Village noyé dans la verdure et possédant des ruelles pittoresques. D'ici, la route descend vers la mer en longeant les Gorges des Morts **(Farangui ton Nekron).**
A 58 km, Kato Zakros. Hameau de bord de mer situé dans une baie ornée de galets et bordée d' eaux cristallines. La région est devenue célèbre grâce au palais qui y fut découvert en 1961 par le professeur N. Platon. Le **palais** minoen de **Zakros,** le quatrième en ordre d'importance, présente de nombreuses similitudes avec les autres. La seule différence est que celui-là se situait en face d'un port qui joua un rôle majeur dans les échanges commerciaux avec l'Egypte et les autres villes d'Orient. Le palais fut détruit au même moment que les autres grands palais, c'est à dire vers 1450 av. J.-C.

En haut: Le monastère historique de Toplou.
Au centre: la plage de Vaï.
En bas: la jolie ville de Sitia.

ILOTS SITUÉS AUTOUR DE LA CRÈTE

DÉPARTEMENT DE LA CHANÉE

GRAMBOUSSA Cette île aux côtes accores située au nord-ouest de la Chanée, possède un célèbre fort vénitien. Au nord-ouest de Gramboussa se trouve **Agria Gramboussa** et au sud-ouest de celle-ci **Pontikonissi.**

GAVDOS Nombreux sont ceux qui pensent qu'il s'agit de l'île de Calypso et Gavdos est en même temps le point le plus au sud d'Europe. Ses habitants (peu nombreux) sont éparpillés dans ses quatre petits villages. La superbe plage de sable de Sarakiniko se trouve à 30΄ à pied du port. Gavdos est accessible en caïque depuis Paléochora ou Chora Sfakion. Au sud de Gavdos se trouve **Gavdopoula.**

Thodorou................................*N. Aghia Marina*
Souda, Paléosouda.............*Golfe de Souda*
Elafonissi..*S.O. Crète*
Artémis.....................................*S.E. Elafonissi*
Koursari, Prassonissi............*S. Falassarna*
Pétalida..*E. Falassarna*
Lazarétto..................................*E. La Chanée*
Schistonissi..............................*S. Paléochora*

DÉPARTEMENT DE RETHYMNON

Diapori...*E. Bali*
Prassonissi, Paximadia....*S.O. Aghia Galini*

DÉPARTEMENT D'HÉRAKLION

Dia, Paximadi..............................*N. Héraklion*
Glaronissi..*N.O. Dia*
Mégalonissi, Micronissi..*S. Kalon Liménon*
Thétis...................................*E. Trion Ekklission*

DÉPARTEMENT DE LASSITHI

CHRYSSI Egalement appelée Gaïdouronissi. Il s'agit d'une petite île bordée de plages de sable blanc et d'une forêt de petits cèdres. Elle est située au large d' Irapétra dont elle se trouve à 1 heure en caïque. A l'est se trouve **Micronissi**.

Spinalonga.....................................*N. Elounda*
Kolokythia.......................................*E. Elounda*
Aghi Pandès..................*N.E. Aghios Nikolaos*
Konida...................................*N. Pachia Ammo*
Psira...*O. Mochlos*
Aghios Nikolaos..........................*N. Mochlos*

DIONYSSADÈS

Gianyssada, Dragonada..............*N.E. Sitia*
Paximada, Kéramidi.......................*N.E. Sitia*
Elassa...*E. Vaï*
GrandèsE...*Paléokastro*
Koufonissi...*S.E. Crète*
Strongylo, Makroulo...............*N. Koufonissi*
Trachilos.......................................*S. Koufonissi*
Prassonissi, Kimo, Kavali..........*S.E. Crète*

Texts: Y. DESYPRIS
Artistic editor: NORA DRAMITINOU - ANASTASOGLOU
Photographs: M. TOUBIS, A. CHARAMOGLIS, Y. DESYPRIS,
S. FILAKOURIS, G. GEORGANTAS, G. GIANNELOS, T. GIGANTES,
E. GRIGORIOU, N. IMELOS, N. KONTOS, J. KOUROUPIS,
CH. KOURTARAS, CH. PANOPOULOS, E. PAPAPANAGOPOULOS,
K. SKOUFALOU, A. SOLARIS, P. SPYROPOULOS, A. VLAVIANOS,
P. VOUTSAS, J. CAPEROUN, R. MIELMANN,
I. MINDLIN, C. PAVARY, A. SAILLET,
G. CHANOUMIDIS

Production - Printing: M. Toubis S.A.